사랑한다고 상처를 허락하지 마라

사랑한다고 상처를 허락하지 마라

나를 아프게 하는 것들에 단호해지는 심리 수업

배르벨 바르데츠키 지음 | 한윤진 옮김

다산
초당

"나에게 자유를 허락한 건 바로 나 자신이었다."

- 소냐

상처를 허락해도 되는 관계는 없다

생각보다 많은 여성이 연애 초반에는 아낌없이 애정을 쏟지만, 시간이 흐르면서 사랑 표현이 줄어드는 남자를 만나본 경험이 있다. 그리고 그때 언어폭력을 당하거나 물리적인 폭행을 당한 경우도 적지 않다. 이런 경험을 한 여성들 중에는 자신이 망가질 때까지 수년간 심하게는 십여 년이 넘도록 관계를 유지하는 사람도 있다. 헤어지려고 할 때마다 돌아오는 파트너의 위협이 그들의 발목을 잡기도 하지만, 예전처럼 사이가 다시 좋아질 수도 있을 거라는 희망도 관계를 지속하는 데 한몫한다.

이 책은 나르시시즘에 물든 착취 관계가 시간의 흐름에 따라 어떻게 변화하는지 다루고, 두 사람이 그렇게 행동하는 이유를 심리학적 관점에서 분석한다. 지금부터 우리는 소냐와 프랑크라는 두 핵심 인물의 뒤를 쫓으며 그들이 처음 만나, 사랑에 빠졌다가 결국 파괴적 관계로 전락하는 모습을 함께 지켜볼 것이다. 소냐는 프랑크라는 남자에게서 벗어나 스스로 결정하는 삶을 새롭게 시작할 때까지 무려 칠 년이나 프랑크의 비난, 멸시, 공격을 받으며 끝없는 고통에 시달렸다.

소냐와 프랑크 두 사람은 각자 마음에 상처를 품은 채 연인 관계를 시작하여 종국에는 파괴적인 결말을 맞는다. 그렇기에 소냐의 이야기는 수많은 나르시시즘 관계의 본보기이며, 소냐의 모습에서 자신의 모습을 발견하는 독자도 많을 것이다. 하지만 여기서는 소냐나 프랑크와 같은 개인에게 집중하기보다는 이런 관계에 반응하는 방식에 집중한다. 누가 옳고 그른지를 논하고 잘잘못을 따져 비난하는 것도 최종적인 목적은 아니다.

한편, 본문 내용 중 개인 정보와 구체적인 경험담은 개인의 신원을 보호하기 위해 가명을 쓰거나 두루뭉술하게 묘사함으로써 실제 인물을 추론하지 못하도록 처리했다. 그런데도 책 내용이 본인이 겪었던 것처럼 생생하게 느껴진다면, 지금 맺고 있는 관계에서의 행동 방식을 다시금 되짚어 보기를 권한다.

나는 소냐와 프랑크의 이야기를 서술하면서 단락마다 심리학적 관점으로 논평과 설명을 덧붙였다. 왜 많은 여성이 괴로워하면서도 관계를 붙들고 견디려 하며, 그 여성의 파트너는 왜 그렇게까지 폭력적인 행동을 하는지 독자들이 보다 잘 이해하도록 하기 위해서였다. 이런 상황에서 여성들은 보통 "그 사람은 순진한 나를 완전히 이용했어."라는 말을 한다. 하지만 그런 관계를 지속한 건 그들이 순진했기 때문만은 아니며, 오히려 파트너를 만나기 전의 삶이 관계에 더 큰 영향을 받았다.

특히, 어린 시절 가족 관계 안에서 형성한 경험은 이성과 관계를 맺을 때 중요한 역할을 한다. 이성을 선택하는 방식부터 연인이 되었을 때의 관계 방향까지 좌지우지하기 때문이다.

자존감이 낮은 사람은 세상에서 자기가 제일 멋지다고 믿는 자의식 강한 연인을 원하고, 자의식이 강한 사람은 주로 의존적인 연인을 찾는다. 일반적인 나르시시즘 관계에서 남성은 주로 나르시시즘에 빠진 허세 가득한 모습을 보이고, 여성은 의기소침한 짝이 된다. 프랑크와 소냐 역시 바로 이런 유형이었다. 자기 확신이 강하다 못해 흘러넘치는 프랑크는 연인을 복종시키려 한다. 그의 이런 성향은 내면의 여러 상처와 연관되어 있다. 물론 그 밖의 다른 조합도 존재한다. 주도권을 쥔 강한 여성에게 남성이 의존하는 형태다. 이때 남성은 자신의 낮은 자존감을 여성의 힘, 매력 그리고 직장에서의 능력으로 메꾸려 한다. 이 관계에 흐르는 근본적인 원동력은 전자와 같지만 이런 남녀 관계는 매우 드물다.

나와 소냐는 이 책을 통해 서로를 망가트리는 연인 관계에서 벗어나지 못하는 여성들을 돕고자 한다. 애써 그 상황을 부정하는 데 시간을 허비하는 대신 부정적인 신호를 일찍 알아차리고 보다 이성적인 생각과 행동을 하기를 바란다. 지금 매력적이기만 한 그에게 『지킬 박사와 하이드』의 하이드 같은 면이 숨어 있다는 걸 조금이라도 일찍 알아차린다면 재빨리 그에게 선을 긋고 헤어지거나 애초부터 그를 받아들이지 않을 수 있다. 하지만 지난 수년 동안 당한 경시와 기만으로 자존감이 이미 바닥을 치고 있다면 헤어지기 힘들다. 따라서 우리는 이런 힘든 상황에 있는 사람들이 이 책을 통해 용기를 찾고, 자신이 처한 상황의 본질에 주목하기를 바란다. 지금까지 꾸던 악몽에서 이제 깨어나기를.

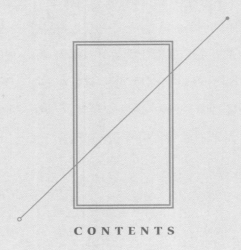

CONTENTS

2부

더는
사랑한다는 말은
믿지 않겠다

··· 상처뿐인 관계를 끝낼 용기 ···

"나는 이제 이기적인 자기애에 빠져 타인을 조금도 배려하지 않는 행동이 사랑이 아니라는 걸 잘 알아요."

1부

사랑하는데
외롭고
헤어지기는
두려운

··· 상처뿐인 관계를 끝내지 못하는 소녀의 고백 ···

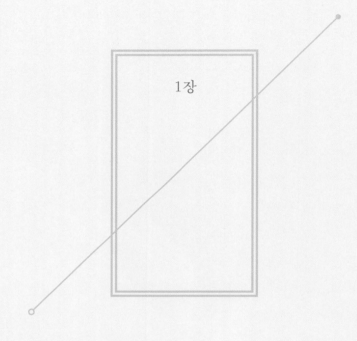

1장

따귀 맞은
영혼

엄마의 죽음으로 시작된 혼란

　프랑크는 날 항상 '몽 트레조르(Mon trésor)'라고 불렀어요. '내 보물'이라는 의미를 지닌 프랑스어죠. 독일에서는 많은 남편이 아내를 내 보물이라고 부르는데 그는 이 애칭을 프랑스어로 사용한 거예요. 처음에는 그와 시간을 보낼 때 구름 위로 두둥실 떠오르는 것처럼 황홀했어요. 하지만 곧 그는 내가 스스로 생각하는 길을 막고, 내 삶도 조금씩 빼앗아가더니 어느새 그에게만 의존하도록 내 일상을 마음대로 결정했습니다. 게다가 항상 그를 위해서만 살고, 존재하도록 날 자기 금고에 가둬버렸죠.

　이제는 나르시시스트가 이기적인 자기애에 빠져 타인은 조금도 고려하지 않으며, 이런 행동은 전혀 사랑이 아니라는 걸 잘 알아요. 프랑크는 항상 나를 사랑한다고 거듭 맹세하며 내가 자신의 삶을 가득 채워주는 사람이라고 강조했지만요.

마흔일곱 살에 만난 프랑크는 내 인생에서 두 번째로 긴 시간을 함께 보낸 남자였습니다. 무려 칠 년이란 시간이었죠. 절대로 잊을 수 없지만 정말 잊고 싶은 세월이에요.

프랑크와의 사연을 말하기 전에 전남편인 헤르베르트와의 결혼 생활부터 얘기해야겠어요. 아니, 그것으로는 충분하지 않겠네요. 도대체 무엇이 문제였는지 제대로 알려면 그보다 훨씬 오래전 얘기부터 꺼내야겠어요. 한 남자가 날 그런 식으로 대하도록 내버려둔 이유를 이해하려면 그래야만 합니다.

열한 살이 되던 해, 저와 사이가 매우 좋았던 엄마는 유방암 선고를 받았어요. 그전까지는 아무 걱정 없이 마냥 행복했는데 청천벽력 같은 소리에 행복했던 유년 시절은 산산이 조각나버렸죠. 엄마가 죽을지도 모른다는 공포가 시시때때로 엄습했습니다. 엄마는 최대한 평소처럼 행동하려고 노력했어요. 불평하거나 신세 한탄을 하는 법이 없었고, 병에 관한 건 일절 언급조차 하지 않았으니까요. 하지만 엄마가 힘없이 무너져 내리는 걸 모두 알고 있었죠.

아빠와 저의 관계는 조금 서먹한 편이에요. 지금까지 단 한 번도 아빠가 날 사랑한다는 느낌을 받은 적이 없습니다. 아빠에 대한 기억은 어린 시절에 찍었던 몇 장의 사진으로만 남아 있죠. 어릴 때 아빠와 산책을 하기라도 하면 난 일정한 거리를 두고 아빠를 뒤따라갔어요. 아빠가 옆에 있으면 뭔가 불편했으니까요. 지금에 와서 생각해보면 아빠는 감정 표현을 어려워하는 사람이었던 것 같습니다.

언젠가부터 깊이를 가늠하기조차 힘든 극심한 고통이 엄마를 덮쳤어요. 그때마다 난 요동치는 마음을 가라앉히고 엄마를 도울 수 있는 일을 찾았죠. 요리하는 법을 익히고 집안일을 했습니다. 그리고 엄마가 다시 병원을 찾았을 때 의료진은 이제 일 년 정도의 시간만이 남았다고 했어요. 그때 난 충격이 얼마나 컸는지 눈물조차 나오지 않았고, 애써 슬픔을 삼켰습니다. 그저 꾹 참는 수밖에 없었죠. 이런 마음을 누구에게 털어놓을 수 있었을까요? 서먹한 아빠에게는 내 말이 와닿지 않을 것이고, 동생 리자는 너무 어렸어요. 무엇보다 처참한 상황에서 그 누구도 저와 대화할 마음이 없었다는 게 가장 힘들었죠. 난 그저 이 상황에 대해 함께 고민하며 꼭 안아주고 토닥여줄 누군가가 필요했을 뿐인데 말이죠.

당시 날 가장 괴롭힌 건 할아버지였어요. 할아버지는 언제나 나를 무릎에 앉히고 싶어 하셨어요. 그러고는 다리 사이로 날 쓰다듬으며 키스를 시도했죠. 하, 정말 역겨웠습니다. 이어 할아버지의 손이 내 가슴 근처에 닿자마자 난 할아버지가 앉아 있는 의자를 뒤로 확 밀쳤고 할아버지는 벌러덩 바닥에 넘어지셨어요. 그다음부터 난 할아버지 근처에 가지 않으려 했고, 결국 나쁜 아이가 되어버렸습니다. 사정을 모르는 가족들이 내가 할아버지를 다치게 했다고 비난했으니까요. 죽음을 목전에 둔 엄마에게 이런 얘기를 다

털어놨어야만 했던 걸까요? 엄마에게 할아버지의 행동을 낱낱이 말해야만 했을까요? 그랬다면 엄마가 어렸을 때도 할아버지가 이와 비슷한 몹쓸 짓을 했다는 얘기를 들을 수 있었을까요? 아니요, 그럴 수 없었을 겁니다. 어차피 아빠한테도 이 일에 대해 말할 수 없었으니 난 침묵을 선택했죠.

그해가 끝날 무렵 어느 날 엄마가 갑자기 종이 한 장과 펜을 달라고 했어요. 조용하고 차분한 음성으로 이제 떠날 시간이 얼마 남지 않았으니 마지막으로 유언을 작성하고 싶다고 말했습니다. 그러곤 가만히 내 머리를 쓰다듬어주셨죠. 내가 울음을 터뜨리며 큰 소리로 엉엉 울자, 엄마는 수술 후 잠시 엿본 사후 세계 이야기를 해줬어요.

하얗고 환한 빛 가운데 밝게 빛나는 터널을 보았는데 그걸 본 뒤로 마음이 가벼워졌다고 했죠. 이제 어디로 가야 할지 알고 있기에 죽음이 더 이상 두렵지 않다고 했습니다. 그러곤 떠나서도 항상 내 곁에서 돌봐줄 테니 두려워하지 말라고, 담대하게 받아들이고 강해지라고 말했어요.

아빠와 리자를 잘 부탁한다고도 했죠. 엄마는 아빠가 혼자서는 살 수 없는 사람이라 언젠가 재혼을 할 거라고 했어요. 그래서 아빠가 재혼하면 새엄마를 받아들이고 절대로 그 사이에 끼어들지 않겠다는 약속을 해달라고 부탁했습니다. 그 순간 내 어깨에 놓인 짐이 무엇인지도 모른 채 난 엄마와 손가락을 걸고 약속했어요. 이제는 그 약속이 내 인생에 어떤 영향을 미쳤는지 알게 됐지만, 그 땐 정말 아무것도 몰랐죠. 그리고 그날 겨우 서른세 살밖에 되지 않았던 엄마는 세상을 떠났습니다. 엄마의 숨이 완전히 멎을 때까지 난 엄마의 손을 꼭 쥐고 있었어요. 그 방에는 엄마와 저 단둘뿐이었죠. 아빠는 엄마의 임종을 지키지 못했습니다.

그로부터 두 해 동안은 그럭저럭 잘 버텨냈어요. 밤마다 악몽이 날 괴롭혔고, 꿈속에서 엄마를 만날 때면 엄마의 공허한 눈빛, 차갑게 식은 피부의 촉감이 그대로 전해졌지만요. 최소한 겉으로라도 그래야만 했습니다. 엄마와 약속했으니까요.

그사이 집안일에 익숙해진 난 아빠와 리자가 항상 깨끗하게 세탁하고, 반듯하게 다림질한 옷을 입고 다니도록 최선을 다해 뒷바라지했어요. 집안일은 한밤중이 돼서야 끝났기 때문에 행복한 유년 시절은 다른 나라 얘기였죠. 그러던 어느 날 새엄마가 될 사람이 나타났습니다. 아빠보다 몇 살 어렸던 로스비타는 이혼녀였어요. 처음에 로스비타는 우리에게 좋은 면만 보여주려 애썼어요. 아빠가 재혼을 결심하는 데 우리의 의견도 참고한다는 것을 파악했던 것 같아요. 로스비타는 한동안 우리를 자주 찾아왔고 우리는 꽤 사이가 좋았어요. 그녀는 나와 리자 그리고 아빠에게 상냥했고 이런 모습을 보고 함께해도 괜찮을 거라 판단한 아빠는 로스비타와 재혼했죠. 그런데 결혼식이 끝나자마자 새엄마는 태도를 싹 바꿨어요. 상냥했던 모습은 순식간에 사라졌습니다. 지금 생각해보면 새엄마는 병적으로 나르시시즘 성향이 강했던 것 같아요. 어쨌든 새엄마는 내 삶을 비참하게 만들었습니다. 지금까지 내가 노력한 것들을 아무것도 아닌 것으로 만들어버리고, 내게 새엄마를 방해하려는 못된 심보가 있다고 단정했죠. 게다가 아빠는 저보다 새엄마의 말을 믿었어요.

'엄마가 돌아가시고 이때까지 내가 한 일에 대한 보답이 고작 이거란 말이야?'

난 태어나서 처음으로 이용당하고, 착취당하고, 사랑받지 못한다는 감정에 휩싸였습니다. 그래서 메이크업아티스트 과정을 수료한 후 열여덟 살이 되자마자 조금의 미련도 남기지 않고 독립했어요. 집에서 최대한 멀리 떨어진 곳에 새 보금자리를 마련했죠. 뭐, 그곳에서도 딱히 행복한 건 아니었지만 선택의 여지는 없었습니다. 혼자서 모든 일을 감당해야 하는 상황에서 저는 또다시 강해져야만 했어요.

그즈음 인생에 이런저런 인연이 스쳤는데 항상 힘든 남성을 선택했던 것 같아요. 엄마의 그늘에서 벗어나지 못했던 유르겐, 질투심으로 날 압살할 뻔했던 알코올 중독자 로만도 그랬습니다. 한동안 동거했던 로만과 헤어질 때는 협박이 무서워 야반도주하듯 은밀하게 떠나야만 했죠. 떠나고 나서도 로만이 찾아와 내게 무슨 짓이라도 할까 봐 두려운 마음이 들었습니다. 한동안 베개 아래에 작은 칼을 놓고 잤을 정도로요. 제게는 아마도 조력자 증후군

(helper syndrome, 남을 돕지 않으면 안 된다는 강박감에 사로잡혀 있으면서도 정작 자신은 제대로 돌보지 않고 협조를 구하지 않는 경우-역주)이 있었던 것 같습니다. 하지만 난 이런 끔찍한 상황도 전부 이겨냈어요.

상처는 트라우마를 남기고

 소녀의 유년 시절은 전형적인 신데렐라 유형에 속한다. 사랑이 넘치고 따뜻한 모녀 관계가 엄마의 이른 죽음으로 너무 빨리 끝나버린다. 아빠는 아이가 의지할 수 있는 대상이 되어주지 못하고, 새엄마는 아이를 괴롭힌다. 혼자가 된 아이는 주변의 애정과 관심을 받기는커녕 냉대와 거부를 온몸으로 느낀다. 아이는 사랑과 위로를 바라지만 새로운 환경에 적응하느라 그런 감정들은 애써 묻어둔다.

어느 누구도 아이의 감정에 귀 기울이지 않으니, 그때부터 아이는 맡은 일을 제대로 완수해야만 인정받을 수 있다고 생각한다. 아무도 위로나 따뜻한 충고 하나 건네지 않는 상황에서 사랑하는 엄마를 잃고 겪는 참담한 경험은 큰 상처로 남는다. 게다가 아빠와 여동생이 자신보다 더 힘들 거라는 생각에 가족을 위해 희생하고 헌신하지만 아무도 알아주지 않는다.

엄마를 여읜 기억은 트라우마가 된다. 성숙한 어른으로 성장하는 과정에서 아이는 엄마의 보살핌이 필요하다. 애정을 탐하는 유아기적 소망이 올바르게 충족되어야 하는 연령대에서는 특히 그렇다. 하지만 소냐는 아빠에게도, 동생에게도 제대로 위로받지 못했기에 엄마의 죽음을 받아들이고 치유할 기회조차 얻지 못한다. 가까운 사람의 죽음은 극도의 스트레스를 만들어 인체에 상당한 부담이 된다. 더군다나 사랑하는 사람을 잃은 슬픔을 치유하는 과정이 없다면 특히 해롭다.

힘든 시기가 찾아올 때마다 상처가 남은 마음과 정신은 과거에 느꼈던 감정을 고스란히 다시 떠올린다. 무언가가 그 상처를 살짝 건드리기만 해도 과거에 시달렸던 언어폭력, 때로는 물리적 폭행까지 그대로 떠올리며 부적절한 분노를 터트리고 경솔히 행동한다. 혹은 보살핌을 바라는 불안정한 심리와 혼자 버려질까 봐 두려운 마음이 합쳐져 상대에게 매달리기도 한다. 연인에게 찰싹 붙어 매달리는 행동은 나르시시즘 관계에 빠진 여성에게 흔히 나타나는 특징이다. 여성들이 이런 무익한 관계에서 벗어나는 데 한참이 걸리는 근본적인 이유다. 이들에게는 이별의 아픔이 행동을 예측하기 힘든 남성과 함께하는 고통보다 훨씬 끔찍하다. 어쨌든 그를 곁에 둠으로써 의지할 공간(비록 깨지기 쉽지만)이 생겼다고 여기는 것이다.

소녀가 관계에 어려움을 겪게 된 건 엄마의 죽음 때문만이 아니었다. 죽음을 앞두고 겪는 혼란스럽고 두려운 감정을 함께 공감해줄 사람이 없어서였다. 아팠던 엄마는 그럴 여력이 없었고, 아빠는 다른 일에 바빠 딸을 챙기지 않았다. 할아버지는 위로를 해주기는커녕 성희롱을 했다. 소녀는 아무런 보호도 받지 못한 채 무방비 상태로 방치되었다. 누구에게도 도움을 청하지 못했고 고통, 두려움 그리고 외로움을 한가득 안은 채 홀로 남겨졌다. 끔찍한 상황을 받아들이고 감정을 추스를 수 있도록 어느 누구도 위로를 건네거나 따뜻하게 보살펴주지 않았다.

특히 소녀에게는 임박한 엄마의 죽음에 대해, 할아버지에게 당했던 성희롱에 대해 툭 터놓고 얘기할 대화 상대가 없었다. 주위에는 할아버지를 밀쳤다는 비난을 쏟아내는 사람들뿐이었다. 그렇기에 소녀는 살아남으려면 누구보다 정신을 똑바로 차려야 한다는 걸 일찍이 깨달았다. 소녀가 스스로 습득한 방식이자, 부모가 소녀에게 직접적으로 요구한 것이기도 하다. 아무 생각도 하지 말고 맡은 일만 묵묵히 해내며 욕심도 내서는 안 된다. 더불어 아빠는 마음이 약하고 엄마는 아프니 아빠와 엄마를 돌봐야만 했다. 이때부터 부모와 자식의 관계가 완전히 역전되어 자녀가 부모 역할을 하고 부모가 자녀 역할을 하는 부모화(parentification)가 시작된다. 소녀는 아픈 엄마를 보살폈고 엄마가 세상을 떠난 뒤에는 아빠와 동생을 위해 엄마 역할을 대신 맡아야 했다. 임종 직전 엄마와 한 약속 때문에 엄마 역할을 대신하는 것에 대한 의문을 품거나 거부할 생각조차 하지 못했다.

'그때 엄마는 내게 두려워하지 말고 담대하게 받아들이고 강해지라고 말했어요. 그리고 아빠와 리자를 잘 부탁한다고 말했죠. 아빠는 절대 혼자서 견디지 못할 거라면서.'

당시 소냐는 보살핌을 받아야 하는 나이였지만 오히려 아빠를 챙겨야 했다. 엄마가 그렇게 원했다는 이유 하나만으로 인생의 첫 단추를 잘못 끼운 것이다. 누군가를 보살피기 위해 정작 자신의 욕구는 잠시 접어두거나 아예 부정하는 인생이 그렇게 시작됐다. 어른과 아이의 역할이 역전되면서 소냐는 더 이상 아이로 남을 수 없었기에 그만큼 빨리 어른이 됐다. 천천히 자라며 무언가를 느끼고 깨닫는 데 시간을 써야 할 시기에 주어진 역할과 책임을 다하는 데만 집중했다. 그렇게 하는 것만이 자신의 가치를 높이는 유일한 방법이자 자아를 구축하는 방식이 되어버렸다.

'나야 어떻든 우선 다른 사람부터 먼저 챙기는 것이 전적으로 옳다고 생각해.'

소냐는 자신을 거부하는 새엄마를 보며 스스로가 소중한 사람이라는 감정을 조금도 느끼지 못하게 되고, 이런 생각은 갈수록 심해진다. 항상 자신이 별 볼 일 없고, 불필요하며, 언제나 부족하다는 감정에 빠져 있다. 따라서 주어진 일을 묵묵히 하고, 변화하는 환경에 적응하며, 자신의 욕구를 단념해야만 존재의 이유를 찾을 수 있다고 생각한다. 그리고 이런 생각은 소냐를 아래와 같은 성향으로 만들어 놓았다.

- 사랑과 인정에 목말라한다
- 타인을 위해 희생해야만 사랑받을 수 있다고 생각한다
- 기본적으로 자신을 별로 챙기지 않는다
- 자신의 가치를 체감하려면 항상 타인이 필요하다
- 애정을 얻기 위해 어느 선까지는 이용당해도 묵인한다

이런 시각으로 바라보면 소냐와 헤르베르트의 결혼은 물론 그 후 프랑크와의 나르시시즘 관계도 어느 정도 이해할 수 있다.

불행한 결혼 생활의 시작

스물다섯 살이 되던 해, 헤르베르트를 소개받았어요. 솔직히 이상형과 거리가 있었지만 그래서 더 좋았죠. 이전까지 만났던 남자들과는 뭔가 달랐거든요. 네 살 연상인 헤르베르트는 대체로 수줍음이 많고 보수적이었습니다. 엔지니어로서 수입도 좋았고 지역

특색이 강한 사람이었어요. 특히 그가 추구하던 이성관과 가정을 이루려는 소망이 마음에 와닿았어요. 그때가 우리 둘 다 사랑과 안정감에 목말라하던 시기여서 그랬을까요? 왠지 이 남자라면 어떻게든 맞춰 살 수 있을 것만 같은 기분이 들었습니다. 그렇게 우리는 자주 만나면서 서로에 대한 감정도 차곡차곡 쌓아갔어요.

그의 곁에 있으면 편안했습니다. 그렇지만 평소에 나를 살뜰하게 챙겨주던 이모는 저와 헤르베르트가 어울리지 않으니 다른 사람을 찾아봐야 한다고 생각하셨어요. 그러나 사랑에 빠졌을 때는 원래 주변의 충고를 한 귀로 듣고 한 귀로 흘리게 되지 않겠어요? 오랜 방황 끝에 겨우 정착하려던 참이었으니 어서 안정을 찾고 싶은 마음뿐이었습니다. 헤르베르트와 난 사귄 지 일 년쯤 되었을 때 결혼했습니다. 그때만 해도 우리 사이는 좋았어요. 다만 결혼하기 직전까지 헤르베르트는 부모의 집에서 살고 있었던 터라 그를 가족들과 떼어놔야 한다는 사실이 좀 당황스러웠죠. 그런 환경에서 생활했기 때문일까요? 헤르베르트는 여자의 마음을 잘 아는 남자가 아니라 오히려 여자에게 무관심하고 냉정한 남자에 가까웠습니다.

결혼 생활을 일 년 정도 했을 때 큰딸 율리아가 태어났어요. 원래 저는 자식은 한 명만 낳았으면 좋겠다고 생각했습니다. 전업주부로 집안일을 하고 가정을 돌보는 생활에도 어느 정도 만족했어요. 남편에게도 도움이 되는 일이라 생각했고요. 물론 남편도 가정에 충실해야 한다는 게 전제 조건이었지만요. 헤르베르트는 가족과 함께 직접 지은 집에서 살아야 한다는 보수적인 고정관념이 있었어요. 그렇게 우리가 살 집의 건축 설계도가 완성되었고 다음 해에 새집으로 이사했죠. 이때부터 난 이모의 판단이 옳았음을 깨달았습니다.

우리는 너무 안 맞았어요. 남편은 출장이 잦았던 터라 집안일은 온전히 내 몫이었고, 출장을 갈 때마다 일일이 짐도 싸줘야 했습니다. 그 와중에 어린 딸은 자주 고집을 부렸고, 잠도 잘 자지 않았어요. 특히 아픈 아이를 혼자 돌볼 때가 가장 힘들었습니다. 자유 시간은 그림의 떡이었죠. 나에게는 잠시 콧바람이라도 쐴 수 있도록 아이를 봐주는 친정 부모님도 없었으니까요. 종종 방전된 것만 같은 참담한 기분에 몹시 힘들었어요.

남편은 집에 있는 날에도 그저 일만 생각했어요. 늘 컴퓨터 앞에 앉아 등만 보였죠. 지금도 그를 떠올리면 뒷모습밖에 생각이 나질 않네요. 그러니 얼마나 그 모습이 보기 싫었겠어요? 언젠가부터는 정말 꼴도 보기 싫을 정도로 밉더라고요. 난 맛있는 음식과 와인 한 잔을 함께 즐기며 다정하게 대화를 나누는 둘만의 시간을 간절히 원했어요. 하지만 실제로는 남편과 대화 한마디조차 제대로 하지 못했습니다. 누구와도 내 감정을 나누지 못하고 혼자 삼켜야만 했어요. 힘들 때 그에게 잠시 어깨를 기대지도, 팔짱을 끼지도 못했습니다. 헤르베르트는 집에 돈을 벌어오는 것으로 자기가 할 일을 다 했다고 생각했어요. 우리 사이에 아무런 문제가 없다고 여겼죠. 입버릇처럼 이런 말을 하면서요.

"다른 집도 다 이렇게 살아!"

남편은 내 감정과 가치관을 전혀 고려하지 않았고 결혼 생활 내내 난 불행했습니다. 결혼을 결심했을 때는 헤르베르트가 적어도 우리 아빠보다는 자식에게 관심과 애정을 표현할 거라고 생각했어요. 하지만 시간이 흐를수록 두 남자의 행동이 크게 다르지 않다는 걸 깨달았죠. 어느 순간부터 헤르베르트에게서 아빠의 모습이 겹쳐 보이기 시작했습니다. 그때부터 다시 꺼내고 싶지 않은 옛 기억이 떠올랐어요.

잘못된 배우자 선택, 예견된 불행

소냐는 아빠와 완전히 다른 성향의 남편을 원했지만 결국 아빠와 비슷한 사람과 결혼했다는 걸 깨닫는다. 우리는 배우자를 선택할 때 오랫동안 배우자와 행복한 관계를 이어나갈 수 있을지 고려할 뿐만 아니라 이전까지 충족하지 못했던 욕구를 채워줄 수 있는 사람인지를 판단한다. 소냐는

"어린 시절 상처받고 치유할 기회를 놓친 아이는 성숙한 어른으로 성장하지 못한다. 누군가가 상처를 살짝 건드리기만 해도 혼자 버려질까 봐 두려운 마음이 슬며시 고개를 든다."

항상 따뜻하게 안아주고 힘들 땐 기댈 수 있는 사람이 남편이 되기를 원했다. 이런 점은 어린 소냐가 아빠에게 기대했던 것이기도 하다. 가정을 이루고 안정감을 찾고 싶었던 소냐는 헤르베르트와 함께라면 그럴 수 있으리라고 판단했다.

그러나 배우자의 좋은 직장은 경제적인 기능을 제외하면 둘 사이의 안정적인 관계를 보장하는 요소가 되지 못한다. 헤르베르트는 결혼 직전까지 부모와 함께 살 정도로 정서적인 면에서 의존적이다. 게다가 소냐와 마찬가지로 배우자를 안식처 삼아 보살핌 받기를 원했다. 헤르베르트도 부모에게 충분한 애정을 받아보지 못했기 때문이다. 어릴 때 애정과 보살핌을 제대로 받지 못한 사람은 배우자를 고를 때 결국 부모와 비슷한 사람에게 끌린다는 보편적인 가설이 입증되는 순간이다. 따라서 이런 두 사람이 서로에게 실망하는 것은 이미 예견된 순서였다. 두 사람은 상대를 착각했다는 걸 인정해야만 한다. 그런데 헤르베르트는 부부 관계에 문제가 있다는 것조차 부정한다.

"다른 집도 다 이렇게 살아!"라는 말은 둘 사이에 안정감과 애정이 부족하고, 남편과 아내로서 각자 충분히 만족하는 관계를 이어가지 못하고 있다는 사실을 아직 받아들일 준비가 되지 않았다는 의미다. 이런 상황에서 헤르베르트는 문제를 직시하고 풀어 나가는 대신 컴퓨터 화면으로 시선을 돌려버린다. 자신의 행동이 상황을 더 악화시키는 줄도 모른 채 말이다. 그에게는 이것만이 이런 상황에 대처할 수 있는 유일한 방법이다. 소냐는 헤르베르트의 모습을 보고 잊고 싶었던 과거를 떠올린다. 시간이 지날수록 가정에서 느끼는 부담감의 크기가 커지고, 남편과는 점점 더 서먹해진다. 항상 컴퓨터 앞에만 있는 남편이 남처럼 느껴진다. 이 부부는 소통하지 않고 그저 각자 해야 할 일만 묵묵히 해나갔던 것이다.

그렇게 몇 달 아니 몇 년이 흘렀어요. 딸아이를 혼자 돌보느라 매 순간 혼이 쏙 빠졌죠. 그 와중에 때때로 혼자라는 생각에 외로움이 엄습했습니다. 그래도 율리아와 함께 보낸 시간은 보람찼어요. 결혼 생활은 그리 좋지 못했지만, 율리아를 사랑했기에 마음을 다잡으며 강해지려고 안간힘을 썼죠. 그러다 둘째를 임신하면 엇나간 결혼 생활을 제대로 되돌릴 수 있지 않을까 하는 막연한 기대감이 생겨났습니다. 그렇게 서른세 살에 둘째 요하네스를 낳았어요. 엄마가 세상을 떠났을 나이에 요하네스를 낳았던 거죠.

이때는 종종 '나도 엄마와 똑같은 운명을 맞는 건 아닐까?'라는 생각에 두려웠어요. 다시 출산을 고려했던 건 두려움 때문이었는지도 몰라요. 아이는 새 생명이니까. 그러나 둘째 아이가 태어난 뒤 우리의 결혼 생활은 회복되기는커녕 완전히 끝나버렸어요. 남편은 여전히 아빠의 역할을 제대로 하지 못했고 난 버려진 것 같은 처절한 기분에 좌절했죠. 게다가 요하네스는 아주 어릴 때부터 손이 많이 가는 아이였어요. 몸이 약해서 병원에 자주 들락거렸고 밤에도 깊이 잠들지 못했습니다. 잦은 잔병치레로 아이는 항상 내게 껌딱지처럼 착 달라붙었어요. 난 두 아이를 제대로 키우려고 모든 걸 쏟아부었습니다. 시간이 흐를수록 점점 야위어갔죠. 때때로 더 이상 살아갈 힘도, 삶의 의지도 느끼지 못했어요. 아이들마저 없었다면 무슨 일이 생겼을지도 몰라요. 하지만 끔찍한 순간마다 엄마가 남긴 말이 머릿속에 맴돌았어요.

"소냐, 아무리 고통스럽더라도 삶을 포기하면 안 되는 거야. 이것만 잊지 말렴. 문이 닫히면 또 다른 문이 열린단다."

엄마의 말을 생각하면 버틸 힘이 생기곤 했습니다. 한편 딸 율리아는 어려서부터 어떻게든 나를 도와주려고 애썼습니다. 아픈 동생도 사랑으로 돌봤어요. 남편이 해야 할 일을 율리아가 대신해준 셈이죠. 겉으로는 아무 문제가 없었어요. 하지만 항상 팽팽한 긴장감이 맴돌았던 집안 분위기가 아이에게 아무런 영향도 미치지 않을 리 없죠. 율리아는 십 대가 끝나기도 전에 집에서 독립했고, 대부분 시간을 처음 사귄 남자 친구의 집에서 보냈습니다. 꾹꾹 참기만 하다가 결국 도망친 것이죠.

저와 남편은 그저 같이 살았을 뿐, 정상적인 결혼 생활은 이미 오래전에 끝났어요. 이런 관계는 요하네스가 열네 살이 되던 해까지 이어졌죠. 십사 년간 우리 사이에는 성관계도, 아니 작은 스킨십도 없었습니다. 언젠가 남편에게 이런 결혼 생활이 정상이라고 생각하는지 물었죠. 그러자 남편은 이번에도 남들도 다 이렇게 산다고 답했어요. 이미 예전에도 여러 번 들은 말이었고 솔직히 말하면 나도 남편과의 성생활을 떠올리면 불쾌했습니다. 그만큼 우리는 몸도 마음도 멀어졌어요. 하지만 아무리 그래도 남편의 발언에 실망한 건 어쩔 수 없었죠. 여자로 인정받지 못하는 기분은 남편이 아빠 역할을 제대로 하지 못할 때 느꼈던 실망감보다도 끔찍했어요. 그리고 아이들이 참 불쌍하다는 생각을 했습니다.

남편은 집을 짓고, 나무를 심고, 아이를 키우는 것이 자신의 몫이라는 핑계를 대며, 그런 일을 이미 전부 해냈으니 더 해야 할 일은 없다고 여겼어요. 그런 그에게 아이들이 다 크고 나서는 우리 사이가 좋아지기 힘들다는 얘기를 얼마나 했는지 몰라요. "힘든 시기가 어느 정도 지나고 요하네스가 다 크면 난 이 집에서 나갈 거예요."라는 말도 버릇처럼 하곤 했습니다.

상처의 대물림

소나에게는 자식이 유일한 삶의 이유다. 배우자가 육아와 가사에 전혀 참여하지 않는 환경에서도 오랜 기간 동안 엄마로서의 삶을 묵묵히 걸었다. 두 아이의 교육을 책임지고, 그 과정에서 발생하는 모든 문제에 대처하고, 막내의 질병까지 혼자서 짊어져야 했다. 게다가 첫아이를 낳은 후 남편이 제 역할을 하지 못했음에도 또다시 아이를 낳아 상황은 더 악화되었다. 이 부부는 자녀를 어떻게 키울 것인지, 가정에서 각자 어떻게 행동할지 상의조차 하지 않았던 걸까?

소냐와 그녀의 남편은 각자의 세상에서 따로 사는 사람처럼 보인다. 부모로서도, 배우자로서도 바람직한 태도는 아니다. 헤르베르트는 아빠 역할을 거부했고 자식을 거의 돌보지 않았으며 그렇다고 남편 역할을 충실하게 한 것도 아니었다. 큰딸이 아빠를 대신해 엄마와 어린 동생을 돌봐야만 했다. 소냐가 엄마를 잃은 후 그랬듯 율리아도 부모화된 것이다.

율리아는 소냐처럼 유년 시절을 제대로 누리지 못했다. 또한 지나치게 이른 나이부터 어른스러운 행동을 강요받으며 감당할 수 있는 것보다 더 많은 것을 해내야 했다. 이처럼 타인의 욕구를 충족하면서 정작 자신의 만족은 등한시한다면 나르시시즘에 착취당하는 것이다. 율리아가 남자 친구와 시간을 보내고 싶다는 이유로 이십 대가 되기도 전에 집에서 독립한 이유도 바로 이것이다. 나르시시즘에 착취당하는 삶을 끝내려고, 하루라도 빨리 부모의 집에서 벗어나고 싶었을 것이다. 유년 시절에 소냐와 같은 인간관계를 경험한 사람은 커서도 비슷한 인간관계를 반복한다. 그래서 인간관계를 맺으면 서로에게 득이 된다는 생각보다는 자신이 타인을 돌볼 의무를 지게 된다고 인식한다. 결혼 생활에서도 그랬고, 훗날 프랑크와 연인 관계일 때도 그랬다. 따라서 소냐가 번아웃(burnout) 상태가 된 것은 이미 예견된 일이었다.

하지만 소냐의 인내심은 경이로울 정도다. 어린 시절부터 강해져야 한다고 배웠기에 타인의 고통을 어깨에 짊어지고 견뎌야만 했다. 항상 자신이 아닌 누군가를 위해 살았다. 과거에는 아빠와 엄마, 이후에는 자식, 그리고 마지막에는 연인을 위해 헌신했다. 그리고 한 번도 경험해보지 못한 이상적인 가정을 만들어보려고 무던히 애썼다. 하지만 주변 사람의 시중만 들다가는 결국 탈진해버리고 만다. 타인의 욕구를 충족해주는 것을 최우선으로 여기고 의무를 다하는 데만 집중했기 때문에 정작 자신은 생각하지 못하는 것이다.

소냐에게 프랑크와의 만남은 이런 정신적 고갈 상태와 내적 공허함을 새로운 관계로 채워보려는 시도였다. 마치 물에 빠진 사람이 지푸라기 하나를 붙잡고는 이제 살았다고 믿는 것과 같다. 소냐를 둘러싼 이런 상황은 그녀가 나르시시즘에 도취한 남성의 유혹에 넘어가도록 했다.

결혼 후 이십이 년간 도저히 견디지 못할 수준이 될 때까지 내 역할에 충실했고, 힘들어했고, 참아냈어요. 주치의는 내게 이런저런 통증을 견디게 해줄 약을 처방해줄 수는 있지만 근본적인 문제는 스스로 해결해야만 한다고 조언했어요. 문제를 해결할 방법이 전혀 없다면 그 문제를 놓아버려야 했죠. 그렇지만 근본적인 문제는 바로 내가 불행하다는 데 있었어요. 어쨌든 헤르베르트는 나를 속이거나 배신하지는 않았고, 아이들도 이제는 문제 될 일이 조금도 없었습니다. 이때 즈음 저는 마침내 남편에게 집을 나가겠다고 통보했어요. 그리고 한 남자가 내 삶에 성큼 들어왔죠. 지금 돌이켜보니 그때 너무 성급했네요.

이용당한 아이들

부부 사이에 등장한 문제를 해결하기 위해 소냐와 헤르베르트는 서로 소통하고 진지하게 대화를 나눠야 했다. 그러나 이전까지 소통하고 대화하는 걸 한 번도 해보지 않았기에 힘들고 난처한 일은 전부 침묵으로 일관하고 잊으려고만 했다.

종종 자식을 통해 부부 관계를 개선하려는 부모가 있다. 소냐 또한 그랬다. 그렇지만 이런 시도는 대부분 결과가 만족스럽지 못하다. 게다가 이는 자식을 자신의 필요 때문에 이용하는 셈이다. 요하네스가 병약하게 태어난 것은 소냐가 임신 기간에 받은 스트레스 때문일지도 모른다. 이 부부는 근본적인 문제를 직면하지 못하고 화살을 요하네스에게 돌린다. 즉, 요하네스를 부모의 걱정거리로 만들어버린다. 소냐는 망가진 부부 관계와 아픈 아들을 직시하지 않고, 유년 시절 트라우마 그리고 결핍된 여성성과 연관지어버린다.

"제가 여기까지 참고 견딘 건 순전히 아이들 때문이었어요."

마치 예전에 아빠, 엄마 그리고 여동생 때문에 참았던 것처럼 소냐는 또 참아야만 했다. 소냐는 몸과 마음이 끌리는 대로 배우자를 선택하지 않고 안정적인 환경을 최우선으로 생각했다.[1] 그렇지만 그렇게까지 원했던 안정적인 환경은 물질적인 부분에서만 충족되었다. 정서적, 육체적 만족은 '관계를 결정할 때' 애초에 없었던 조건이라 깨끗이 포기해야만 했다. 결국 소냐는 두 가지 모두 제대로 얻지 못하고 점점 더 불행해졌다.

이미 오래전에 해야 했을 말을 드디어 입 밖에 꺼냈어요. 이야기를 꺼내면 생길 문제에 대해서는 이미 감수하기로 마음먹은 뒤였죠. 헤르베르트는 내가 감수해야만 했던 것들을 이해하지 못했고 지금까지 그의 배려와 응원이 얼마나 턱없이 부족했는지 인정하지 않았어요. 모든 걸 이렇게 한순간에 포기하려는 날 이해하지도 못했죠. 겉으로 보기에 우리 가족은 꽤 화목해 보였으니까요. 함게 살 그림 같은 집도 지었죠. 하지만 인생이 불행한데 그림처럼 아름다운 집이 무슨 소용일까요? 도저히 함께 살 수 없을 것 같다면요? 결혼식장에 들어설 때만 해도 내가 생각했던 결혼 생활은 이렇지 않았습니다.

결혼 후 헤르베르트는 집에 거의 없었고 가끔 집에 있을 때조차 집에 없는 사람처럼 행동했습니다. 이제 이런 감정의 악순환에서 벗어나야만 했어요. 난 다시 미래를 꿈꿀 수 있기를 원했거든요. 그래요, 난 행복해지고 싶었어요. 이미 오래전에 그에게 마음이 떠난 터라 다시 되돌릴 수는 없었습니다. 앞으로 어떻게 해야 할지 방향도, 목적지도 잘 알지 못했지만 말이죠.

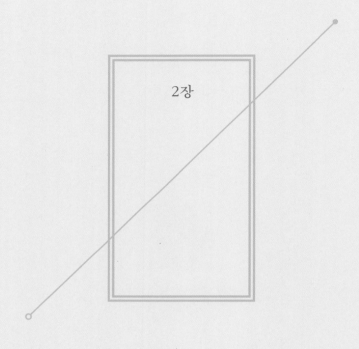

2장

비틀린 관계의
시작

온라인 만남이 설렘으로

남편에게 속 시원히 털어놓고 보니 이제는 날 이해해주는 남자를 만나고 싶다는 갈망이 점점 자라났어요. 안아주고, 사랑해주고, 날 여자로 봐주는 그런 남자. 그러는 사이에 어느덧 마흔일곱 살이 되었지만, 여전히 젊다고 생각했습니다. 오랫동안 섹스는 아예 접어두고 살았지만 이제는 인생을 온몸으로 느끼고 싶었어요. 피부와 피부가 맞닿는 느낌, 서로의 온기를 나누는 행복을 되찾고 싶었습니다. 그러다가 누군가와 진정한 사랑에 빠진다면 더할 나위 없을 것만 같았죠.

이런 소망이 마음속에 꿈틀댔고 어느 날 홀린 듯이 온라인 매칭 사이트에 등록했어요. 이런 방식이 아니라면 이 나이에 어디서 새로운 남자를 만나겠어요? 사실 좀 정신이 나간 짓 같긴 합니다.

지금 생각해보면 그때 오롯이 나를 위한 시간을 가져야만 했어요. 하지만 그때는 연애로 얻게 될 애정과 배려가 얼마 되지 않더라도 그런 감정을 느껴보고 싶었습니다.

등록한 온라인 매칭 사이트는 엄청나게 많은 남성의 정보를 제공했고 그중 한 명이 내게 관심을 보였어요. 프랑크는 저보다 나이는 좀 있어 보였지만 준수한 외모에 운동을 좋아하는 매력적인 남성이었어요. 프랑크는 별 볼 일 없는 사람에게 종종 속은 적이 있었다며 상대 여성에게 바라는 사항이 많았죠. 그는 여성을 만날 때마다 온라인 프로필에 기재된 것과 다른 점은 없는지 꼼꼼히 검증했어요. 온라인상에서는 상대를 속이고 자신을 포장하기도 한다면서요. 하지만 그렇게 얘기했던 프랑크가 그런 부류였다는 걸 한참이 지나고서야 깨달았어요. 처음에 별 매력 없는 사람으로 취급받아도 난 아무렇지도 않았어요. 여자로서 내 점수가 그리 높지 않다고 해도 말이죠. 어떻게 하면 매력을 충분히 어필할 수 있을지 잘 알고 있었으니까요.

프랑크는 내 이상형에 여러모로 부합했어요. 그의 프로필 사진도 마음에 쏙 들었죠. 직업도 사업가라고 되어 있는 걸 보면 분명 수입도 나쁘지 않을 테고 매너도 완벽할 거라 생각했습니다. 이런 조건들이 내게는 여전히 중요했거든요.

여러 번 그의 프로필을 유심히 살펴보다가 그와 만나보기로 결심했습니다. 프랑크에게 내 사진 한 장과 몇 줄의 소개 글을 메시지에 담아 전송했죠. 그러고는 이 남자가 회신하지 않을까 봐 살짝 불안한 마음이 들었어요.

'답이 없으면 어떻게 하지? 날 마음에 들어 하지 않거나 내가 보낸 메시지를 오해하면 어떻게 하지?'

이런 생각들이 차츰 나를 갉아먹고 있을 때쯤 마침내 답장이 도착했습니다. 프랑크는 내 사진이 매우 마음에 들었으며 만나보고 싶다고 했어요. 그러고는 언제 전화를 걸면 좋을지 물었습니다. 우와, 정말 정신을 차리기가 힘들 정도였어요. 마치 경품 행사에서 일등에 당첨된 것 같은 기분이었죠. 그리고 그 기분은 전화 통화 후에도 그대로 이어졌습니다.

처음 통화했을 때 프랑크의 목소리는 부드럽고 다정했어요. 의도적으로 잘 선택한 말들로 자신을 소개했고, 그래서 전 만나기도 전에 마음의 빗장을 열어버렸죠. 프랑크는 그가 추구하는 관계와 이상형에 대해 설명하며 인생을 걸 위대한 사랑을 찾고 있다고 말했습니다. 이어 아름다운 것을 전부 상대와 공유하고 싶다거나, 노을 지는 해변에서 로맨틱한 산책을 하고 싶다는 말을 쉼 없이 쏟아냈어요. 분명 내가 그런 면에 약하다는 걸 눈치채고 하는 말이었을 거예요. 그동안 살면서 단 한 번도 받아보지 못한 내용의 메시지도 서슴지 않고 보냈어요. 상대를 감동하게 하고 자극하는 그런 메시지들을 보며 그도 저만큼이나 외로웠다는 걸 알게 되었어요. 결혼 후 가족 중 어느 누구도 이해해주는 사람이 없어 항상 애정과 배려에 목말라 있다는 것도요. 모든 걸 함께 나누며 두 배로 행복해지고 싶은 갈망이 있는 사람이라는 동질감을 느꼈습니다. 그의 결혼 생활도 유명무실한 것으로만 보였죠. 지금 돌이켜보면 프랑크는 정말 타고난 배우였어요. 그렇지만 당시에는 설레는 마음으로 그의 메시지를 기다리며 저도 모르는 사이에 그에게 서서히 빠져들었습니다.

달콤한 유혹

 프랑크는 소녀가 느끼는 배고픔과 충족되지 못한 욕구를 재빠르게 감지하고 이를 이용하여 유혹한다. 이런 유혹은 남성에게 여성과 접촉하며 정복할 수 있는 기회를 제공하며, 여성에게 영향력을 행사하고 구속하며 자신의 독립성을 지키게 해주는 수단이 된다. 여성을 유혹하는 남성은 여성이 갈망하는 것이 자신에게도 의미 있는 것처럼 여성을 회유한다. 그리고 빛나는 자존감으로 여성들이 추구하는 모습을 이루어줄 것처럼 행동한다.

프랑크는 부드러운 목소리, 친근하면서 다정한 말투, 매너 있는 태도로 여성을 유혹한다. 게다가 아직 보지도 못한 여성에게 멋지다는 찬사를 아끼지 않는다. 소냐는 노을 지는 하늘 아래 함께하는 로맨틱한 사랑의 판타지를 거부할 수 없었을 것이다. 솔직히 이런 달콤한 말은 매우 전형적이면서도 진부한 작업 멘트지만 누군가에게 유혹당하고 싶은 소냐에게는 효과가 있었다. 소냐는 무턱대고 그것이 프랑크의 진심이라고 믿어버린다. 마침내 자신을 온전히 이해해주고 관심을 주는 남자가 나타났다고 철석같이 믿으면서 말이다.

프랑크로 인해 소냐는 자신이 사랑받을 만한 가치가 있음을 인정받았다고 생각한다. 그가 달콤한 말을 내뱉는 건 감수성이 풍부해서라고만 생각한다. 이런 성향은 아빠에게도 남편에게도 없었기에 더 큰 장점으로 다가온다. 그리고 곧 애타게 찾던 이상형을 만났으며 다시는 실망하지 않을 거라고 확신한다.

그 후로 보름 동안 우리는 많은 대화를 했어요. 지금까지 낯선 남자의 문자에는 단 한 번도 답장하지 않았는데 프랑크에게는 답장하기 시작했죠. 마음을 사르르 녹이는 문자는 실제로 본 적 없는 사람에게도 저절로 답장하게 했습니다. 그러다 프랑크는 조심스레 첫 만남을 제안했어요. 아아, 맙소사. 그때는 얼마나 긴장했는지 잠도 설쳤습니다. 그 남자를 생각할 때마다 온몸이 간질간질했죠. 혈관에 아드레날린이 넘쳐흘렀고 프랑크와 만날 생각만이 머릿속을 가득 채웠어요.

난 옷장 앞에 서서 이 옷, 저 옷 있는 대로 다 꺼내 입어보기도 했습니다. 처음 만날 때 좋은 모습이고 싶었고 그가 날 매력적으로 느꼈으면 좋겠다고 생각했거든요. 그리고 이런 생각을 하다 보니 이혼 문제로 받은 스트레스가 서서히 줄었어요. 아무튼 프랑크에게 최대한 여성적인 매력을 부각해야겠다고 결심했고, 그래서 섹시하면서도 스타일이 좋은 원피스를 골랐습니다.

우리는 서로 사는 곳이 달랐기 때문에 중간 지역에 위치한 한 카페에서 만나기로 약속했죠. 약속 장소로 가는 내내 온통 그에 대한 생각이 머릿속에서 요동치는 것을 느끼며 그의 실제 모습을 상상했어요. 그렇게까지 긴장한 건 정말 오랜만의 일이었습니다. 난 생처음 데이트하러 가는 십 대 청소년처럼 심장이 쿵쾅거렸어요. 약속 장소로 가는 길에 프랑크에게서 문자가 도착했어요. 나를 만나는 게 정말 설레고 기대되어서 만나자마자 너무 반가워 포옹할지도 모르겠다는 내용이었죠. 카페 앞에서 기다리고 있던 프랑크는 날 보자마자 싱긋 미소 지으며 다가왔습니다. 스타일도, 인상도 좋은 프랑크를 보는 순간 호감이 일었죠. 전체적으로 괜찮은 남자였으니까요. 카페에 들어설 때 먼저 문을 열어줄 줄도 아는 젠틀맨이었어요. 그는 상대방에게 집중했고 정중한 태도를 갖춘 예의 바른 모습이었습니다. 편안한 음성에 예의범절까지 갖춘 그런 남자. 무척 매력적이었죠. 처음부터 그가 친숙하게 느껴졌어요. 만나자마자 칭찬을 아끼지 않던 프랑크는 내게 섹시하다고 말했습니다. 그러면서 그의 손을 내 손 위에 포갰죠. 놀랍게도 기분 나쁘기는커녕 짜릿했어요. 그리고 그는 가벼운 사람으로 오해받을 수도 있는 위험을 무릅쓰고 온라인에서 여자를 찾았던 이유를 차분하게 설명하기 시작했어요.

그는 오랫동안 불행한 결혼 생활을 했고, 성생활도 하지 않은 지 오래라며 이제 자신에게 맞는 여자를 만나 새로운 인생을 시작할 마음의 준비를 마쳤다고 했습니다. 사랑이 가득하고 조화로우며 성적으로도 정열적인 관계를 원했어요. 다시 말해 인생을 걸 만한 위대한 사랑을 찾고 있었죠. 솔직하게 말하는 그의 모습이 마음에 들었어요. 그리고 내가 결혼 생활을 하는 내내 부족하다고 느꼈던 것이 무엇이었는지 깨달았죠. 처음부터 우리는 죽이 잘 맞아서 함께할 때 많이 웃었습니다.

호탕한 그의 웃음소리가 몹시 마음에 들었고, 나이가 있는데도 여전히 개구쟁이 같은 모습이 매력적이었죠. 그렇게 웃고 떠들며 몇 시간을 함께 보낸 뒤 프랑크의 행동은 과감해졌어요. 망설임이 없었죠. 헤어질 때쯤 되니 그의 팔은 어느새 내 어깨에 놓여 있었어요. 그리고 눈을 바라보며 살짝 키스했습니다. 그의 부드러운 입술이 내 입술에 살포시 닿는 순간 그는 매우 조심스럽게 천천히 혀를 입안으로 밀어 넣었어요. 맙소사. 살면서 이런 경험은 처음이었던지라 온몸에 전기를 맞은 것처럼 찌릿했습니다. 뭐라 설명하기 힘든 느낌에 혼란에 빠졌죠. 머리부터 발끝까지 간질간질했어요. 정말 솔직히 말하면, 그때 프랑크가 같이 자자고 했다면 주저하지 않고 따라갔을 거예요. 하지만 프랑크는 매우 올바르게 처신했고 그 이상의 스킨십 없이 내 차가 있는 곳까지 바래다주었어요.

차 앞에 도착한 뒤에도 바로 출발하지 못하고 삼십 분 이상을 차 앞에서 서 있을 정도로 헤어지기를 아쉬워했어요. 그렇게 시간이 어느 정도 흐른 뒤 프랑크는 내 손을 잡더니 손등에 키스하며 혹시 주말에 함께 여행을 떠날 수 있는지 물었습니다. 서로를 더 잘 알 기회이기도 하고 이미 생각해둔 장소도 있으니 고민해보라면서 말이에요.

그곳에서 무슨 일이 생길지 그때는 상상이나 할 수 있었을까요? 난 이미 그때 그에게 깜빡 속아 넘어간 상태였어요. 우리는 다음 날 통화하기로 하고 드디어 헤어졌습니다. 집으로 돌아오는 길에도 머릿속에는 온통 프랑크 생각뿐이었죠. 단 한 번의 만남으로 완전히 그의 포로가 되어버렸어요. 운전하면서 라디오에서 흘러나오는 노래를 따라 흥얼거릴 정도로 기분이 좋았고 행복했습니다. 살아 있다는 기분을 느끼며 감정에 취했어요. 그 순간만큼은 그냥 너무 좋았어요.

불꽃 같은 관계로

프랑크가 의도적으로 접근했을 거라는 의심을 거둔다면, 첫눈에 반해 사랑에 빠진 듯한 프랑크와 소냐의 모습은 로맨틱하게만 보였을 것이다. 뱃속에 나비 한 마리가 들어와 팔랑팔랑 날갯짓하는 것만 같은 기분. 상대에게 멋진 모습을 보이려 애쓰고, 마음에 들기 위해 실수하지 않으려 최선을 다하는 모습. 프랑크는 진중한 모습으로 등장해서 매력적인 외모와 노련한 스킨십으로 상대의 점수를 딴다. 상대가 거부감을 느끼지 않을 정도로 선을 지키면서도 육체적으로 살짝 자극을 느낄 만한 수위로 조절한다. 여성이 입고 나온 의상과 행동을 보고 적당한 성적 어필을 하며 유혹한다. 이 정도의 스킨십은 선을 넘지 않는 수준으로 연애 초기에 충분히 할 수 있다. 그렇기에 소냐가 이 만남을 진심으로 즐긴 건 이상할 게 하나도 없다.

단지 두 사람이 가까워지는 속도가 고개를 조금 갸웃하게 만든다. 모든 것이 너무 빠르게 진행되고, 지나칠 정도로 서로의 이상형에 꼭 들어맞으며, 사이도 좋다. 두 사람 모두 상대에게서 자신이 꿈꾸던 것을 전부 찾은 듯 보인다. 프랑크는 꿈꾸던 이상형을 드디어 찾은 것처럼 행동했고, 소냐는 프랑크가 그동안 찾던 이상형이라고 판단했다. 마치 주문을 외우면 펑 하고 단번에 마법이 이뤄지는 것처럼 말이다. 하지만 현실은 겨우 딱 한 번 만났을 뿐이다. 유혹과 사랑에 눈이 멀어 감정만 좇는다면 결과는 복불복이다. 아무리 일시적인 행동이라도 터무니없이 동화 같은 행동을 하는 단계를 '불꽃'이라고 한다. 확대 해석한 둘만의 공통점에 녹아내리며 사랑에 빠지는 건 불꽃과 같다. 불꽃처럼 뜨겁게 타오르던 감정과 커다란 욕망도 이내 소멸한다.[2]

불꽃이 다 타면 탁한 공기와 탄 냄새만이 남는다. 불타는 사랑에 빠졌다가도 열정적이고 뜨겁게 타오르는 불꽃을 은은한 빛으로 바꾸지 못하면 둘의 관계는 대부분 끝이 난다.[3] 불꽃이 유지되는 기간은 각 커플마다 차이가 있다. 일부는 함께 살며 나눈 긍정적인 경험을 미화하고 서로 맞지 않는 부분은 부정하며 이 기간을 최대한 연장하기도 한다. 반대로 상대에게서 자신의 이상형에 부합하지 않는 다른 모습을 직시하는 순간 냉정하게 등을 돌리는 사람도 있다.

첫 만남 이후 우리는 셀 수 없이 많은 문자를 주고받았어요. 내용 대부분은 은밀하고 에로틱했죠. 우리는 일부러 서로를 부추겼어요. 처음에는 망설였지만 얼마 지나지 않아 난 일말의 고민이나 죄책감 없이 프랑크와 함께 주말여행을 떠나기로 했습니다. 가족에게는 세미나에 참석한다고 말했죠. 이런 거짓말이 아니고서는 달리 핑곗거리가 없었으니까요.

당시 저와 남편은 부부 관계라고 부르기 애매할 정도로 사이가 좋지 않았지만 여전히 아이들과 함께 한집에 살고 있었습니다. 어쨌든 사실을 말할 순 없었어요. 그때까진 그랬죠. 프랑크와 나의 관계가 어떻게 발전할지 알지 못하는 데다가 아이들의 감정도 고려해야 했으니 조심스러울 수밖에요. 가족 모두 연수를 떠난다는 말을 그대로 믿었기에 곧바로 짐을 꾸렸어요. 프랑크와는 고속도로 휴게소에서 만나기로 약속했습니다. 그곳에서 그의 차로 옮겨 탈 예정이었죠.

지금 생각해보면 그때 내 행동은 지나치게 대범했어요. 솔직히 이제 딱 한 번 만난 프랑크가 어떤 사람인 줄 알고 그의 차를 덥석 탔을까요? 하지만 그때는 그런 생각을 조금도 하지 못했어요. 프랑크에게 푹 빠져 그를 신뢰했고 주말을 함께 보내게 되어 마냥 즐겁기만 한 상태였습니다. 게다가 우리가 그곳에서 섹스할 거라는 걸 예감했죠. 그동안의 통화와 문자의 내용이 항상 그런 방향으로 흘러갔거든요.

나도 프랑크가 뭘 원하는지 알아차리지 못할 정도로 순진하지만은 않았고요. 물론 나도 섹스를 원했어요. 남편과의 성생활은 이미 딴 나라 얘기가 되어버린 지 오래였고 성에 대한 욕구도 무시당해왔죠. 그러는 사이에 누군가의 애정을 갈망했고, 욕망의 대상이 될 정도로 대단한 사랑의 주인공으로 태어나고 싶은 욕구가 꿈틀댔어요. 그리고 정확히 이 부분에서 딜레마가 시작됐습니다. 근본적으로는 내가 바라는 것도 프랑크와 크게 다르지 않았지만, 그가 원하는 방식대로 하고 싶지는 않았으니까요.

또다시 옷장 앞에 섰어요. 옷장 안에는 옷이 별로 없었습니다. 예전에도 그리고 지금도 난 겉으로 보이는 이미지를 중요하게 생각합니다. 그래서 항상 눈에 띄는 옷을 즐겨 입었고 그럴 때마다 기분 전환이 됐죠. 어떤 옷을 입을까 한참을 고민하다가 마침내 딱 달라붙는 치마와 뾰족하고 높은 굽의 구두를 골랐어요. 첫 만남 때보다 더 그가 내게 빠져들기를 원하면서요. 우리가 그곳에서 섹스하게 될 것은 자명했죠. 그 생각이 그 주 내내 머릿속을 떠나지 않았고, 난 섹시한 속옷도 구매했어요. 평소 내 속옷 스타일은 아니었지만 그게 프랑크 취향이라는 걸 눈치챘거든요. 프랑크와의 대화로 그의 취향을 충분히 알 수 있었어요. 저와 남편은 육체적 끌림이 없어서 서로 거리를 좁히지 못했고 그게 결혼 생활 내내 문제였어요. 우리는 서로를 확 끌어당기는 화학 반응이 별로 없었죠. 추측건대 분명 남편도 그랬을 거예요. 하지만 프랑크는 완전히 달랐어요. 그래서 난 그가 주는 생소한 느낌에 푹 빠져 있었죠. 그때부터는 나만 생각하고 싶었거든요.

집을 떠난 지 십 분도 안 됐는데 프랑크에게서 첫 문자가 왔어요. 진심으로 기뻐하는 듯한 그의 태도에 나도 덩달아 즐거웠죠. 그런데 만나기로 한 장소에 가까워질수록 뭔가 초조해지고 긴장되기 시작했습니다. 가는 길 내내 프랑크는 문자로 저에 대한 찬사를 늘어놓았어요. 내게 반해 몸이 달아올랐다고 했고 어서 빨리 내가 그를 터치했으면 좋겠다고 말했죠. 더는 기다리기가 힘들 정도라고 강조하며 행선지를 알려줬습니다. 목적지는 발트 해에 위치한 그의 별장이었어요. 평소에도 바다와 해변을 무척 좋아했는데 단둘이 그의 집에서 보내는 주말이라니, 생각만 해도 근사했죠. 프랑크는 지난 몇 년간 주로 친구와 요트를 타러 갈 때 여기서 잤다고 설명했어요. 하지만 지금 돌이켜 보면 프랑크가 그곳에 데려간 여성은 나 하나뿐이 아니었으리란 의심이 강하게 드네요. 그곳은 프랑크가 골치 아픈 일이 생길 때마다 머리를 식히려고 가진 내연 관계를 위한 도피처였을 거예요.

그는 계속해서 내 손등에 키스했고, 부드럽게 쓰다듬으면서 애정을 듬뿍 담은 시선으로 그윽하게 바라봤어요. 그 행동에 기분이 좋아졌고 걱정이나 두려움 따위는 없었습니다. 오히려 내면에서 따뜻한 뭔가가 피어오르더니 호기심이 발동했죠. 그렇게 내 안의 욕망과 마주했습니다. 그때 그곳에서 평소에는 상상조차 할 수 없던 대범한 행동을 했어요. 겁 없이 모험에 뛰어든 것이죠.

프랑크의 별장은 아담했지만 매우 매력적이었고 주변의 다른 주택과 조금 떨어진 곳에 있었습니다. 집이 가까워질수록 심장은 쿵쾅거렸고 입도 바싹 말랐어요. 그 순간 정말 많은 생각이 머릿속을 스쳐 지나갔죠.

'만약 서로 잘 안 맞거나, 침대에서 생각처럼 안 되면 어떻게

하지?'

갑자기 불안해졌습니다. 그도 그럴 것이 최근에 마지막으로 섹스를 했던 게 언제였는지 기억조차 나지 않을 정도였으니까요. 어쩌면 섹스 자체가 안 될지도 모른다는 두려움이 엄습했죠. 온갖 잡생각이 머릿속에서 소용돌이쳤습니다.

'프랑크가 손가락으로 몇 번 건드리지도 않았는데 내가 그의 손아귀에 들어간 건 아닐까?'

어쨌든 이제 와서는 아무런 의미가 없는 의문이 계속 떠올랐어요. 집 안으로 들어서자마자 프랑크는 몹시 저돌적으로 다가왔어요. 날 벽에 밀어붙이고 열정적으로 키스하기 시작했습니다. 그의 행동이 좋기도 했고 더 많은 걸 할 생각이었지만 내가 바라는 건 그런 식이 아니었어요. 그래서 날 감싸 안은 그의 팔을 풀어내며 "우리 좀 천천히 해요. 괜찮죠?"라고 물었습니다. 프랑크는 알겠다고 대답하며 겸연쩍은 듯 웃었고 팔을 풀었죠.

난 프랑크의 별장이 참 마음에 들었어요. 인테리어를 화려하게 하지는 않았지만 있어야 할 건 다 있었죠. 게다가 바다가 보이는 경치는 숨이 멎을 정도로 압권이었습니다. 차에서 짐을 챙겨온 후 프랑크는 샴페인 한 잔을 건넸어요. "우리가 함께할 아름다운 시간과 날들을 위해 건배합시다. 당신과 함께해서 너무 기쁘고 앞으로 잘할게요!"라고 말하며 날 꼭 껴안았죠. 알코올이 몸속으로 들어오자 긴장이 풀렸고 그의 애무는 다시 계속됐습니다. 어느 순간 그의 손이 내 스웨터 안으로 들어오는 걸 느꼈고 심장이 다시 쿵쾅거렸습니다. 프랑크에게도 그 소리가 들릴 것만 같았어요.

그러다 정신도 차리고 모습을 다시 정돈할 겸 욕실로 향했어요. 가진 것 중에서 가장 좋은 향수도 살짝 뿌리고, 가터벨트와 섹시한 속옷에 킬힐만 신고, 나머지 옷을 훌훌 벗어버렸습니다(남자라면 누구나 다 이런 모습을 좋아한다고 생각했어요). 그리고 란제리를 입은 채로 거울에 비친 모습을 바라보았습니다. 그 순간 내가 이 상황을 얼마나 절실하게 원하고 있는지 확실히 깨달았죠.

침실에 들어서자 그새 여기저기 향초를 켜놓고 은은한 배경음악까지 선곡해놓은 프랑크가 기다리고 있었어요. 정말 뭐라 말할 수 없을 정도로 로맨틱했죠. 그 상황에서 누가 누구를 유혹하는 건지는 더 이상 중요하지 않았습니다. 스킨십, 애무, 사랑, 욕망, 욕구로 가득한 세상에 빠져들었고, 붕 떠올라 여기저기 흔들고 날아다니며 함께 녹아버리는 그런 야릇한 느낌이 날 지배했어요. 여태껏 살면서 단 한 번도 그때처럼 남자 앞에서 날 온전히 내어놓은 적은 없었습니다. 마치 그가 내 영혼을 쓰다듬는 것만 같은 기분이 들었어요. 프랑크는 내게 날개를 달아주었죠.

이날 밤 우리는 여러 번 섹스했고 굉장한 오르가즘도 느꼈습니다. 그건 정말 말로 설명하기 힘든 쾌감이었어요. 이 일을 계기로 내 몸을 재발견했고, 피부의 모공 하나하나가 열리는 기분을 느꼈어요. 프랑크는 여자로서 느낄 수 있는 감각을 신경세포 하나하나까지 전부 자극하며 모두 깨닫게 해줬습니다. 그리고 안타깝게도 바로 이런 경험이 그에게 집착하는 계기로 이어졌어요. 프랑크는 내가 그를 벗어나지 못하도록 만드는 데 성공했습니다. 그것도 매우 오랜 기간.

그 주말 내내 우리는 섹스에 몰입했어요. 그것도 광적일 만큼 열정적으로. 내 성욕에 스스로 놀랄 정도였다니까요. 격렬했던 시간이 끝나고 집으로 돌아오는 길에 프랑크는 솔직히 거절당할까 봐 속으로 많이 걱정했다고 털어놓았습니다. 자신은 지금까지 만났던 그 어떤 여성과도 이 정도로 친밀함을 느끼지 못했고 이처럼 강렬하면서도 마음마저 이어진 것 같은 섹스는 처음이라고 들떠서 말했어요. 모든 걸 내어놓고 그에게 온전히 내 몸을 맡기는 모습에 완전히 넋이 나갈 정도였다고도 했고요. 그의 인생에서 처음으로 진정한 남자가 된 느낌이었다고 털어놓았습니다.

이미 사랑이라는 감정에 눈을 뜬 난 마음을 송두리째 빼앗기고 그대로 눈이 멀어버렸죠. 맙소사, 이렇게까지 될 거라고는 정말 생각도 못 했어요. 프랑크는 훗날 이때를 회상하며 사랑이라고 느낀 감정을 내게 전한 거라고 했습니다. 당시 그가 느꼈던 감정의 실체는 지금까지도 정확하게 파악하지 못했지만, 최소한 그때는 그리고 그 뒤로도 한동안은 난 정말 진심이었어요.

그렇게 황홀한 주말을 함께 보내고 헤어질 시간이 다가오자 프랑크는 매우 아쉬워했어요. 우리가 함께 보낸 시간이 지금까지 살면서 겪은 날 중 가장 아름다웠다고 강조하며 나를 절대 놓치고 싶지 않다고 거듭 말했죠. 그리고 내가 집으로 돌아가려 하니 벌써부터 그리워진다며 자신이 평생을 기다려온 여자가 바로 나라고 단언했어요. 프랑크와 함께한 주말여행은 인생에 큰 변화를 일으켰습니다. 축 처진 프랑크의 모습을 보니 어느새 내 눈가도 촉촉해졌죠.

막상 헤어지려니 발걸음을 떼기가 이루 말할 수 없을 정도로 힘들었어요. 며칠 새 우리 사이는 너무나 가까워졌던 것이죠. 집으로 돌아오며 프랑크와 함께 보낸 주말을 되새기면서 그때의 장면을 머릿속에 떠올렸습니다. 정말 매 순간이 아름다웠고, 오롯이 우리 둘만의 시간이었어요. 그 순간 난 정말 그에게 푹 빠진 것 같다고 생각하며 그런 멋진 남자를 만난 게 행운이라고 느꼈습니다.

주말여행으로 사랑, 만족스러운 섹스, 이해와 배려를 받고 싶은 소망이 최고조에 오르면서 소냐는 프랑크와 연인 관계로 발전할 마음의 준비를 끝냈고, 다른 한편으로는 그에게 종속됐다.

소냐가 남편인 헤르베르트에게서 안정감과 안락한 인생을 얻고자 했다면, 프랑크와의 만남에서는 쾌락적인 욕구 충족을 최우선으로 여겼다. 프랑크는 처음 만났을 때부터 소냐의 성적 희망을 전부 충족해줄 수 있다는 걸 계속 어필했고, 비록 자신이 아직 기혼이지만 받아들여 달라며 소냐를 유혹한다. 물론 프랑크는 자신의 결혼 생활이 거의 파탄 직전이라는 말을 잊지 않고 강조한다.

게다가 성공한 남자라는 것도 소냐의 선택에 분명한 영향을 주었다. 많은 사람이 사업가를 생각하면 돈이 많고 커리어가 탄탄하며, 처세술에 능하고 신뢰할 만한 사람을 떠올리기 때문이다. 물론 프랑크도 상대 여성에게 바라는 바가 매우 많았다. 외모도 좋아야 하고, 대화도 통하고, 침대에서만큼은 화끈하기까지 한 여자를 원했다.

소냐는 이렇게 까다로운 남성이 자신을 마음에 들어 하며 본인의 이성관과 가치관을 진지하게 털어놓는 모습을 볼 때부터 이미 영광이라고 느낀 것이다. 소냐 같은 상황에서 그렇게 생각하지 않을 사람이 어디 있겠는가? 게다가 소냐는 결혼 생활 내내 상처 입은 자존심이 프랑크 덕분에 치유되었다. 그렇기에 혜성처럼 등장한 남성의 유혹이 커다란 행운처럼 느껴졌을 것이다. 만남이 너무 빠르게 진행되다 보니 소냐는 자신의 마음을 제대로 들여다볼 새도 없이 새로운 관계에 빠져들었다. 남자 없이 살면 존재 가치가 훼손되고 볼품없는 사람으로 전락하며 타인에게 거부당했다는 감정이 커지기라도 할 것처럼 말이다.

소냐의 결혼 생활은 실패로 끝났고, 소중하고 사랑받을 가치가 충분한 여자로 대우받고 싶었던 소망은 이루어지지 못한 채 그대로 방치되었다. 이혼 후 남편이 아이들을 데려가기로 합의하면서 엄마로 사는 삶도 실패했다. 이렇게 뒤죽박죽된 삶을 다시 복구할 수 있는 건 오로지 새로운 사랑뿐인 것처럼 보인다. 물론 소냐는 사랑을 얻는 건 또다시 누군가와 관계를 맺고 그에게 종속되는 것이며, 상대에게 맞추면서 사랑과 관심을 얻으려 애써야 가능하다는 걸 이때는 전혀 알지 못했다.

미심쩍은 한 가지

주말여행 동안 미심쩍은 점이 한 가지 있었어요. 마지막 날 저녁 식당에서 프랑크는 계산서를 그의 것과 내 것으로 따로따로 요구했죠. 솔직히 프랑크가 주말여행에 초대하겠다고 강조했던 터라 이런 식사 비용도 전부 그가 낼 거라 기대했는데요. 물론 정말로 그가 전부 내게 할 생각은 없었지만요. 여전히 약간 마음에 걸리는 몇 가지 의문점이 남아 있었지만 깊게 생각하고 싶지는 않았어요.

제가 이 남자에게 왜 이렇게까지 마음을 감추지 못했는지 이해되지 않으시죠? 바로 이런 점 때문이죠. 프랑크는 집에 도착한 날 이런 문자를 보내왔습니다.

꽃봉오리를 활짝 피우는 꽃처럼

당신을 향한 내 사랑을 펼칩니다.

내가 당신의 장미이자, 튤립이자, 카네이션이고

당신을 위한 커다란 꽃다발입니다.

사랑합니다, 몽 트레조르.

이런 문자를 받고 가슴이 두근거려서 잠도 제대로 자지 못했어요. 감정은 뒤죽박죽이 되어버렸고 더 이상 그를 만나기 전으로 돌아갈 자신도 없었습니다. 난 새로운 길을 찾았고, 무엇보다 이 남자가 없으면 안 될 것만 같았어요. 그만큼 이 사랑에 목말라 있었던 거예요.

주사위는 던져졌고 미래는 예견되어 있다. 두 사람은 사랑에 빠졌고, 성적으로도 정신적으로도 죽이 잘 맞았다. 끝없는 대화를 나누며 더없이 가까워졌고 점점 서로에게 빠져들며 동요했다. 여기서 두 사람 모두 상대가 원하는 걸 증명해 보이려는 태도에 주목해야 한다. 소냐는 다시 완전한 여자로 거듭난다. 욕망의 대상이 되고 사랑받으며 상대의 시선이 자신에게 닿는 기분을 즐긴다. 프랑크는 자신을 허락한 소냐를 보며 자신이 섹시하고 유혹에 능한 남자임을 확인한다.

주말여행에서 두 사람은 자신의 갈망을 상대를 통해 해소한 만큼 서로 가까워질 수밖에 없다. 프랑크는 과감하게 모든 걸 던지는 소냐를 보며 이 관계가 자신의 손에 달렸다는 걸 깨닫는다. 동시에 소냐에게 자신을 온전히 정복해도 좋다는 허락을 받음으로써 남성성이 더 강해지는 경험을 맛본다. 나르시시즘에 빠진 관계에서 볼 수 있는 증명이며, 이는 서로를 받아들이는 근본적인 토대다. 더욱이 이 단계에서는 심하든 그렇지 않든 이미 어느 정도 서로에게 눈이 멀어버린 상태라 현실을 제대로 직시하지 못한다.

천국을 맛보다

그때부터 우리는 일주일에 한 번 혹은 두 번 정도 정기적으로 만났어요. 먼저 식사를 하고 그다음에는 호텔로 향했죠. 처음에는 아직 이혼 서류를 정리하지 못한 남편과 껄끄러운 상황에 부닥치기 싫어서 자정이 되기 전에 헤어졌습니다. 그렇지만 차차 시간이 흐르면서 때로는 과감히 하룻밤을 함께 보내기도 했어요. 물론 이 시간에 우리는 섹스를 했습니다. 멈출 줄 모르는 섹스, 부드러운 섹스, 정열적인 섹스, 광란의 섹스. 그게 어떤 스타일이든 마음이 끌리는 대로 계속했습니다.

난 섹스가 육체적인 행위를 넘어 서로를 향한 사랑을 채워주는 것이라 생각했어요. 가장 밀접한 상태로 서로에게 속해 있다는 느낌을 나눈다는 의미에서 말이죠. 프랑크는 날 유혹했고, 갈망했고, 사랑했으며 나도 그에게 동일한 감정이었어요. 정말 황홀했죠. 프랑크와 만날 때면 주변을 전혀 신경 쓰지 않았고 일상의 모든 문제도 잊었습니다. 그와 함께 있으면 해맑게 웃을 수 있었죠. 그리고 헤어질 때면 눈물이 났습니다. 심지어 프랑크는 가끔 어린아이처럼 엉엉 울기까지 했어요. 난 그런 모습이 사랑 표현이라 생각했고, 즐기기까지 했어요. 육체적으로 친밀해진 관계를 사랑이라고 착각했던 것이죠.

이후 그의 별장에서 다시 며칠을 보내게 되면서 이런 생각은 점점 더 굳어졌어요. 우리 관계는 극도로 가까워졌고요. 이때부터 우리는 서로에게 엄청나게 표현했죠. 항상 배려하고 점점 더 많은 관심을 줬어요. 향초를 이용해 현관 바닥을 하트 모양으로 장식해 놓은 적도 있었습니다. 프랑크는 종종 소소한 이벤트로 날 깜짝 놀라게 했죠. 경쟁이라도 하듯 서로 사진도 많이 찍었어요. 프랑크는 길을 걷다가도 갑자기 나를 껴안았고, 열정적으로 키스했어요. 주변에서 어리둥절한 표정으로 힐끗 쳐다보는 사람들의 시선을 즐기며 더 흥분하기도 했습니다. 그의 자존감을 높이는 데 이런 반응이 필요했던 걸까요? 가끔은 B급 로맨스 영화의 주인공이 된 것만 같은 기분이 들 때도 있었어요.

그날 저녁은 앞으로 죽을 때까지 잊지 못할 거예요. 이미 자정을 훌쩍 넘긴 시간이었지만 우리는 해변을 따라 산책 중이었죠. 프랑크는 갑자기 멈춰서더니 나를 껴안고 키스하면서, 날 몹시 사랑하고 있으며 내가 없는 인생은 상상조차 할 수 없다고 고백했어요. 이때 눈물이 내 뺨을 타고 흘러내렸습니다. 무척 감동한 나머지 감정이 롤러코스터를 타는 것만 같았죠. 그렇게 한동안 우리는 가만히 서 있었고, 이 상황이 너무 로맨틱하면서도 현실이 아닌 것처럼 느껴졌어요. 그렇지만 꿈이 아니라 현실이었습니다. 그의 내면에 다른 꿍꿍이가 숨어 있으리라는 것을 그때 내가 어떻게 알 수 있었겠어요?

시간은 마치 날개라도 달린 것처럼 빠르게 흘러갔고, 호텔에서의 밀회와 짧은 바닷가 여행을 몇 차례 하고 나니 내 생일이 다가왔어요. 그동안 프랑크와 함께 아름다운 시간을 많이 보냈죠. 그래서 이번만큼은 그에게 사랑을 제대로 표현하고 싶었어요. 곧이어 사랑과 연인의 도시 파리로 그를 초대하는 깜짝 이벤트를 준비했습니다. 언젠가 한 번쯤은 꼭 가보고 싶었던 곳이지만 로맨스와는 담쌓은 무뚝뚝한 헤르베르트와는 가고 싶지 않았어요. 그러나 프랑스에 걸맞은 뜨거운 피를 가진 남자가 이제 내 곁에 있었죠. 프랑크는 파리의 분위기를 집처럼 편안해할 거라고 생각했어요. 여행을 준비하면서 매일 다른 특별한 건 없을까 고민했습니다.

"상처를 가진 두 사람은 은밀하고 자극적인 만남으로 연인이 된다. 그러나 로맨틱한 환상과 쾌락으로 가득한 이 관계는 결코 건강할 수 없다."

그리고 드디어 여행이 시작됐죠. 기대했던 것처럼 꿈만 같은 시간이었어요. 사랑에 빠진 연인과 함께 센 강 주변을 산책하고 거리의 화가들이 그리는 초상화를 구경하며 에펠탑 뒤편으로 지는 석양을 함께 즐기는 시간이 너무나 좋았습니다. 집으로 돌아가야 하는 시간이 다가오자 당장 지구가 멸망할 것 같은 기분이었죠. 헤어지기도 전에 눈에 눈물이 고이고 그리움이 사무치던 그 순간 프랑크가 말했어요.

"몽 트레조르, 당신은 내 진정한 사랑이고 당장이라도 결혼하고 싶은 여자요. 당신이랑 이렇게까지 헤어지기가 싫으니 뭔가 대책을 마련해야 할 것 같아."

불어로 '내 보물'을 뜻하는 몽 트레조르, 그가 이 애칭으로 그윽하게 부를 때마다 마음이 들썩이고 기뻤습니다. 집에 돌아온 뒤 프랑크와 결혼하는 문제에 대해 계속 고민했어요. 그와 나의 뜻이 어느 정도까지 일치하며, 우리가 서로의 뜻을 잘 이해했는지 말이죠. 우린 각자의 혼인 관계로 몹시 힘들어했으니까요. 프랑크는 아내와 수년간 섹스를 한 번도 하지 않았으며 아내와의 섹스에는 언제나 만족할 수 없었다고 말하곤 했습니다. 아내와의 잠자리가 단조롭고 지루하기만 했다고 비하했죠. 그러고는 심한 부부 싸움 얘기까지 전부 털어놓았어요. 서로 욕하고 상처 입힌 그런 이야기를 서슴없이요.

한 번은 말싸움이 손찌검으로까지 번지는 바람에 아내를 향해 그릇을 던져 다치게 한 적도 있다고 했습니다. 그는 아내가 첫아이를 임신했을 때부터 아내를 배신했죠. 인생을 걸 위대한 사랑을 찾는다는 명목으로 다른 여성과 바람을 피웠고, 그의 말에 따르면 그에게 빠져 그를 놓치지 않으려 안간힘을 쓰던 옛 애인들과 상당 시간 연애했다고 합니다. 이제 와서 얘기지만, 프랑크가 바람피웠다는 걸 알았을 때 내 머릿속에 경종이 울려야만 했어요. 아내에게 소리 지르고 심지어 다치게까지 하는 남자를 어떤 사람이라고 설명할 수 있을까요? 이런 경고를 무시할 정도로 난 사랑에 눈이 멀었던 걸까요? 아니면 진정한 사랑을 찾고 싶은 마음이 너무 간절했던 걸까요? 이런 것도 사랑이라 할 수 있을까요?

하여튼 그 순간만큼은 우리는 절대 그렇게 되지 않을 거라는 프랑크의 말을 철석같이 믿어버렸고, 이 사랑은 내게 해가 되지 않을 거라 확신했어요. 사랑을 듬뿍 받은 난 미모가 꽃처럼 피어올랐고 몸매도 훨씬 더 여성스러워졌죠. 프랑크는 날 여자로 만들어줬고 난 그 순간을 마음껏 즐겼어요. 이 시기에 여자로서 대우받는 것이 무엇인지 처음으로 깨달았습니다. 소망도, 성욕도 전부 충족했어요. 그때 난 이성의 끈을 아예 놓아버렸던 것 같습니다. 점점 더 그와 함께하는 인생을 원하게 되었죠. 하지만 이런 거침없는 사랑에 빠졌어도 찜찜한 점은 있었어요.

'아이들이 알면 어떤 반응일까? 프랑크와도 잘 지낼까?'

걱정됐죠. 둘째인 요하네스는 성격이 매우 예민하고 저와 유대감이 남달리 깊었기에 특히 더 그랬어요.

'그 아이에게 이 관계는 상처가 될까? 내가 이렇게 이기적으로 행동해도 되는 걸까?'

섹스 중독, 로맨스 중독, 연애 중독

소냐와 프랑크는 사랑에 빠진 후 환각 상태인 것처럼 들떠서 현실과 동떨어진 생활을 이어간다. 그런 생활이 가능했던 건 일상 문제가 비집고 들어올 틈 없는 주말 커플이었기 때문이다. 게다가 가끔 만났기에 더 자극적이었다. 일상생활과 거리가 있는 호텔에서의 은밀한 만남, 밀월여행, 로맨틱한 밀회. 그렇게 시간을 함께 보내며 사랑의 맹세를 거듭하고 성적 자극과 쾌감으로 관계를 유지한다. 만나지 않을 때는 성적인 말로 먼저 서로를 타오르게 하고, 만났을 때 비로소 하얗게 불태운다. 섹스 횟수와 강도는 시간이 흐를수록 늘어났고 중독 성향을 보이는 수준까지 이르렀다.

나르시시즘에 도취한 관계는 병적인 수준까지 쾌락을 추구하는 중독성 섹스를 바탕으로 형성된다. 최고조에 이른 성적 쾌감 욕구가 관계의 중심에 있다. 섹스는 사고와 행동을 결정하는 데 큰 부분을 차지하고, 두 사람의 관계는 섹스를 중심으로 정의된다. 나르시시즘 성향이 있는 사람은 감정적인 측면에서 이용당하거나 거부당하지는 않을까 두려워하며 정신적인 교류마저 주로 성적인 교감과 섹스로 대신한다. 섹스할 때 반드시 마음을 허락할 필요도 없고, 그렇게 하지 않고도 상대와 가까워질 수 있다. 그러나 마음보다 성적으로 먼저 가까워지면 상대와 진정으로 친밀도를 높이는 데 걸림돌이 된다.

나르시시즘이 팽배한 관계에 빠진 다른 여러 경우처럼 소냐와 프랑크는 서로 연락하고 처음 만날 때부터 성적인 면을 부각했다. 이들에게 성(性)은 애정을 표출하는 도구이자 사랑의 증거다. 결혼 생활 중 프랑크의 여성 편력과 외도는 섹스 중독을 암시한다. 배우자만으로는 욕망을 충족하지 못하고, 금지된 사랑이 주는 스릴을 제대로 느낄 수 없기 때문이다. 향초, 가터벨트와 하이힐도 프랑크의 성향을 보여주는 단서 중 일부다.

첫 만남 때도, 첫 섹스를 나눌 때도 소냐는 하이힐과 섹시한 속옷을 착용하며 매우 자극적인 모습을 연출한다. 프랑크의 마음에 들려면 평범한 모습으로는 충분하지 않을 거라 단정하며 에로틱한 모습을 보이려 노력한다. 그리고 그런 모습을 보며 프랑크는 소냐가 섹스를 탐닉하는 성향을 지닌 사람이라고 생각한다.

소냐와 프랑크는 섹스 중독 증상 말고도, 로맨틱한 행동, 감성, 그리움을 극단적으로 강조한다. 이런 부류는 자신이 생각하는 관계와 상대에게 품은 판타지에서 벗어나지 못하고 연인이 정말로 그런 사람이라고 굳게 믿는다. 소냐는 동화 속 왕자님을 기다리고, 프랑크는 일생을 바칠 위대한 사랑을 찾으며 이들은 언젠가 소망이 현실로 이뤄질 거라 확신한다. 그리고 서로를 만난 후 드디어 그런 일이 일어난 것처럼 행동한다.

소냐는 이상형에 부합하는 남자와 새로운 인생을 시작하며, 항상 꿈꾸기만 했던 로맨틱한 사랑과 행복한 남녀 관계를 희망한다. 하지만 그런 소냐도 프랑크와의 만남이 때로는 너무 뻔한 로맨스 영화처럼 느껴졌다고 시인한다. 그러나 프랑크는 그렇지 않았다. 소냐에게는 별 의미 없는 로맨틱한 행동처럼 보여도 프랑크에게는 성적으로 자극받고 흥분하기 위해 꼭 필요한 것이었다. 그의 남성성을 증명하고 자존감을 끌어올리기 위해서는 완벽한 슈퍼우먼이 있어야 했다. 또한 타인의 시선으로 자극을 느끼고 몸이 달아올랐기 때문에 주변의 시선은 그를 더욱 부추겼다. 이런 모든 것들이 그의 가치와 자존감을 끌어올렸고, 사람들의 눈에 비친 자신의 모습을 보며 이런 관심을 받을 만하다는 데 또 한 번 뿌듯해했다. 게다가 그녀도 자신의 곁에 함께 있으면 부러움의 대상이 되고 어깨가 으쓱해지는 기분이 무엇인지 경험하게 될 거라고 확신한다. 솔직히 이 무슨 자아도취적 발언이란 말인가!

로맨스 중독인 사람은 눈앞에 있는 상대의 실제 모습이 아닌 본인이 꿈꾸던 이상형을 떠올리기 때문에 심각한 문제가 발생한다. 연인이 꿈꿔왔던 이상형처럼 항상 환상적일 수만은 없기 때문이다. 상대의 실제 모습을 깨닫는 순간 눈에서 콩깍지가 벗겨지고 상대에게 바친 순정과 헌신은 끝이 난다. 소냐와 프랑크의 관계는 결국 증오, 복수 그리고 파괴적인 행동으로 끝나버렸다.

프랑크는 소냐의 성적 욕망만 충족시켜주는 것으로 끝내지 않는다. 소냐를 여자로 느끼게 해주면서 그녀는 프랑크에게 갈수록 의존하게 된다. 소냐가 프랑크에게 의존하는 관계로 발전하는 건 그리 어렵지 않았다. 소냐가 프랑크 곁에 있으면 자존감이 높아지는 걸 깨달았기 때문이다. 프랑크는 소냐에게 삶의 의미가 되었다. 그리고 스스로 가치 있는 사람이라는 걸 증명하고 싶은 마음에 프랑크와의 관계에 점점 더 의존한다.

의존의 다음 단계는 집착이다. 집착하는 관계에서 느끼는 사랑은 고통이다. 스스로 해결하지 못하는 문제를 둘 사이로 끌어들이고 상대에게서 해결책을 기대하기 때문에 이런 연인 관계는 절대 만족스러울 수 없다. 부모에게 충분히 사랑받지 못해 결핍이 있는 채로, 자존감을 좀 더 높여야 하는 상태로, 행복해지고 싶다는 마음으로 아무런 준비 없이 누군가를 사랑하려 한다. 이런 기대감이 있었던 건 비단 소냐뿐만이 아니다.

프랑크에게도 충족되지 못한 사랑에 대한 욕구가 내재해 있다. 헤어질 때 가끔 그가 슬퍼하며 눈물을 보이는 것은 엄마의 애정을 잃어버릴까 봐 두려워하는 어린아이의 행동과 유사하다. 그리고 그러한 행동이 바로 프랑크가 소냐에게 기대한 애정과 관심의 형태다. 두 사람이 헤어지는 순간 프랑크가 지닌 나르시시스트의 면모는 허물어진다. 혼자 있을 때는 멋진 자신의 모습을 거울처럼 비춰주며 그에게 의미를 부여하는 상대가 없기 때문이다. 그렇기에 프랑크는 엄마의 애정과 관심을 받지 못하고 홀로 남겨진 아이처럼 버림받은 기분에 휩싸인다.

나르시시즘의 체계에서 인생을 걸 만한 위대한 사랑과 항상 동경하던 이상형을 꿈꾸는 건 일종의 도피다. 나르시시스트는 지금보다 상황이 더 좋아지기를 간절히 희망하며 마음의 결핍이 치유되기만을 바란다. 자기최면을 거는 듯한 사랑 고백도 여기에 포함된다. 프랑크는 "사랑해. 당신은 너무 멋져."라는 말을 무한 반복한다. 진심인지 의심될 정도다. 물론 그렇게 해서 소냐의 마음을 사로잡는 데 성공했지만 이런 방식을 계속 쓴다면 관계에 과부하 현상이 생기고 보편적인 성인의 사랑에서 멀어진다. 이런 관계에서는 유아기 심리로 퇴행하려는 욕구가 중심을 이루기 때문에 두 사람의 사이도 집착하고 독점하려는 형태로 이어진다.

끝없이 사랑을 맹세하는 프랑크의 모습에도 소냐는 자신의 행동을 자식들 앞에 떳떳하게 드러낼 수 있을지 진지하게 고민한다. 마음이 떠난 남편이야 아무래도 상관없었지만, 엄마로서 고민하고 사회적 책임마저 느꼈다. 그러나 (이제 곧 함께 지켜보겠지만) 프랑크의 경우는 소냐와 조금 달랐다. 그는 매 순간 책임감이 없었고 자기중심적으로만 행동했다.

물론 소냐는 프랑크와의 관계 초기에 프랑크의 파렴치한 행동을 인지하지 못했거나 어렴풋이 인지했다고 하더라도 아예 부정했기 때문에 그런 모습을 주의 깊게 살펴보지 못했다. 프랑크는 자기가 초대했으면서도 레스토랑에서 소냐에게 더치페이를 요구했고, 아내를 나쁘게 욕하면서 부부 싸움에서 입은 상처를 거침없이 전부 드러냈으며, 결혼하자마자 아내를 배신했다.

그렇지만 이런 사실을 부정해야만 프랑크와의 관계를 유지할 수 있었기에 소냐의 선택은 불가피했다. 소냐는 불행하기만 했던 결혼 생활에서 벗어나고 무너진 자존감을 복구하는 데 프랑크가 절실했다. 또한 성적인 측면에서 쾌락을 선사한 프랑크를 포기하는 모험을 감수하고 싶지 않았다. 소냐는 그만큼 프랑크가 꼭 필요했다. 그러려면 프랑크를 의심하거나 의혹을 품을 만한 여지가 조금도 없어야만 했다. 그렇지 않으면 간신히 잡은 새로운 희망과 꿈이 전부 허물어질 상황이었기 때문이다.

이혼을 결심하다

파리 여행은 정말 의미가 남달랐어요. 운명적 사랑이라고 느끼는 남자와 헤어져 집으로 돌아와야 한다는 사실만으로 암담했죠. 난 사랑에 왜 이렇게 굶주렸을까요? 아마도 프랑크와 함께 있을 때는 내가 살아 있다는 기분을 느꼈기 때문이겠죠. 또 행복했고요. 프랑크의 곁에서는 모든 걸 잊어버리고 오롯이 나 자신이 될 수 있었거든요.

> 당신이, 그리고 당신의 사랑이 너무 그리울 거예요.
> 난 당신이 필요해요.
> 진짜로 엉엉 울고만 싶네요.
> 당신 없이는 밝은 햇살도 잿빛처럼 느껴져요.
> 내 사랑은 언제나 당신 곁에 있어요.

집에 도착하자마자 프랑크에게 이렇게 문자를 보냈어요. 프랑크가 계속 내 곁에 함께하는 것 같은 기분이 들었죠. 그를 향한 그리움은 날 몹시 예민해지게 했어요.

아이들은 며칠 만에 돌아온 날 반갑게 맞이했습니다. 아이들을 다시 보니 그나마 기분이 나아졌고 품 안에 아이들을 꼭 안았어요. 남편은 몹시 의심스러운 눈으로 날 바라봤어요. 어떻게 반응해야 할지 몰라서 그랬을지도 모르겠지만요.

전 아이들의 모든 면을 사랑했고 그림 같은 집도 있었지만, 오래전부터 뭔가 마음이 편하지 않았어요. 그러니까 이 삶을, 좀 더 자세히 말하자면 헤르베르트 곁에서 보내야 하는 삶을 오래전부터 끝내고 싶었던 거죠. 우리 사이는 너무 멀어졌습니다. 헤르베르트에 대한 존중 그리고 존경심조차 없었고요. 시간이 흐를수록 이제는 결정을 내려야 할 때라는 점이 분명해졌어요. 그리고 무엇보다 나 자신을 위해서도 그래야만 했어요. 이혼을 해도 아이들은 여전히 내 자식이라는 걸 이미 깨달은 시점이었죠. 분명 우리 모두를 위한 좋은 해결책이 있을 거라 믿었습니다.

소냐는 헤르베르트라는 나르시시즘에 빠진 남성을 경험했다. 그는 과시하는 행동으로 자신의 부족함을 보상받으려 하지는 않았지만 부정적인 방식을 따랐다. 결혼할 때까지 부모의 집에서 생활하고 있었다는 것 자체가 부모의 과보호 속에서 종속 관계를 맺었음을 뜻한다. 부모는 이렇게 집에서 나가려 하지 않고 부모와 떨어지기 싫어하는 아이를 그들만의 방식으로 구해준다. 결국 부모의 욕구에 이용당한 아이는 독립적인 인격체로 성장할 기회를 놓친다.

프랑크처럼 헤르베르트도 감정을 제대로 표현하거나 받아들이지 못하는 정서적 문외한이다. 헤르베르트는 소냐와의 관계에서 도망쳐 컴퓨터에 몰입한다. 컴퓨터는 그에게 바라는 것도 요구하는 것도 없기 때문이다. 그는 아내도 아이들도 진정으로 받아들이지 못한다. 그렇게 하는 방법과 수단 자체를 모르는 사람이다. 그렇기 때문에 직장에서 벌어오는 돈으로 가족 안에서 자신의 입지를 확인받으려 했다. 오직 가족을 먹이고 집을 짓는 데 필요한 돈을 버는 것으로 충분하다고 여겼다. 그는 소냐의 정신적인 욕구까지 충족시켜주기에는 할 수 있는 게 너무 적었다.

지난 수년간 진찰을 받았던 주치의를 찾아가 상담을 했어요. 그에게 갈 데까지 간 남편과의 문제를 털어놓고, 이제는 헤르베르트를 떠나 프랑크와 살겠다는 결심을 솔직히 털어놓았죠. 주치의는 인생을 재정비하고 새로운 길을 떠날 용기를 북돋아줬습니다. 또한 아이들이 이 상황을 납득할 정도로 충분히 컸으니 걱정하지 말라고 했어요. 그렇게 나만을 생각할 시기가 드디어 온 것이죠.

소냐는 남편과 헤어져야겠다고 결심하고도 주치의를 찾아가 면죄부를 받으려 한다. 소냐는 유독 여성에게 자신의 피난처가 되고, 나아가야 할 방향을 제시하며,

도와주기를 바라는 욕구가 매우 강하다.

저에게 날개를 달아준 프랑크와 한참 통화한 뒤 마침내 아이들에게 속 얘기를 꺼내기로 결심했어요. 그날 저녁 아이들과 내가 처한 상황과 감정에 대해서 아주 오랫동안 진솔한 대화를 나눴죠. 아빠와 이혼하려 한다는 것과 더불어 최근에 만난 남자에 대해서도 털어놓았습니다. 그렇지만 프랑크가 아빠와 이혼하려는 직접적인 사유는 절대 아니고, 단지 그가 있어서 아빠와 헤어지기가 조금 덜 힘들 뿐이라고 강조했어요. 세상에나. 아이들이 이런 결심을 눈치채고 있었다는 걸 전혀 상상하지 못했는데 아이들 입에서 생각지도 못한 말이 흘러나왔습니다.

"아아, 엄마는 우리만 아니었으면 이미 오래전에 떠났을 거잖아요. 아빠와 엄마 사이에 아무 감정도 없다는 건 예전부터 눈치채고 있었어요."

전 어떻게든 아이들이 모르게 하려고 애썼는데, 이런 대답을 듣자 당황했어요. 아이들은 오히려 프랑크에게 관심을 보이며 이것저것 호기심으로 가득 찬 질문을 연신 했죠. 아이들의 관심은 프랑크와 서로 알아가야 하는 상황에서 몹시 긍정적인 신호였어요. 프랑크에게도 비슷한 연령대의 자식이 있었고 그렇기 때문에 우리가 잘 지낼 수 있을 거라 확신했어요. 말을 꺼내기가 조금 망설여졌지만 아이들에게 그에 대해 설명했습니다. 그때까지만 해도 프랑크에게서 부정적인 면은 조금도 보지 못했어요. 하지만 얼마 지나지 않아 내 바람이 현실과 지나치게 동떨어진 것이었음을 처참히 깨달았습니다.

환상 속에 살다

아직은 그럴 만한 적절한 시기가 아닌데도 특정 사안을 성급하게 마음대로 해석하는 소냐의 모습은 경이로울 정도다. 소냐는 아직 그의 자식을 만나보지도 못했고, 자기 아이들이 프랑크와 잘 지낼 수 있을지, 혹은 새 연인 프랑크가 모두와 함께 가족을 이루고 싶어 하는지도 확인하지 않았다. 그런데도 소냐의 머릿속은 벌써 새로운 가족을 꾸릴 생각으로 가득하다.

이런 모습은 주로 행복한 삶을 살지 못하는 여성에게 엿볼 수 있는 전형적인 메커니즘이다. 자신만의 판타지 속에서 본인이 원하는 소망에 따라 세상을 구축하는 것이다. 자신의 모든 욕구가 충족되고 인생을 걸 만한 완벽한 남자와 가족을 이루며 조화로운 삶을 사는 세상. 이런 갈망은 매우 진지하다. 그러나 곧 현실적인 토대가 마련되지 않아 소망이 좌절되는 순간 더 큰 실망감이 찾아온다. 하지만 실망은 자기 자신을 속이는 단계의 끝에 찾아오기에 어떻게 보면 긍정적인 신호다. 열정을 불태울 시간을 맞이한 소냐는 자기 생각이 현실적으로 적절하지 못하다는 걸 인정하지 않는다. 자기기만에 빠져 있음을 깨닫기까지는 많은 시간이 걸렸다. 프랑크와의 관계를 통해 모든 것이 잘 해결될 거라는 핑크빛 환상을 너무 오래 믿었던 것이다. 하지만 소냐의 판단은 허황된 꿈에 불과했다. 소냐에게는 그럴 만한 권한이 전혀 없었기 때문이다.

게다가 거기에는 또 다른 문제가 있다. 소냐의 희망은 상황에 적응하려 애쓰고 노력하면 이룰 수 있는 일이라 해도, 프랑크가 소냐의 소망을 이뤄줄 수 있는 사람인지는 아직 검증되지 않았다. 소냐는 이 모든 과정이 자신의 행동에 달렸고, 이 생각과 판단이 옳다는 전제로 모든 걸 시작했기 때문이다. 그렇지만 프랑크 같은 남자는 소냐가 아무리 노력한다고 해도 실망만 하게 만드는 유형이다. 우선 소냐는 환상으로 팽배한 자신만의 생각과 나르시시즘적인 자만심을 내려놓아야 비로소 프랑크와의 관계를 있는 그대로 볼 수 있을 것이다. 하지만 프랑크와 소냐는 사랑에 빠져 있는 단계였기 때문에 눈에 콩깍지가 제대로 씌어 서로를 냉철하게 볼 수 없는 상태였다. 미래를 계획하기에는 너무 이른 시기다. 소냐의 판단은 몹시 성급하고 경솔했다.

아이들에게 고백한 바로 그 주에 프랑크와 아이들의 첫 만남이 성사됐어요. 우선은 따로 만나자는 프랑크의 의견에 따라 그의 자식들은 나중에 보기로 했죠. 별다른 생각 없이 프랑크의 제안을 그대로 따랐네요. 율리아와 요하네스에게 이날은 무척 긴장되는 하루였을 거예요. 아이들은 프랑크와 저의 관계가 얼마나 진지한지 알고 있었고, 아빠와의 이혼 문제까지 얽혀 있다는 걸 인지하고 있었거든요. 내 우려와는 달리 그날 분위기는 좋았고, 프랑크도 아이들과 친해지려고 무던히 노력했습니다. 처음 만나는 자리라 모두 긴장했을 걸 생각하면 분위기는 전체적으로 괜찮은 편이었어요. 집에 돌아오는 길에 아이들은 프랑크도 이혼할 생각이 있는 건지 알고 싶어 했죠. 그때까지 우리 두 사람 모두 서류상으로는 여전히 기혼 상태였거든요.

"당연하지, 그럼."

전 확신에 찬 목소리로 대답했어요. 그래요. 저는 그가 같은 걸 원한다고 확신했죠. 아주 멋진 새로운 사랑을 위해, 그리고 완전한 새 출발을 위해 난 다시 자유의 몸이 되고 싶었던 거예요.

그사이 이 관계를 알게 된 남편은 어느 날 내게 프랑크에 대해 물었어요. 헤르베르트는 프랑크의 직업이 무엇이며 그가 저와 아이들을 먹여 살릴 능력이 있는지 알고 싶어 했죠. 처음에 그런 헤르베르트의 태도에 당황했지만, 기분이 나쁘지만은 않았습니다. 그의 목소리에 적대감은커녕 이상한 뉘앙스도 없었기 때문이죠.

'갑자기 남편이 왜 이러는 걸까? 내가 누군가를 찾아서 그도 홀가분한 걸까?'

그렇지만 얼마 지나지 않아 진짜 이유를 알게 되었어요. 갑자기 헤르베르트가 장문의 편지를 건네며 어떻게든 내 마음을 돌리려 했거든요. 앞으로 훨씬 더 잘하겠다며 떠나지 말고 곁에 있어 달라는 내용의 편지였습니다. 이제는 정말 끝이라고, 앞으로 변하지 않으면 집을 나가겠다는 말은 전에도 몇 번이나 들었던 말이었죠. 하지만 남편은 매번 조금도 변하지 않았고, 저 또한 그랬어요. 그래서 앞으로도 그가 변하지 못하리라는 것을 우리 둘 다 분명히 알고 있었죠. 무엇보다 남편의 편지에 적힌 내용 중 혼자서 살 자신이 없기 때문에 저와 헤어진다면 누군가를 다시 찾아야만 한다는 말은 정말 큰 상처가 됐어요. 그 글을 보며 난 생각했습니다.

'지금까지 난 그에게 도대체 뭐였던 걸까?'

섣부른 새 출발

마음을 확실히 결정했더니 속이 후련해졌어요. 저와 프랑크는 같은 길을 함께 걷기로 결정했습니다. 그렇지만 직장 때문에 지금 살고 있는 지역을 벗어나지 못하는 프랑크를 위해 내가 그 지역으로 옮겨야만 했죠. 깊이 생각하지 않고 그냥 그러겠다고 대답했어요. 그때까지만 해도 우리가 보낸 시간이 평범한 일상과는 거리가 멀었다는 걸 이성적으로 깊게 고민해보지 않았거든요. 같이 있으면 이렇게나 즐거운데, 일상도 다르지 않을 거라고 생각했고요. 우리는 좀 더 가까워지고 싶은 마음만 앞섰어요. 어쨌든 우리는 이 결정이 옳다고 확신했습니다.

프랑크는 함께 살 집을 구하자고 제안했어요. 그는 주차가 가능한 차고와 담장이 없는 집을 원했습니다. 울타리나 경계가 없어야 수월하게 차고로 진입할 수 있기 때문이라고 설명을 덧붙이면서요. 프랑크는 그런 집을 보면 왠지 모를 해방감을 느끼며 비로소 집을 소유했다는 걸 실감한다고 했어요. 뭐, 물론 그럴 수도 있죠. 사람마다 생각이 다르니까요. 그때는 이런 그의 행동에 숨은 의도를 전혀 눈치채지 못했습니다.

요하네스는 저와 함께 있으려 할 게 분명했기에 세 사람이 지내기에 공간이 충분한지 꼼꼼히 살폈어요. 그만큼 우리 둘은 가까웠고, 이런 유대감은 앞으로도 변치 않을 거예요. 다만 전학 문제가 마음에 걸렸습니다.

"엄마, 엄마가 어디로 가든 저와 함께 가요."

그렇지만 요하네스에게는 나와 함께 간다는 것이 중요할 뿐 그 외에는 어찌 되든 상관없었어요. 진심은 어땠는지 모르겠지만 최소한 저에게는 그렇게 말했어요. 평소에 아이들을 위해 최선을 다했다고 장담했지만, 내가 한 선택이 매번 옳았던 걸까 생각하게 되네요. 지금은 그때 그런 결정을 내린 것을 후회해요. 요하네스에게 고생문이 열린 건 그때부터였기 때문이죠. 그런데도 여전히 여전히 요하네스와의 관계가 돈독하다는 데 감사할 뿐입니다.

드디어 신문에서 우리에게 꼭 맞는 주택 임대 정보를 발견했고 몹시 행복했어요. 우리는 방문 약속을 잡고 부부처럼 그 집에 함께 찾아갔습니다. 기분이 정말 끝내줬어요. 뿌듯하기도 했고요.

'그래, 이게 진정한 가족이지.'

전 이렇게 생각했죠. 게다가 프랑크가 그 집을 특히 마음에 들어 했기 때문에 바로 계약했습니다. 프랑크와 함께 계약하는 게 진정으로 새 출발 하는 느낌이라 공동 계약은 아주 중요했어요. 프랑크도 이에 동의했고, 우리는 임대 계약서에 나란히 서명했습니다. 솔직히 혼자 그 집을 임대하기는 버거웠으니 월세는 함께 내기로 사전에 합의했습니다. 이제 진짜 프랑크와 함께하게 된 것이죠.

기쁘기도 했지만 다른 한편으로는 불안한 마음도 있었어요. 지금까지 살아온 내 삶을 전부 포기하는 것만 같은 기분이 들었거든요. 그러나 이런 감정을 이겨내지 못하면 절대 앞으로 나아가지 못할 거란 생각이 들었습니다. 이사 갈 날짜가 정해지고 이 소식을 가장 친한 친구들에게 알려야 하는 때가 다가왔어요. 친구들은 갑작스러운 소식에 모두 깜짝 놀랐죠. 지금까지 내가 입을 꾹 다물고 결혼 생활의 문제점이나 새 연인에 대해 단 한 번도 이야기한 적이 없었으니까요. 친구들이 결혼 문제로 힘들어하면 난 주로 지혜롭게 대처하라며 조언하는 입장이었어요. 그래서 친구 중 어느 누구도 내 불행한 생활, 결혼 문제, 프랑크와의 관계를 알지 못했죠. 나도 헤르베르트처럼 겉으로는 항상 괜찮은 척 가면을 썼던 것이죠. 그래서인지 친구들은 깜짝 놀라기도 했지만 이렇게 단번에 모든 걸 내던지는 내 모습이 상상 밖이라는 반응이었어요.

친구들은 여러 가지 경고의 말을 해줬지만 이미 굳게 결심한 난 그런 친구들의 걱정을 한 귀로 흘려버렸습니다. 그래도 친구들은 계속 걱정했고, 프랑크와의 관계가 제대로 유지될지조차 미심쩍어했어요. 특히 프랑크가 아직도 기혼 상태라는 점을 가장 찜찜해했죠. 하지만 그런 친구들의 우려에 나 또한 그와 다를 것이 없다고 대답했어요.

진정한 의미의 새 출발을 원했기에 남편의 집에서 나올 때는 거의 빈손이었습니다. 나는 진심으로 새로운 인생을 원했어요. 그래서 모든 걸 새로 시작하려 했죠. 거의 모든 가구를 새로 장만하고, 도배하고, 페인트칠하고, 집 안 구석구석을 장식하고 정리하는 데 몰두했습니다. 덕분에 이 모든 일을 거의 다 혼자서 하고 있다는 사실조차 깨닫지 못했죠. 프랑크는 거의 손가락 하나 까닥하지 않았어요. 게다가 비용도 전부 내가 지불했죠. 하지만 새 출발을 위한 준비에 여념이 없었던 저는 이때 울린 경고음을 눈치채지 못했

습니다. 그저 이 집에서 프랑크와 함께 살 꿈에 푹 빠져 있었던 것
이죠. 마치 구름 위를 걷는 것처럼 행복했어요. 그러나 새집으로 이
사한 뒤 그 기쁨은 서서히 사라졌고, 얼마 지나지 않아 둥둥 떠 있
는 구름 위에서 현실이라는 바닥으로 추락하는 고통을 겪어야 했
습니다.

동경하는 삶과 다른 현실

소냐는 끔찍한 결혼 생활에서
벗어날 힘을 일상과 동떨어진 비현실적이고 이상적인 관계에서 찾
으려 했다. 프랑크는 소냐의 인생에서 더없이 중요한 사람이 되어
버렸고, 소냐는 프랑크에게 의존하게 됐다. 다시 말해 소냐는 잘 알
지 못하는 낯선 남자와 함께할 불투명한 미래를 위해 지금까지 믿
고 의지하던 사람들마저 포기한다. 사랑을 위해 큰 대가를 치른 것
이다!

소냐는 앞으로 무슨 일이 생길지 단 한 번도 부정적인 시각에
서 고민해보지 않은 채 다음 단계를 향해 거침없는 행보를 이어간
다. 그만큼 절박한 상태였고, 행복한 삶을 꿈꾸는 마음이 너무나 강

렬한 나머지 조금도 의심하지 않고 어서 짐을 싸라며 자신을 부추긴다.

더욱이 친구들을 멀리하면서 객관적인 입장에서 프랑크와의 관계를 처음부터 바로잡을 기회를 차버렸다. 프랑크와 연인 관계를 유지하고 싶은 마음이 간절했기에 스스로 세운 계획이 어그러지는 게 끔찍했고, 그래서 친구들에게 털어놓고 부정적인 평가를 듣는 걸 피했다. 이렇게 소냐는 주변 사람들이 도울 기회조차 주지 않았고, 모든 걸 혼자 삭이고 이겨내며 직접 해결하려 했다. 타인에게 고민을 털어놓는다는 건 소냐에게 낯선 일이다. 소냐는 항상 혼자였다. 게다가 스스로 감정을 고립시키며 더 힘들어했다.

남편인 헤르베르트와의 이혼 절차는 별문제 없이 진행되는 것처럼 보인다. 두 사람은 자신이 처한 상황, 힘들었던 점, 기뻤던 것 등에 대한 대화를 단 한 번도 나누지 않았고, 함께 살고 있음에도 따로 사는 것처럼 행동했다. 이렇게 배우자와 유대감이 *끈끈하지* 않으면 헤어지기도 그리 힘들지 않다. 소냐는 이혼 문제로 양해를 구해야 할 대상을 아이들이라고 생각하며 걱정한다. 여기서도 역할의 전환이 일어난다. 소냐는 자식들이 독립해도 될 정도로 이미 다 컸는데도 지나치게 아이들을 걱정한다. 어쩌면 자식을 놓을 마음이 없는 건 소냐가 아니었을까? 프랑크가 소냐의 삶에 등장하기 전까지 아이들은 소냐에게 삶의 이유였다. 소냐는 오랫동안 아이들에게 매달렸고 아이들을 통해 자기 삶의 의미를 찾았다. 엄마에게 새 남자가 생겼음을 안 순간 아이들은 엄마에게 정서적으로 이용당했다는 걸 깨닫게 된다.

이혼 후 재혼하겠다는 헤르베르트의 태도는 그가 얼마나 독립적이지 못한 사람인지 보여준다. 소냐가 자신을 행복하게 해줄 남자를 찾는 것처럼 헤르베르트 또한 배우자에게 의존하는 성향이 매우 강하다. 소냐는 아직 프랑크의 실체를 잘 알지 못하면서도 이미 그를 '내 인생의 남자'라고 부른다. 이는 나르시시즘에 빠진 사람들에게 흔히 나타나는 모습이다. 그들은 동경하는 삶과 현실을 구별하지 못한다.

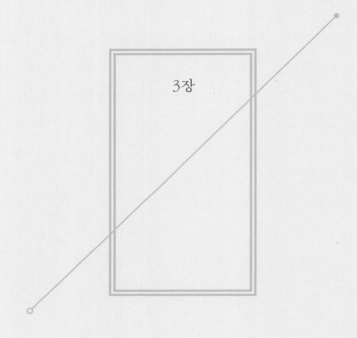

3장

그의
다른 얼굴

지켜지지 않은 약속

마흔여덟 살이 되던 그해부터 모든 걸 처음부터 다시 시작했어요. 요하네스에게는 온통 새 물건으로 가득한 자신만의 멋진 공간이 생겼습니다. 이 집에서의 시작이 꽤 만족스러웠어요. 아직 이곳에서 직장을 구해야 할지 결정하지 못했지만 크게 걱정하지 않았죠. 그저 새로운 인생에 대한 기대감만 가득했어요. 그때 내가 쓴 글씨에도 감정이 고스란히 드러날 정도였습니다. 우리가 함께할 미래가 무척 궁금했어요. 드디어 그와 함께 보낼 수 있게 되다니, 정말 꿈만 같았죠!

하지만 내 인생 속으로 성큼 걸어온 두 번째 남자는 이 집으로 이사한 뒤부터 마치 딴 사람처럼 행동했어요. 차츰 그의 다른 면이 눈에 들어왔죠. 끊임없는 핑계의 연속이었어요. 프랑크는 왜 아직도 이 집으로 들어오지 못하는지, 왜 여전히 이혼 절차를 진행하지 않는지, 왜 자식들을 소개해주지 않는지 매번 다른 핑계를 댔어요. 이를테면 모든 가구가 아내의 소유라 하나도 가져오지 못했다며 사과하는 거죠. 그리고는 내가 집을 너무 아름답게 꾸며놓았다고 말을 돌리더니 더 이상 손댈 곳이 없을 정도라며 너스레를 떨었어요. 그 밖에도 여전히 그가 거주하는 별도의 오피스텔이 있었어요. 내가 하도 귀찮게 하니까 마지못해 수납장 세트 중 일부를 겨우 들여왔고, 그 외에는 자기가 쓰는 세면도구만 달랑 욕실에 가져다 놓았습니다. 프랑크는 손님처럼 행동했어요. 이런 프랑크의 행동을 보며 크게 실망했어요. 그는 나와 같은 걸 원한 게 아니었던 걸까요?

이사한 시점부터 프랑크는 점점 수상한 행동을 했다. 그러다 프랑크가 조건과 규칙을 정하면 소냐가 따르고 적응하는 관계가 된다. 어디에서 어떻게 살 건지 의논할 때부터 둘의 입장은 동등하지 않았다. 프랑크는 혹시 생길지도 모르는 모든 사회적 제약을 피하려고 일부러 빈집만을 찾았지만 소냐는 알아채지 못한다.

그렇게 새 출발을 원하던 소냐는 예전 방식을 그대로 답습한다. 집을 구하고, 이사에 필요한 일을 해결하는 건 오롯이 그녀의 몫이었다. 하지만 소냐는 무엇에 홀린 사람처럼 아무 생각 없이 집을 보수하고 꾸미는 데 비용을 쓰며 모든 걸 혼자 해결한다. 이것만 봐도 프랑크가 소냐에게 유대감을 느끼지 않는다는 걸 알 수 있다. 프랑크는 약속을 단 하나도 지키지 않았다. 함께 살기로 한 집으로 들어오지도 않았고, 재혼으로 새롭게 가정을 꾸리는 일도 없었다.

처음에는 막연히 프랑크가 새 가족과 함께 생활하려면 익숙해질 시간이 필요하다고 생각했어요. 그렇지만 밤마다 돌연 사라지고 다음 날 다시 찾아오는 일이 반복되자 어이가 없었죠. 프랑크는 전부 일 때문이라고 변명했어요. 고객과 만나려면 어쩔 수 없이 매우 이른 새벽에 일어나 출근해야 하는데 날 깨우기 싫어 오피스텔에서 잤다고 했죠. 그러고는 자기만을 위한 공간이 필요하다며 오피스텔을 포기하려 하지 않았답니다. 처음에는 전부 이해했어요. 아니 이해하려고 노력했어요. 좀처럼 마음에 들지 않았지만요.

그러다가도 프랑크가 집에 돌아오면 그저 즐겁기만 했습니다. 매번 근사한 요리를 준비하며 기다렸어요. 버릇을 잘못 들여놓은 것이죠. 이렇게까지 한 이유가 뭘까 생각해보니, 그래도 프랑크가 곁에 있어 주는 게 좋아서 그랬더라고요. 이렇게 해서라도 그가 집에 계속 있기를 바랐죠.

또다시 반복되는 행동 방식

소냐는 옛 사고방식과 행동 방식을 또다시 답습한다. 프랑크가 자기 곁에 머무르기를 바라며 아름답게 치장한다. 그리고 사랑을 이어가기 위해 항상 긍정적인 면만 보려고 노력한다. 생각보다 이런 덫에 빠지는 여성이 많다. 소냐뿐만 아니라 누구에게라도 일어날 수 있는 일이다. 이런 성향은 상대방이 무례하게 행동하고 부당한 요구를 해도 보통 수준 이상으로 견딘다. 게다가 이런 관계에서 결정은 항상 상대의 몫이고, 자신이 행사할 수 있는 영향력은 몹시 한정적이라는 걸 간과한다. 소냐는 관계를 유지하고 상대방의 감정을 배려하는 차원에서 모든 책임을 혼자 짊어지기 때문에 프랑크와 함께하는 것만으로도 스트레스가 쌓인다. 하지만 관계가 틀어지는 건 또 다른 실패라고 여기기에 경고음이 시끄럽게 울려도 전혀 반응하지 않는다. 이제 프랑크의 행동이 곧 변할 거라 확신하면서 말이다. 아마도 소냐는 프랑크의 밑바닥을 보기 전까지 관계를 놓지 못할 것이다.

이해하기 힘든 그의 태도가 거부라는 생각이 드는 순간 마음에 큰 상처를 입었고, 동시에 실망했어요. 그러다 보니 섹스할 때 느끼는 친밀감만이 내게 위안이 되었고 관계를 유지하는 단 하나의 이유가 되어버렸죠.

지금은 바로 이때 관계의 마침표를 찍어야 했다는 걸 알지만, 그때는 그 사실을 도무지 인정하고 받아들일 수 없었어요. 그중에서도 아들과 단둘이 보내야만 했던 주말이 가장 힘들었어요. 프랑크는 잠을 자거나 섹스하려는 목적으로 늦은 저녁이 되어서야 찾아왔습니다. 가끔 밤새워 있다 간 적도 있었지만, 새벽 5시 30분이 되면 어김없이 바람과 함께 사라졌어요. 그러다 보니 둘이 함께 아침을 먹은 적도 없었고요. 갑자기 아무것도 아닌 하찮은 사람이 된 것 같은 자괴감이 스멀스멀 피어올랐습니다. 하늘 꼭대기까지 붕붕 떠다니는 것 같던 시절은 끝이 났어요.

프랑크를 잘못 판단한 건 분명 내 잘못이죠. 그렇지만 단둘이 보낸 짧았던 순간이 유일하게 아름다운 시절이었다는 걸 인정하는 것만으로도 아프고 힘들었어요. 그런 시간이 영원히 이어질 거라고 믿다니, 난 얼마나 어리석었던 걸까요? 환영받지 못하고 항상 참고 지내면서 그가 베푸는 막연한 호의만을 기다려야 하는 그런 처지가 되었어요. 공적인 자리에서 프랑크는 내 곁에 서지 않았고, 나와 함께 있는 모습을 누군가가 볼까 봐 근교로 여행을 떠나는 일도 없었습니다. 게다가 프랑크는 집에 머무는 동안 주변 사람에게 들키지 않으려고 항상 차를 차고에 주차했어요. 아아, 정말 기분이 최악이었죠. 이렇게 저와의 관계를 숨기려 애쓰는 행동이 계속됐습니다. 그러니까 한마디로 난 그의 내연녀였죠. 이게 도대체 무슨 상황인 걸까요? 꿈꿔왔던 재혼과는 너무 동떨어져 있었어요. 그런데 이런 상황에서도 희망의 끈을 놓지 못했어요. 어쩌면 프랑크에게 단순히 시간이 좀 더 필요한 걸지도 모른다고 나 자신을 계속 설득했습니다. 이렇게 나 자신마저 기만하고 말았죠.

시간이 흐르자 프랑크가 빛 좋은 개살구라는 것도 파악했어요. 좋은 차, 명품 옷, 고급 레스토랑. 이 모든 게 프랑크가 피땀 흘려 번 돈으로 이룬 결실이라고 생각했지만 아니었죠. 사실 그는 세상 물정에 그리 밝은 편은 아니었어요. 그저 자신에게 쓰는 돈을 아끼지 않는 유형일 뿐이었죠. 직장에서도 그리 매너 있는 사람이 아니었다고 합니다. 프랑크는 자신의 이득을 위해서 남을 쉽게 이용했어요. 그런 그를 위해 고급 생활용품과 식료품을 구입하고 저녁마다 식사를 준비한 나도 문제였지만 프랑크는 이 모든 걸 당연하게 여겼습니다.

프랑크는 처음부터 내가 그의 자식과 만나지 못하게 단속했어요. 어떻게든 가족으로 얽히는 걸 원하지 않았던 거예요. 그리고 요하네스를 계속 방치했습니다. 아들은 점점 주눅 들었어요. 저는 딸아이와 떨어져 지냈기 때문에 집을 나온 후 한동안 요하네스와 함께 딸을 보러 자주 집에 갔었어요. 난 그때까지도 그 집을 '예전 우리 집'이라고 불렀죠. 그때부터 프랑크의 질투가 시작됐습니다. 내가 그의 시야에서 벗어날 때마다 난리가 났어요. 정말 웃긴 건 그때가 아들과 단둘이 살다시피 하던 때였다는 겁니다. 프랑크는 여전히 오피스텔에서 생활했죠. 도대체 거기서 그가 무슨 짓을 하는지 나중에 꼭 밝히고 말리라 다짐까지 했던 시기예요. 프랑크 혼자 그곳에 머문 시간은 극히 드물었을 거예요. 누군가 함께 있었겠죠.

프랑크의 극단적인 질투는 점점 문제가 됐어요. 서로 언성을 높이지 않고 지나가는 날이 없을 정도였거든요. 이를테면 프랑크의 눈에 비친 내 옷은 너무 야했고, 내가 그 꼴로 주변 남자들을 홀리려 한다고 생각했어요. 내가 다른 남자들 눈에 차지 않는 그냥 그런 사람이었으면 좋겠다고 넌지시 농담처럼 말하기도 했죠. 하지만 그의 태도는 날 조금도 존중하지 않는 것처럼 보였고, 그의 말대로 되는 건 불가능하다고 생각했어요. 프랑크는 내 감정을 발로 짓밟았고, 진지한 태도로 날 대하지 않았어요. 게다가 세상 모든 남자를 잠재적인 경쟁자라고 믿는 것 같았습니다. 가끔 그는 크게 소리치며 격분했고, 부정적인 말들만 골라서 날 모욕했어요. 처음에는 그의 의중을 제대로 파악하지 못했습니다. 그가 완전히 꼭지가 돌 정도로 분노를 터트리는 건 그만큼 날 사랑해서라고 생각했어요.

전부터 이성적인 사람들은 미리 경고했어요. 단지 내 이성 스위치가 꺼져 있었던 것이죠. 그를 떠나지 못했던 것은 솔직히 섹스 중독 때문이기도 했습니다. 매번 또 다른 상처를 입고 거짓말에 굴욕을 당해도 끝내 그를 용서해준 이유이기도 했고요.

프랑크의 독점욕은 갈수록 심해졌어요. 그만큼 다투는 일도 늘어났고, 상황에 따라 수단과 방법도 야비해졌죠. 초반에는 항상 침대 위에서 싸움이 끝났습니다. 프랑크는 이것을 화해의 섹스라고 불렀어요. 화해의 섹스를 하고 나면 전보다 기분이 훨씬 더 불쾌했지만 차마 거부하지 못했습니다. 아들에게도 참고 견뎌야 하는 상황이 자꾸만 늘어났어요. 그렇지만 요하네스는 오히려 나를 위로해줬고, 꼭 껴안으며 모두 다 괜찮아질 거라고 속삭였어요. 하지만 이 아이도 내가 책임을 져야 할 대상이었습니다. 이렇게 또다시 모든 문제를 홀로 짊어져야 했어요. 예전에 없던 문제까지 더해진 채로요.

뭔가 마음에 들지 않거나 부정적인 감정이 생길 때마다 몸이 먼저 예민하게 반응했습니다. 언젠가부터 속도 좋지 않았는데, 위험 신호였죠. 장 문제 외에 수면 장애도 생겼어요. 침대에 누우면 골치 아픈 문제 때문에 잠을 이루지 못하고 뒤척였어요. 뜬눈으로 새 인생이라며 찬미했던 이 생활을 고민하기도 했죠. 도저히 그냥 신경을 끄고 푹 쉴 수가 없었습니다.

그러던 어느 날 프랑크는 요하네스를 친부에게 보내는 편이 낫지 않겠냐는 말을 내뱉었어요. 그것도 엄청 큰 소리로. 정말 그는 이기주의의 결정판이었습니다. 프랑크는 항상 자기만 생각했어요. 그래야만 날 마음대로 휘두를 수 있을 것처럼 점점 더 심하게 굴었죠. 조금도 믿음이 가지 않고, 함께하려는 의지도 안 보여 점점 더 실망했습니다. 프랑크는 날 내연녀처럼 대하고, 생활비도 보태지

"우리는 종종 지금 이 관계가 상처만 남긴다는 걸 알면서도 쉽게 끊어내지 못한다. 상대에게 속았다는 것도, 이미 실패한 관계라는 것도 인정하고 싶지 않은 것이다."

않았어요. 단 한 푼도요. 이렇게 그와 끝내야 할 이유는 산더미 같았습니다. 하지만 이런 걱정을 어떻게든 잊으려 애썼고, 관계를 유지할 핑계를 찾으려고만 했습니다. 이렇게까지 해야 하는 게 부끄러웠지만 언젠가 모두 다 괜찮아질 거라는 희망을 여전히 놓지 못했어요.

일상과 함께 사라져버린 연애 감정

 소냐는 프랑크와 함께 생활하는 데 필요한 가구와 물품을 전부 구입하고, 프랑크는 달랑 자기 칫솔과 잠옷 그리고 갈아입을 옷가지만 가져온다. 그런데도 소냐는 왜 이 관계를 지속하는 걸까? 밤마다 오피스텔로 돌아가는 프랑크를 보면서 왜 깨닫지 못한 걸까? 이런 생활은 새 출발도, 함께하는 인생도 아니다.

소냐는 이 관계를 청산해야 하는 걸 알면서도 쉽지 않은 결정이라며 계속 그에게 의존한다. 소냐는 그런 자신이 부끄러우면서도 프랑크에게 속았으며, 이 관계는 실패했다는 걸 인정하고 싶지 않은 마음에 어떻게든 버텨본다. 남편이 등을 돌리는 것은 다 자기 탓이라고 자책하는 아내의 마음과 같다. 그녀는 두 사람의 관계 회복을 위해 이미 떠나버린 남편의 마음을 되돌리려고 갖은 애를 쓰지만 이런 태도는 남편을 더 잘못된 방향으로 내몰 뿐이다. 오히려 남편이 현 상황을 직시하지 못하게 만든다. 거짓말, 질투, 강력한 독점욕, 핑계. 소냐는 자신을 괴롭히는 모든 걸 잊어보려 안간힘을 쓰며 상황을 미화한다. 이를테면 한밤중에 집에 돌아가거나 꼭두새벽에 소리 소문도 없이 사라지는 행동마저 이해하려고 했다.

이런 힘든 시간을 견뎌야 하는 건 소냐만이 아니다. 아들 요하네스도 마찬가지다. 요하네스는 자신이 이곳에서 별로 중요한 사람도, 환영받을 만한 처지도 아니라는 것을 온몸으로 느낀다. 프랑크의 관심사는 오로지 엄마뿐이지만, 그런데도 아이의 눈에 비친 엄마의 모습은 항상 불행해 보인다. 그래서 요하네스는 그런 엄마를 위로하고 용기를 북돋아주는 역할을 자청한다. 이렇게 엄마와 아들의 역할이 다시금 뒤바뀌는 것이다.

소냐가 프랑크 곁에 남아 있었던 이유에는 성생활 문제가 가장 컸다. 성(性)은 시작부터 지금까지 두 사람의 관계를 유지해준 중요한 요소다. 둘은 주로 호텔에서 만났고, 대부분 시간을 침대에서 보냈다. 그 이상의 것은 함께 나눠 본 적이 없다. 그런 그들이 같은 집에서 생활한다고 해서 달라지는 건 없다. 프랑크가 소냐를 만나고 동침하는 데 예전보다 비용이 적게 든다는 것뿐일까. 현 상황은 연애 초기의 열정이 식었다는 점만 제외하면 예전과 크게 다르지 않다. 두 사람에게 일상이 찾아왔고, 이는 나르시시스트에게 연애 감정의 죽음을 뜻한다.

쉽게 손에 넣을 수 없거나 상황이 허락하지 않아 은밀하게 행동해야 하는 게 훨씬 더 자극적이고 매력적이다. 이제 소냐는 언제라도 손에 닿는 곳에 있다. 이제 프랑크는 소냐에게 거의 매력을 느끼지 못한다. 이제 그녀를 정복할 필요가 없기 때문에 사랑의 맹세도 하지 않는다.

요하네스를 대하는 태도도 마찬가지였다. 프랑크가 소냐의 환심을 사야 했던 시기에는 아이에게 관심과 호의를 베풀었지만 요하네스가 껄끄러운 일상의 일부분이 되는 순간부터 자신의 진면목을 거침없이 드러낸다. 프랑크는 요하네스에게 조금도 관심이 없을뿐만 아니라 귀찮아하기까지 한다. 그냥 그곳에 있다는 것 외에는 아무런 피해도 주지 않는 사람을 어떻게 이렇게까지 함부로 대하고 무시할 수 있을까. 여기서 소냐가 과거에 새어머니와 겪었던 상황이 다시 재현된다.

소냐는 요하네스가 힘들어한다는 걸 알면서도 태도를 바꾸지 않는다. 여전히 사랑에 굶주린 소냐였기에 다른 건 잠시 우선순위에서 제쳐둔 것이다.

드러나는 부정적인 면모

이 집으로 이사한 지 벌써 일 년하고도 육 개월이 더 흘렀지만 변한 건 아무것도 없었어요. 프랑크는 여전히 유부남이었고 평계는 항상 같았죠. 연애 초반에 느끼던 행복감은 사라졌고 이루고 싶은 거창한 포부는 이미 사라진 지 오래였습니다. 난 이제 세상을 조금도 믿을 수 없었죠. 어떻게 이런 놈팡이한테 속을 수 있었던 걸까요? 빠르게 높이 날아오를수록 그만큼 빨리 추락한다는 말이 이렇게나 꼭 들어맞을 줄은 몰랐어요. 애초에 친구들은 내게 경고했었고, 몇 가지 이야기만 듣고도 의심의 눈초리로 바라봤었죠. 하지만 사랑을 갈망하는 마음으로 눈에 콩깍지가 씐 사람에게는 아무것도 보이지 않기 마련입니다.

매우 드문 일이었지만 간혹 집에 손님이 찾아오면 프랑크는 내가 얼마나 멋진 여성이며 얼마나 요리를 잘하는지 입에 침이 마르도록 자랑했어요. 그게 그가 원하는 그림이기 때문이겠죠. 프랑크는 내가 그의 인생을 걸 유일한 사랑이기를 원했으니까요. 그에게 아름다운 가정을 선사하고 그가 원하는 방식대로 항상 그를 위해 존재하는 그런 여자.

실제로 나는 그랬어요. 저녁마다 예쁘게 치장하고, 맛있는 요리를 하고, 상차림을 하고, 편안한 분위기를 연출했죠. 그러고는 침대에서 그가 원하는 여인이 됐어요. 프랑크에게 이런 생활은 로또에 당첨된 거나 다름없었을 거예요. 반면 난 어땠을까요? 종종 이용당하고 착취당하는 기분이 들었고 가끔은 어떻게 해야 할지 모를 정도로 심한 좌절감에 빠졌습니다.

프랑크는 과장된 칭찬으로 소냐를 하늘 꼭대기까지 비행기 태우며 그녀의 능력을 찬미하고, 미화했다. 소냐는 그의 애정과 관심을 손에 거머쥐었지만, 그것은 그녀 자체에 대한 칭찬은 아니었다. 프랑크는 소냐를 타인 앞에서 자신을 더 멋지게 꾸며줄 장신구처럼 이용한 것이다. 그렇기 때문에 프랑크는 소냐를 본모습보다 훨씬 더 멋지고 대단하게 꾸며내야 했다. 그렇게 해야 자신의 존재감을 더 빛낼 수 있기 때문이다.

이제는 경제적인 문제까지 더해졌어요. 직장을 잡아보려 계속 노력했지만 안타깝게도 이 근방에는 일하던 분야의 일자리가 유독 없었습니다. 프랑크는 시간에 구애받지 않고 아무 때나 날 만날 수 있기 때문에 오히려 이런 상황을 반겼어요.

그에게 금전적인 도움을 받을수록 날 마음대로 휘두르려는 경향도 짙어졌죠. 그러더니 아예 그의 목적을 위해 날 이용하기까지 했습니다. 어느 날 프랑크는 갚아야 할 빚이 있는 친구에게 날 소개했어요. 그렇게 난 프랑크의 지인 회사에서 계산서를 작성하는 사무 보조직을 맡았습니다. 프랑크는 친구에게 진 빚도 갚고 날 감시할 수도 있어 일거양득이었죠. 그렇지만 당시 난 이 상황을 그런 식으로 해석하지 않았어요. 오히려 프랑크의 삶에 좀 더 깊숙이 개입한다는 생각에 기뻤어요.

그렇게 주중에는 그의 지인 회사에서 일을 돕기 시작했습니다. 급여는 많지 않았어요. 여기서도 자신의 이득만 생각하는 프랑크의 면모를 볼 수 있죠. 당시에는 취업하고 나면 월급은 나중에 인상될 수도 있는 부분이라고 생각했어요. 그렇게 프랑크는 떠나가는 내 마음을 다시 붙들었죠. 그러나 출근 후 나흘쯤 지나자 프랑크는 아내가 우리 관계를 알아차릴 위험이 있다며 불안해했어요. 그러다 걸리면 큰 문제가 되기 때문에 이렇게는 안 되겠다고 말했습니다. 순간 심장이 내려앉는 것만 같았어요. 그동안 프랑크가 우리 관계를 아내에게 솔직히 털어놓았을 거라고 생각했기 때문이죠. 그런데 프랑크의 아내는 우리 관계를 전혀 몰랐던 거예요. 우연한 계기로 갑작스레 깨달은 사실이지만 프랑크는 두 여자를 철저하게 가지고 놀았습니다.

이날 저녁 우리는 심하게 다퉜어요. 프랑크의 머리를 향해 손에 잡히는 대로 집어 던지다 보니 뭘 던졌는지조차 기억나지 않았죠. 그리고 이런 수작을 더 이상 참지 못하겠으며 닥치는 대로 직장을 구해 다닐 거라고 통보했습니다. 그땐 정말 화가 났어요. 프랑크는 진심이었던 적이 단 한 번도 없었던 것이죠. 그의 관심사는 오로지 자신뿐이었습니다. 모두가 그의 지시를 따르고, 그가 정한 규칙대로 움직이면 그만이었죠.

　다음 날에도 우리는 싸웠고, 통화했고, 또 통화했습니다. 수화기를 내려놓을 때마다 이제 그와 더 이상 말도 섞지 않으리라 결심했어요. 그러면 문자가 쉬지 않고 왔습니다. 처음부터 그럴 의도는 아니었고 여전히 날 사랑하며 절대로 날 잃고 싶지 않다고 했어요. 그럴 때마다 진심으로 나 자신에게 화가 났어요. 상황이 이런데도 이번만큼은 진심일지도 모른다는 희망의 끈을 놓지 못했거든요.

 　소냐는 여러 차례 전화와 문자로 연락해오는 프랑크를 단호하게 차단할 수 있었다. 벨 소리가 울려도 전화를 받지 않으면 그만이다. 그걸 알면서도 소냐는 수화기를 들었고 그의 수작에 휘말렸다.

　다음 날 아침 8시에 초인종이 울렸고 현관에는 프랑크가 서 있었습니다. 입꼬리를 살짝 끌어당겨 특유의 미소를 띠고 있었죠. 그는 강아지처럼 애처로운 표정을 제대로 지을 줄 알았어요. 평소에도 그런 프랑크를 보면 화를 내려다가도 내지 못했죠. 그날 아침에도 그랬어요. 프랑크는 사과했고, 포옹했고, 부드럽게 키스했습니다. 그리고 언제나처럼 싸움은 침대에서 끝났어요.

그는 이번 주말만큼은 아무런 일정을 잡지 않았다며 함께 바닷가로 떠나자고 했습니다. 며칠이라도 단둘이 지내다 보면 사이가 더 좋아질 것이고 하고 싶은 말도 있다고 했죠. 하지만 무엇보다 잠시 여기를 벗어나서 둘이서만 함께 시간을 보내고 싶다고 강조했어요. 이번에도 그는 모든 걸 정했고 난 그저 허락했습니다.

프랑크는 궁지에 몰리면 늘 이런 식으로 행동했어요. 미끼를 건네며 그걸로 날 달래고 다시 긍정적인 방향으로 조종할 수 있을 거라 믿었죠. 정말 유감이지만 실제로 그랬습니다. 그것도 몇 년 동안씩이나. 그의 잔꾀는 꽤 효과가 있었어요. 알면서도 그의 술수에 늘 놀아났죠.

금요일에 간신히 바닷가로 출발한 후 프랑크는 완전히 딴 사람이 됐고 기분도 좋아 보였어요. 종종 내 손을 잡고 손등에 키스도 했죠. 환하게 미소 짓는 매력적인 입꼬리와 초롱초롱 빛나는 눈빛을 뿜어내는 표정을 곁에서 지켜보니 따뜻한 감정이 차올랐습니다. 처음만큼 강력하지는 않았지만, 여전히 그런 감정에 사로잡혔어요. 날 또 한 번 흔들어 놓으려고 프랑크는 서둘러 이런 계획을 세웠던 것이죠. 내가 아직도 자신을 필요로 한다는 걸 이런 식으로 증명하려 했다고요.

바닷가에 있는 그의 별장은 이제 하도 자주 와서 친근할 정도였습니다. 그 집은 프랑크와의 연애 초기에 느꼈던 다채롭고 풍부한 감정과 사랑을 떠오르게 했어요. 열정으로 가득했던 아름다운 주말도요. 사실 프랑크는 오래전부터 날 전혀 챙기지 않았지만, 이곳에서는 내가 손 하나 까딱하지 않아도 될 정도로 뭐든지 도맡아서 했어요. 그는 아침 식사를 준비했고, 식사하러 나갈 때도 두 손을 꼭 잡고 갔습니다. 마냥 즐거웠죠. 레스토랑에 가는 시간마저 좋았어요. 이때만큼은 우리도 진짜 커플이었으니까요.

프랑크는 당당하게 내 손을 잡았고 식사할 때도 옆에 앉았어요. 원래 눈을 보며 식사해야 한다고 항상 건너편에 앉던 그가 웬일일까요? 나중에 안 사실이지만, 당시 그는 평소처럼 행동하지 못했던 거예요. 내게 비밀이 너무 많아 들통날까 봐 두려웠던 거죠. 이렇게 애정을 쏟아붓고 여러 차례의 화끈한 섹스로 불씨를 살린 덕에 우리 사이는 상당히 회복됐어요. 그에게 다시 끌리기 시작했고, 애정을 느꼈죠.

물론 진정한 사랑과는 거리가 있었지만, 그 주말여행만큼은 무척 즐거웠습니다. 마지막 날 프랑크는 조심스럽게 이야기했어요. 직장에서도 더 많은 시간을 함께 보내고 싶다며 함께 일해보면 어떻겠냐고요. 애써 회복된 좋은 분위기를 망가뜨리고 싶지 않아서 그 자리에서 딱 잘라 거절하지 않았죠. 다만 집으로 돌아오는 길에 다시 그 주제를 꺼내며 독립적인 일을 원한다고 말했습니다. 프랑크는 썩 내켜 하지 않았지만 우선 그렇게 단념하는 듯했어요. 그렇지만 급속도로 기분이 나빠진 모습이 눈에 들어왔어요. 그렇게 여행으로 한껏 올라갔던 분위기는 또 가라앉았죠.

결국 집에 도착해서 짐을 내릴 때 프랑크는 언짢아하며 격분했어요. 또 이렇게 모든 게 엉망진창이 되어버렸다고 온갖 성질을 있는 대로 다 내며 식탁을 쾅 내리쳤죠. 이어 프랑크는 이대로 나만 데리고 바닷가로 이사 가버리고 싶은 심정이라며 분노했습니다. 바닷가에서는 모든 것이 항상 좋았거든요. 하지만 인생은 그렇게만 살 수 없는 법이죠. 평범한 일상이 있어야 하고 그럴 때도 아무 문제 없이 잘 지낼 수 있어야 합니다. 화가 난 프랑크는 언제나 그랬던 것처럼 집에 올 우편물이 있다며 오피스텔로 돌아갔어요.

의심이 싹트다

갈등이 깊어지자, 상황을 잠재우고 소녀를 다시 사로잡기 위해 프랑크가 최후로 꺼내든 카드는 바로 바닷가에서 보내는 주말여행이다. 그곳에서 뜨거운 사랑이 시작되었고, 열정, 섹스, 즐거움, 결합을 떠올리게 하는 장소이기 때문이다.

바닷가는 지친 일상에서 벗어나 휴식 시간을 제공하는 장소다. 함께 손잡고 일상의 빼곡한 문제들로부터 멀리 벗어나 여행을 떠난다. 그곳에서는 소냐가 바라던 관계로 되돌아갈 수 있고, 프랑크는 다른 여성과 얽히는 복잡한 상황에서 해방된다. 바닷가에서 프랑크는 소냐에게 질책을 듣거나 변명할 필요가 없다. 소냐는 또다시 구름 위를 걷는 것처럼 행복하고 프랑크는 다정하고, 친절하고, 그녀만을 생각하며 소냐를 챙기고, 자신이 여전히 그녀를 사랑한다는 걸 전하려 애쓴다.

"이렇게 애정을 쏟아붓고 여러 차례의 화끈한 섹스로 불씨를 살린 덕에 우리 사이는 상당히 회복됐어요."

이들은 또다시 전부 잘될 거라는 환상에 빠진다. 하지만 이런 감정은 일상이 시작되기 전까지만 가능하다. 일상으로 돌아오는 순간 좋았던 분위기는 산산이 조각나 버린다.

지금 처한 상황도 골치가 아팠지만, 경제적인 측면에서 받는 압박이 특히 심했어요. 다음 날 일어나자마자 제일 먼저 인터넷 구인 광고를 보며 일자리를 알아봤어요. 한 패션 부티크 매장에서 기한 없이 일할 직원을 구하고 있었죠. 구인 광고를 발견하자마자 곧바로 지원서를 작성했습니다. 프랑크가 또 어떻게 나올지 걱정이 되기도 했어요. 그가 이 일마저 훼방할 것 같은 불길한 예감이 들었죠. 하지만 그런 생각은 기우였는지 이틀 뒤 면접 기회가 주어졌습니다. 정말 기뻤어요. 다행히도 면접 결과가 좋아 취직까지 했습니다. 드디어 스스로 돈을 벌 수 있는 길이 생겼고, 이제 독립적인 생활이 가능해진 것이죠.

풀타임 근무가 아니었기 때문에 수입은 그리 많지 않았지만 이제 시작이기 때문에 그건 중요하지 않았어요. 그리고 고용 계약을 하기 전까지 입을 꾹 다물고 프랑크에게 알리지 않았습니다. 계약을 하고 나서는 계약서도 보여주지 않고 그냥 설명만 했어요. 그때 그가 지은 표정은 앞으로도 절대 잊지 못할 거예요. 턱 근육이 눈에 띄게 씰룩이더니 눈빛이 금세 어두워졌죠. 그리고는 그동안 수없이 들었던 얘기를 반복했어요. 이런 식으로는 우리 관계를 오래 지속하지 못할 것이고 내가 집에 있는 시간이 급격히 줄어들 것이며 그래서 저녁에는 피곤하기만 할 거라는 말이었죠. 게다가 함께 식사할 시간마저도 내기 힘들 테고 결국 섹스도 제대로 못 할 거라고 투덜거렸습니다.

그뿐만이 아니었어요. 밖에서 일하다 보면 이 남자 저 남자가 쩝쩍댈 거고 내가 다른 남자에게 빠질지 누가 알겠느냐며 분통을 터트렸어요. 그의 말에는 질투심과 독점욕이 가득했죠. 가만히 듣고 있자니 황당해서 헛웃음이 나올 지경이었지만 그는 정말 진지했어요. 하지만 난 결심을 굽히지 않았고 그날은 그렇게 지나갔습니다. 그리고 그때 굽히지 않은 건 지금까지도 후회되지 않는 몇 안 되는 행동이에요.

직장을 잡고 나니 마음이 다시 평온해졌어요. 일을 시작한 뒤에는 새 삶을 사는 것 같았고 일도 재미있었어요. 그런데 프랑크가 예상했듯 일을 시작하면서 예전만큼의 화려한 식단은 차릴 수 없었고 때로는 그냥 쉬고 싶은 마음이 가득했습니다. 게다가 프랑크의 극단적인 질투심 때문에 우리는 하루가 멀다 하고 싸웠어요. 계속 내게 다른 남자가 있다고 우겼죠. 정말 토할 지경이었어요. 결백했지만 비난을 계속 들어야만 했으니까요. 그리고 어느 순간부터는 화가 치밀었습니다.

'설마 자기가 그래서 날 의심하는 거야? 프랑크가 바람을 피웠던 건 아닐까?'

갑자기 그를 믿을 수가 없었어요. 언젠가 퇴근 후 바로 왔다고 말하는 프랑크는 막 샤워를 마친 사람처럼 깔끔했고 향수도 뿌렸는지 은은한 향기가 났거든요. 그리고 또 언젠가 그에게서 지금껏 맡아보지 못한 낯선 향기를 느낀 적도 있었습니다. 추궁했더니 그는 스트레스 받는다며 그러지 말라고 말을 돌리고는 발뺌했었죠. 그런데 생각해보니 확실히 이상했어요. 그런데 이런 의심을 할 때마다 프랑크는 몹시 공격적으로 반응하며 심한 욕설을 내뱉었고 난 그의 눈빛이 두려웠죠. 결국 마지막에는 나만 잘못한 사람이 되었어요.

내 심장은 또다시 무너져 내렸어요. 우리 둘 사이에 근심 걱정 없이 마음 편안한 시기는 이미 오래전에 끝나버렸고, 서로에 대한 불신만이 가득했습니다. 잠자리도 예전과 달랐어요. 내가 예전만큼 적극적일 수가 없었거든요.

　　　　　　　　　　　　　　소냐와 프랑크 사이에 등장
하는 나르시시즘적 착취는 함께하는 시간이 길어질수록 심해진다.
프랑크가 소냐를 원할 때 소냐는 항상 곁에 있어야만 했다. 또한
소냐가 원하는 일이 아니더라도 그와 관련된 일에 동원됐다. 그 밖
에 그를 위해 요리하고 집을 아늑하게 꾸밀 뿐만 아니라 항상 외모
를 관리하며 침대에서도 그를 만족시켜야 했다.

　　프랑크는 소냐에게 자신이 꿈꾸는 여성상을 강요했고 소냐는
따라야만 했다. 상황이 그가 생각하는 대로 흐르지 않으면 프랑크
는 공격적인 태도를 서슴없이 드러낸다. 이런 행동만 봐도 그의 자
존감이 얼마나 불안정한 상태인지 알 수 있다. 프랑크는 욕구가 좌
절되는 걸 견디지 못한다. 그가 공격적으로 분노를 터트릴 때마다
소냐는 움츠러든다. 프랑크는 공포의 대상이다. 소냐의 두려움을
알기에 프랑크는 조금도 참으려 하지 않는다. 소냐는 새 직장에 지
원했다는 사실조차 프랑크에게 숨긴다. 혹시라도 그가 훼방을 놓
을까 봐 두렵기 때문이다. 프랑크는 소냐를 자기 곁에만 두고 본인
이 원하는 대로 조종하려 하기에 소냐가 자립하고 독립적으로 행
동하는 걸 용납하지 못한다. 이런 공격적인 태도 때문에 마지못해
굴복한 소냐의 자존감은 갈수록 낮아지고 낮은 자존감은 프랑크에

게서 벗어나기 위해 필요한 힘마저 앗아간다. 이때 소냐는 그와의
관계를 끊을 생각조차 하지 못한다. 그가 알아차리기라도 하면 어
떻게 반응하겠는가? 이때 소냐가 할 수 있는 건 프랑크를 헐뜯고
비난하며 이 관계를 끝장내겠다고 협박하는 것뿐이다. 그러나 그
럴 때조차 소냐는 프랑크에게 매번 다시 사로잡혔다.

극단적인 질투

프랑크는 극단적인 질투심을
당당하게 드러낸다. 그는 소냐가 자신을 속이고 새로운 뭔가를 시
도한다는 사실만으로 화가 나는 게 당연하다고 생각한다. 의심이
갈 만한 상황을 조금이라도 포착하면 곧바로 부정적인 생각, 욕설
그리고 언어폭력으로 이어졌다.

극단적인 질투를 하는 사람들은 항상 마지막에 자신을 정당화
하는 근거를 내세운다. 바로 상대가 비이성적이라는 것이다. 상대
가 자신을 떠날 것 같은 상황에서 생긴 공포는 이런 터무니없는 근
거를 진짜처럼 받아들이게 한다. 그러면 뇌는 갑자기 중독된 것 같
은 상태에 빠진다.[4]

프랑크의 질투는 분명 소냐에게 행사하는 자신의 권한이 상실될까 두려워하는 공포심과 관련이 있다. 소냐가 혼자서 해내는 일이 늘어날수록 그를 떠날 가능성이 커지기 때문이다. 따라서 프랑크의 질투는 사랑 표현이라기보다 소냐를 마음대로 지배하지 못하고 자신에게 묶어놓지 못할까 봐 생기는 두려운 마음에서 비롯된 것이다. 프랑크의 이런 극단적인 질투심 이면에는 막연한 불안감이 숨어 있다. 프랑크에게는 모든 남자가 잠재적인 경쟁자이며, 질투심을 유발하는 대상은 사람에 국한하지 않는다. 소냐가 하는 일 중 자신과 관련 없는 일은 전부 해당한다. 심지어 소냐가 재미있게 읽고 있는 책에도 질투심을 느낀다. 또한 딸을 만나러 가거나 아들과 함께 보내느라 빼앗긴 시간과 관심마저도 질투했다. 프랑크는 그런 소냐의 행동이 자신을 거부하는 거라고 받아들였고, 그럴 때마다 기분이 상해 분노를 표출했다.

이렇게 프랑크는 질투를 느낄 때마다 소냐를 공격했다. 소냐가 자신에게 순응하고, 지속적으로 관심을 갖도록 그녀를 더 내몰았다. 소냐를 더 불안하게 만들고 억압했다. 그러면 다시 예전처럼 괜찮아질 거라고 믿었다. 하지만 이런 방식 때문에 두 사람의 관계는 차츰 무너졌다.

적절한 수위의 질투심은 매우 인간적이며 보편적이다. 미국의 심리학자 데이비드 버스(David Buss)는 진화 과정에서부터 시작된 질투의 근원을 연구했다. 그는 남성의 질투심이 성(性)에서 근거한다고 설명했다. 남성은 자기 둥지에 뻐꾸기 알이 들어온 건 아닌지 두려워했다. 반면 여성은 다른 여성이 자기 짝의 애정과 관심을 빼앗아가는 건 아닌지 괴로워했다. 따라서 장기간 지속하는 내연 관계 중 발생한 단 한 번의 외도는 용서할 수 있었던 것이다.

어느 주말 딸아이가 남자 친구와 함께 찾아왔어요. 오랜만에 딸을 본 거라 기뻐서 셋이 함께 나가려고 했죠. 하지만 프랑크는 있을 수 없는 일이라도 벌어진 것처럼 행동했고, 마치 장난감을 빼앗긴 어린아이처럼 기분 나빠했어요. 그는 사랑하기 때문에 내 옆에 꼭 붙어 있어야 한다면서 툴툴거렸죠. 그렇지만 우리는 셋이서만 집을 나섰고 그가 우리의 저녁 시간을 망쳐놓을 때까지 즐거운 시간을 보냈습니다.

프랑크는 어느새 레스토랑까지 따라와서 몰래 주변에 슬쩍 앉았어요. 우리는 그 사실을 전혀 눈치채지 못했기에 대화를 이어가며 즐거운 시간을 보냈죠. 프랑크는 하하 호호 떠들며 즐거워하는 우리가 조금도 마음에 들지 않았고, 그 중심에 자신이 없다는 것도 견딜 수 없었을 거예요. 갑자기 머리 꼭대기까지 화가 난 그는 자리에서 벌떡 일어나 우리에게 다가와서 당장 집에 가라며 고함을 쳤습니다. 주변에 앉아 있던 다른 손님들도 경악했을 정도로 끔찍한 광경이었죠.

율리아는 프랑크에게 그렇게 고래고래 소리 지르지 말고 집에 가고 싶으면 혼자 집에 가시라고, 우리는 알아서 우리 길을 가겠다고 대놓고 핀잔했습니다. 그 순간 그의 표정이 똥 씹은 사람처럼 일그러졌어요. 난 티나지 않게 조심하며 속으로 씩 웃었고, 율리아의 남자 친구는 터져 나오는 웃음을 참느라 몹시 힘들어했습니다. 그리고 프랑크는 그저 노려보기만 할 뿐 단 한마디도 하지 못했어요. 분노로 씩씩대던 그는 돈을 식탁에 턱 하고 올려놓더니 서둘러 식당을 나섰습니다. 나는 딸아이와 딸아이 남자 친구를 두고 프랑크를 따라 달려나가 함께 차에 탔어요.

차 안에는 숨 막히는 침묵만이 흘렀죠. 프랑크는 처음에 상냥한 말투로 몇 마디를 시작하더니 곧 숨이 넘어갈 정도로 격분했습니다. 나도 그한테 더러운 놈이라고 욕설을 퍼부으며 그의 행동을 용납하지 않았어요. 제발 그가 어디로든 사라졌으면 하는 마음이 굴뚝같았죠. 현관문 앞에서 난 인사도 없이 차에서 내렸고, 프랑크는 그런 내 행동에 다시 분노했어요. 그렇지만 프랑크는 다음 날 또 현관 앞에 서서 매번 하던 행동을 반복했습니다. 내게 사과하고, 용서를 구하고, 이번에는 딸아이와 딸아이 남자 친구에게도 잘못했다고 말했어요. 프랑크에게는 쉽지 않은 일이었을 겁니다. 그리고 집에 둘만 남게 되자 자신을 위로하고 용서해줘야 한다며 눈물을 뚝뚝 흘렸습니다. 하지만 도대체 언제까지 그래야 하나요? 어떻게든 화해는 했지만, 그때부터 가끔 혼자만 사는 집을 떠올려보곤 했어요. 혼자서 유지하기에 이 집의 임대료는 너무 버거웠고, 가능하다면 이제 이곳을 떠나고 싶었어요.

언성을 높일 때마다 느끼는 우월감

 소냐가 자신을 방문한 딸 그
리고 딸의 남자 친구와 함께 프랑크만 쏙 빼놓고 외출해버린 그날
저녁의 일은 나르시시스트가 모욕을 느끼기에 충분한 상황이다.
프랑크는 소냐가 열정적으로 대화하고, 웃고, 기분이 좋아 보이는
모습을 도저히 견디지 못한다.

자기가 없는데도 세 사람은 몹시 즐거워 보이고, 그들의 행복
에 끼어들 틈이 조금도 없었기 때문이다. 그 순간 프랑크는 자신이
필요 없는 존재가 되어버린 것 같은 기분이 들면서 소외감을 느낀
다. 프랑크는 소냐의 애정을 두고 율리아와 헛된 경쟁을 벌인다. 자
신은 이렇게 죽을 만큼 괴로운데 저 사람은 이 시간을 만끽하고 있
다니, 얼마나 큰 모욕인가! 프랑크는 소냐가 태평하게 즐거운 시간
을 보내도록 가만히 내버려 둘 사람이 아니다. 어떻게든 분위기를
망가트려야 한다는 생각에 사로잡혀 갑자기 공격적인 태도로 등장
한다.

그렇지만 예상과 달리 율리아는 갑자기 나타난 그를 보고 조금도 놀라지 않았고 오히려 개념 없는 그의 행동을 나무랐다. 원래 나르시시즘에 빠진 사람들이 가장 참지 못하는 것이 비난이다. 따라서 율리아의 태도는 프랑크를 더 격분하게 했다. 체면이 땅바닥으로 추락하는 순간 프랑크는 굴욕과 수치심을 느낀다. 그래서 뒤쫓아 온 소냐에게 무턱대고 화풀이한다. 그렇게 함으로써 겉으로는 강인함을 되찾고, 잃었던 내면의 힘은 다시 차올랐다. 소냐에게 화내고 언성을 높일 때는 우월감마저 느낀다. 하지만 그의 분노는 도를 넘어섰다.

소냐를 위협하고 그녀가 주눅 드는 모습을 보며 아쉬운 대로 이제 승자는 자신이라며 위안을 얻는다. 게다가 자기 잘못은 절대로 인정하지 않는다. 그저 화해의 제스처로 용서를 구할 뿐이다. 그의 행동은 잘못을 인정하는 것도 아니고, 진심으로 용서를 구하는 것도 아니다. 타인의 애정을 다시 얻기 위해 상대의 마음을 조종하려는 얄팍한 수작에 불과하다. 후회의 눈물을 흘리는 척하며 소냐를 붙든다. 가련하게 보여 그를 용서하도록 유인한다. 이런 그의 수작은 항상 효과가 있었다.

그러나 이번만큼은 딸 덕분에 용기를 낸 건지, 아니면 이런 상황이 참을 수 없을 정도로 싫었던 건지 소냐도 함께 화를 냈다. 그러나 어김없이 비난이 돌아왔고, 으레 그렇듯 협박과 으름장으로 끝났다. 그러고는 그냥 그렇게 흘러가게 내버려 둔 다른 백만 번의 싸움과 똑같았다. 하지만 다른 점이 하나 있었다. 이 사건이 소냐가 프랑크에게서 벗어나기로 결심하는 계기가 된 것이다.

프랑크는 좀 더 시간적인 여유를 가지려 큰 변화를 시도했어요. 친구가 운영하는 회사를 일부 인수하기로 결심했죠. 회사 지분을 인수하기까지 처리해야 할 문서 작업과 몇 가지 절차만 남아 있었습니다. 그러던 어느 토요일이었어요. 난 저녁에 입을 예쁜 옷까지 새로 구입하며 프랑크와 함께할 시간을 준비하고 있었습니다. 늦은 오후쯤 프랑크에게서 생각보다 일이 늦어질 테니 자신을 기다리지 말고 먼저 저녁을 먹으라는 전화가 왔어요.

'그래, 뭐 일 때문이라는데 어쩌겠어. 그래도 내가 원하는 텔레비전 프로그램도 마음대로 보고, 괜찮지 뭐.'

그도 그럴 것이 함께 텔레비전을 볼 때조차 채널을 결정하는 건 언제나 프랑크였거든요. 밤 아홉 시 무렵 다시 전화한 프랑크는 평소보다 훨씬 기분 좋은 목소리로 정말 미안하지만 일이 아직 다 처리되지 않아서 더 늦을 거 같다고 말했습니다. 그의 행동은 좀 수상했어요. 전화를 끊은 뒤 한 시간이 훌쩍 흘렀는데도 프랑크가 여전히 집에 돌아오지 않자 그를 찾아가야겠다고 결심했죠. 이미 잘 준비를 마치고 잠옷으로 갈아입은 상태였지만 밖은 이미 어둑해졌기에 차 안에만 있으면 누구도 알아보지 못할 거라 생각했어요. 그래서 그냥 그 차림 그대로 지인이 운영하는 회사로 갔습니다.

놀랍게도 주차장에는 그 시간까지 많은 차가 주차돼 있었어요. 그리고 회사 건물에 가까이 다가갈수록 모든 상황이 명확해졌죠. 건물의 대부분이 유리창인 덕분에 불빛이 환하게 켜진 내부가 훤히 들여다보였거든요. 많은 사람이 함께 음악을 들으며 즐거운 시간을 보내고 있었습니다. 그리고 어떤 여성 곁에 찰싹 붙어 앉아 환한 미소를 날리고 있는 남자가 보였어요. 바로 프랑크였죠. 그 순간 머리를 한 대 맞은 것 같았습니다. 지금까지 있었던 일은 아무것도 아닌 것처럼 크게 충격을 받았습니다.

잠옷 차림이 아니었다면 저는 분명 그곳으로 쳐들어가 못 볼 꼴이 뭔지 제대로 보여줬을 거예요. 하지만 잠옷을 입은 채 그곳에서 당하는 모욕을 감당할 수는 없었기에 차마 실행에 옮기지 못했습니다. 대신 격분한 채로 집에 돌아와 집 안에 있는 프랑크의 소지품을 가방에 전부 쓸어 담아 현관 앞에 내동댕이쳤어요.

프랑크의 기만

프랑크는 거짓말과 기만이 나날이 심해졌고, 점점 두 사람의 관계를 원하는 대로 규정지으려 했다. 그날 저녁, 평소와 다른 그의 핑계가 미심쩍었던 소냐는 결국 그의 거짓말을 알게 된다. 프랑크는 다른 여자와 함께 있으면서 거짓말로 소냐를 기만했다. 몰래 뒤를 밟아 찾아간 장소에서 웃는 얼굴로 다른 여자와 다정하게 팔짱을 낀 프랑크를 발견한 순간, 소냐가 느낀 모욕감은 어땠을까?

프랑크는 소냐에게 뻔히 들여다보이는 핑계를 댔다. 정말 심해도 너무 심한 수준이었다. 소냐는 자신을 속인 프랑크의 새빨간 거짓말을 두 눈으로 직접 목격한 후 그 상황을 부정할 수도, 미화할 수도 없는 지경에 이른다. 프랑크를 집 밖으로 내쫓아버리는 것 외에는 떠오르는 방법이 없을 정도로 상처 받았다. 안타깝게도 소냐는 이렇게 자신이 서 있는 곳이 막다른 골목이라는 걸 두 눈으로 확인했지만 아직까지도 프랑크를 향한 애틋한 감정을 전부 버리지는 못한다.

이제 그의 거짓말에 넌더리가 났어요. 처음으로 그를 증오했습니다. 다른 여자와는 실컷 즐기면서 저한테는 항상 불평하고 화만 내는 그 남자. 그날 밤 그 자리에서 느낀 감정은 정확히 뭐라 말로 표현하기조차 힘들었어요. 마음에 큰 상처를 입었고, 이제는 정말 끝이라고 되뇌었죠. 그가 꼴도 보기 싫었어요. 새벽 한 시쯤 초인종이 울렸지만 난 문을 열어주지 않았어요. 그리고 현관문 뒤에서 당신이 여자랑 있는 모습을 두 눈으로 똑똑히 봤다며 그에게 가

"그가 당신에게 시시때때로 거짓말하며 기만한다면, 그건 위험한 관계다. 안타까운 건 많은 사람이 상대의 기만행위에 상처받으면서도 쉽게 관계를 끊어내지 못한다는 사실이다."

버리라고 소리를 질렀습니다.

화들짝 놀란 프랑크는 곧바로 그 자리에서 잘못을 뉘우치는 것처럼 보였어요. 어쩔 줄 몰라 허둥댔죠. 문구멍으로 그의 슬픈 표정과 눈에 가득 고인 눈물이 보였어요. 그는 훌쩍이면서 싹싹 빌었고, 이어 큰 소리로 엉엉 울었습니다. 미안하다고 외치며 상처 주려고 일부러 그런 건 정말 아니라고 해명했어요. 하지만 난 그 정도로 넘어갈 생각이 조금도 없었기 때문에 그냥 그 자리에서 당장 꺼지라고 외쳤죠. 어서 가서 다른 여자랑 행복하게 살라고요. 한밤중에 이렇게 하는 게 조금 걸렸지만 이번만큼은 마음을 굳게 먹었습니다. 어느 순간 프랑크는 포기했는지 주섬주섬 자기 짐을 챙겼어요. 그리고 한 시간쯤 지난 뒤 다시 현관 앞에 나타나 훌쩍였습니다. 제발 문 좀 열어보라고 그가 애원했지만 단호하게 그럴 일 없다고 말했어요.

"당신이 현관 앞에서 잔다 해도 난 이제 자러 갈 거예요."

말은 그렇게 했지만, 프랑크가 돌아간 뒤 마음은 여전히 심란했고 한없이 슬펐어요. 내 마음은 이렇게 또다시 찢어졌죠. 다음 날 아침 그가 보낸 문자가 휴대폰 메시지함을 가득 채웠어요.

사랑해.
보고 싶어.
당신이 필요해.

내가 바뀔게.

모든 걸 전부 제자리로 돌려놓을 거야.

당신이 원하는 대로 전부 변할게.

하지만 그의 말은 내 마음을 조금도 움직이지 못했어요. 한 주 동안 그가 보낸 문자에 답문조차 보내지 않았고 전화도 받지 않았죠. 그러다 어느 순간부터 차츰 그의 빈자리가 느껴졌습니다. 뭐라 딱히 설명하기는 힘들지만, 처음에 느꼈던 분노가 한풀 꺾이고 나서 그가 남긴 음성 메시지를 듣는 순간 그가 보고 싶어졌습니다. 도대체 왜 그랬을까요?

그 정도로 당했으면 이제는 마음을 굳게 먹고 내 갈 길을 가야 했습니다. 하지만 난 아직 혼자가 되고 싶지 않았어요. 프랑크가 예전에는 매우 상냥하고 다정한 남자였기에 마음만 먹으면 다시 예전처럼 행동할 거라고 믿었어요. 그가 너무 미웠지만 그가 필요했어요. 이런 걸 두고 애증의 관계라 하는 걸까요?

 소냐의 마음을 움직이는 두 가지 상반된 감정이 등장한다. 한편으로는 프랑크의 거짓말과 기만을 더 이상 참지 못하며 헤어지고 싶어 하지만, 다른 한편으로는 머리 꼭대기까지 치밀었던 분노가 누그러들자 예전에 다정했던 모습을 떠올리며 그를 그리워한다.

이런 상반된 감정은 프랑크의 행동에서도 찾을 수 있다. 매력적으로 행동하며 상대의 마음을 끌어당기면서도 불쾌할 정도로 질리게 만든다. 그의 이런 부정적인 면모가 소냐를 격분하게 한다. 차츰 마음이 멀어지면서 헤어져야겠다고 생각하면서도 한편으로는 그와 함께했던 지난 시절을 그리워한다.

상반된 두 가지 마음이 공존하는 상황은 탈출구가 없는 감옥이나 다름없다. 마음이 기울었다가도 또 뒤돌아보고 주저하며 명확한 결정을 내리지 못한다. 소냐는 이런 식으로 수년간 거부와 애정 사이를 시계추처럼 오갔다. 그리고 영악한 프랑크는 소냐의 마음이 조금이라도 자신에게 향할 때를 놓치지 않고 갖은 관심과 애정을 쏟으며 그 기회를 적극적으로 활용했다.

이런 상황에서 소냐가 진정한 자유를 찾아 떠나려면 최악까지 치닫는 상황이 최소 몇 차례 더 있어야 가능할 것이다. 정말로 더 이상 참을 수 없는 상황이 왔을 때, 조금 남은 애정으로도 도저히 용납할 수 없을 지경에 이르러서야 비로소 소냐는 떠날 수 있을 것이다.

또 한 주가 지나갔고 차츰 프랑크의 연락이 줄어들면서 조금씩 불안해졌어요. 마침 그때 프랑크가 갑자기 전화를 걸어와 제발 딱 한 번만 기회를 달라며, 그것도 아니면 자기 말을 딱 한 번만 제대로 들어달라고 애절하게 부탁했죠. 얼마나 간곡히 부탁하는지 간절한 요구에 응할 수밖에 없었습니다. 프랑크는 예쁜 꽃다발과 내가 평소에 좋아하던 케이크를 들고 찾아왔죠.

그리고 우리는 만나서 또 눈물바다를 만들었어요. 이번만큼은 나도 눈물을 흘렸죠. 그가 곁에 다가와 날 꼭 안는 순간 그동안 느꼈던 설움과 고통이 한꺼번에 몰려와 북받쳤거든요. 프랑크는 내게 앞으로는 절대 무슨 일이 있어도 거짓말하지 않겠다고 맹세하며, 그때도 지인과 사업 파트너에 대한 예의로 늦게까지 남아 있었던 거라고 변명했어요.

사실 그 파티에서 함께 있던 여자도 우연히 같은 자리에 있었을 뿐 누군지도 잘 모를뿐더러 절대 아무 관계도 아니라고 변명했죠. 하지만 그날 저녁만큼은 자기가 백번 잘못한 거라며 그동안 마음이 얼마나 무거웠는지 모른다고 꼬리를 내렸습니다. 내가 없는 인생은 상상도 하기 힘든데 자길 내 인생에서 송두리째 끌어내려 하면 못쓴다고 투덜댔어요.

그는 내 품에 안긴 채 영원히 그치지 않을 것처럼 큰 소리로 엉엉 울었습니다. 아마 누군가 이 모습을 봤다면 엄마의 품에서 위로와 사랑을 갈구하는 아이와 그런 아이를 감싸듯 품에 안고 있는 엄마를 떠올렸을 거예요. 도대체 이게 무슨 사이일까요? 그가 날 파티에 데리고 갔다면 이런 일은 없었을 거라고 말했어요. 이번만큼은 프랑크도 내 말에 동의했고 우리는 결국 화해했죠. 이번 화해는 섹스로 마무리되지 않았기 때문에 정말 좋았습니다. 그날 밤 우리는 섹스가 아닌 사랑을 나눴어요.

상처 입은 어린 소년

처음으로 단호하게 프랑크에게 선을 그으려던 소냐의 시도는 예기치 못한 돌발 상황에 허무하게 끝나버렸다. 프랑크는 지금까지와는 비교도 안 될 정도로 울며불며 용서를 구했다. 어쩔 줄 몰라 당황하는 소년의 모습이었다. 확실하게 다시 소냐의 품에 안길 때까지 프랑크는 철저하게 몸을 바짝 엎드렸다.

그가 표현하는 슬픔이 워낙 커 심금을 울릴 정도였던지라 이번만큼은 책략이 아닌 것 같은 착각마저 든다. 그래서 이번에도 소냐의 결심은 무너졌고 결국 그를 받아준다. 소냐가 그에게서 보살핌을 원하는 외로운 소년의 모습을 봤기 때문이다. 그 순간 소냐를 사랑하며 그녀가 필요하다는 그의 맹세는 진심이었다. 소냐는 그것을 그가 사랑을 표현하는 방식이라고 생각한다. 하지만 그것은 성인 남녀의 사랑이 아니라 엄마와 아이의 사랑이다.

프랑크의 내면에 존재하는 어린 소년은 어른이 되려 하지 않고 자신을 돌봐줄 누군가를 찾는다. 상처를 받은 후 치유하지 않으면 자신의 일부가 형성되는데 그걸 자아 상태(ego state)라고 부른다. 예컨대 프랑크는 어릴 때 혼자 방치됐거나 버려진 경험이 있어 트라우마가 생겼고, 결국 그 연령대로 자아 상태가 형성되어 다 큰 성인이 된 다음에도 헤어지거나 남겨지는 상황에 부닥치면 그때처럼 행동한다.

프랑크가 집에서 쫓겨난 상황은 정확히 여기에 해당했다. 성인이지만 그의 경험, 감정, 행동은 유아기적 연령대로 회귀한다. 프랑크는 마치 서너 살 어린아이처럼 반응한다.

연애 초기에 강렬한 추억을 남긴 주말여행의 끝자락에도 이런 모습을 보였다. 사실 소냐의 무릎 위에서 위로를 얻는 게 프랑크에게는 큰 도움이 되지 않는다. 어릴 때 입은 상처는 그것만으로 치유되지 않는다.

화려한 모습 뒤에는 정서적으로 보살핌을 받지 못하고 낙담한 아이가 숨어 있다. 이 아이는 무엇보다 인정받고 싶어 하고, 자신의 자아를 비춰보고 싶은 갈망에 굶주려 있다.[5]

나르시시즘에 빠진 사람의 인격은 위와 같이 묘사할 수 있다. 따라서 배우자 혼자서 이를 치유하는 건 불가능하다. 여성은 인정받고 싶은 욕구가 강한 남성을 온전히 만족시킬 수 없다. 어느 순간 남성은 아이처럼 행동해도 여성에게 보살핌을 받을 수 없다는 걸 깨닫는다. 만약 여성이 강한 남자를 원했다면 쉽게 낙담하고 좌절하는 남자를 견디지 못하고 비난하기도 한다. 자신도 가진 그런 모습을 그에게서 보고 싶지 않기 때문이다.

여성은 자신은 물론이고 상대방에게도 이런 면이 있다는 걸 인정하지 않는다. 그렇기 때문에 어떻게 해서든 잊으려 애쓰고, 극복하려 노력한다. 그런 심리 상태에서 그녀가 그를 품에 안았다고 해도 억눌린 분노는 여전히 여성의 내면에 존재한다. 여성은 남성에게 성인 남성의 모습을 요구하며 그가 하는 어린아이 같은 행동을 결코 잊지 못한다. 그런 그녀가 어떻게 마냥 어린아이 같은 남자를 애정으로 대할 수 있단 말인가?

그런데도 그가 그녀의 무릎 위로 도망칠 수 있었다면 그녀도 그에게서 얻을 게 있다는 의미다. 소냐는 프랑크에게 무릎을 빌려줌으로써 나긋나긋한 말투, 다정한 행동, 기분 좋은 스킨십을 얻는다. 그렇게 소냐의 마음은 조금 누그러진다. 동시에 보살핌과 안정감을 원했지만 상처만 받았던 어린 시절의 자신을 품어주는 기분마저 느낀다.

곧 함께 살펴보겠지만 원래 프랑크는 어릴 때 사랑받지 못한 아이였다. 어렸을 때 다친 마음을 치유하지 못하고 방치해 상처가 그대로 남았다. 어른이 된 후에는 그 상처를 연인을 통해 치유하려 했다. 프랑크는 자신이 원하는 대로 소냐가 움직일 때만 안정감을 느낀다. 이미 한 번 버림받았던 경험이 있기에 소냐가 독립적으로

하는 행동은 상처 입은 그의 영혼을 위협한다. 프랑크는 소냐가 떠나고 자신만 남겨질까 봐 두렵다. 그의 내면에 깊숙이 잠재된 절망감은 소리를 지르고 폭력을 행사하는 등 공격적인 행동으로 표출된다.

그때부터 몇 주간은 그럭저럭 평범하게 지나갔고 프랑크는 정말 노력하는 것처럼 보였어요. 예전보다 내게 신경 써주려고 애썼고, 그 순간만큼은 다시 다정한 남자가 됐죠. 프랑크는 더 이상 내가 하는 일 때문에 얼굴을 붉히지는 않았지만 그렇다고 반기는 것도 아니었습니다. 그래서 새로 시작한 내 생활을 그와 함께 나누지 못했죠. 프랑크가 견디기 힘들어했으니까요. 그렇기에 그에게 몹시 서운했고 이런 상황이 정상이 아니라는 생각도 했습니다.

잠시나마 일상을 벗어나게 해주는 여행은 우리 사이에 항상 긍정적인 영향을 줬기에 또다시 바닷가로 떠날 계획을 세웠어요. 그런데 이번만큼은 예전처럼 즐겁지 않았습니다. 이런 여행이 현실도피라는 걸 깨달았기 때문이죠. 골치 아픈 문제와 뒤죽박죽이 되어버린 일상에서 잠시 도망치는 여행. 이런 여행을 계속할 수는 없었습니다. 난 프랑크와 이 주제를 놓고 진지하게 대화해야겠다고 결심했어요. 프랑크는 여전히 이혼 절차를 밟지 않은 상태였거든요.

여행 마지막 날 저녁 프랑크는 와인을 사러 잠시 밖에 나갔어요. 나는 출발을 앞두고 집을 정리 중이었죠. 방마다 돌아다니며 진 공청소기로 청소를 하다가 우연히 서재에 있는 그의 책상에 부딪혀 그 위에 수북이 쌓여 있던 종이가 바닥에 떨어졌습니다. 떨어진 종이를 다시 책상에 가지런히 올려놓으려는 순간 엄청난 액수의 영수증이 내 눈에 들어왔어요. 영수증에는 연락처와 G. M.이라는 이니셜의 만남 주선 업체 명함이 첨부되어 있었어요. 본능적으로 머릿속에 경고음이 요란하게 울렸습니다. 프랑크가 정말 유흥업소에 갔었던 걸까요?

'G. M.은 누구지? 유흥업소 여성일까?'

순간 온몸이 마비된 것처럼 굳어버렸어요. 바람처럼 스쳐지나가는 일회성 외도이고 큰 의미는 없는 거라고 스스로 위안하며 요동치는 생각을 진정시키려 안간힘을 썼죠. 하지만 다 헛수고였어요. 그게 뭐였든 진실을 알아야 한다는 생각만 가득했습니다.

만남 주선 업체와 미지의 유흥업소 여성에 대한 생각이 날 잠시도 내버려 두지 않았기 때문에 집에 도착하자마자 컴퓨터부터 켰어요. 웹사이트에서 접한 내용은 상상을 초월했고 뭐라 말을 꺼내기조차 힘들 정도였습니다. 이 업체는 주로 만남을 주선했어요. 더 자세히 말하자면 남자들이 자기 취향에 맞는 여성을 주문하는 곳이었죠. 그 사이트에 등록된 여성 중에서 마침내 G. M.도 발견했어요. 파격적인 조건을 제안하는 매력적인 여성이었습니다. 그 순간 난 숨쉬기가 힘들어졌어요.

'이 비열한 놈. 날 배신하다니!'

정말 역겨웠고 수치스러웠습니다. 그제야 그가 항상 날 속였고, 지금까지 만났던 모든 여자도 이런 식으로 전부 속였다는 걸 깨달았어요. 프랑크에게는 이 모든 게 자기 확신을 위한 수단에 불과하다는 사실도요. 우리가 싸운 뒤 자신이 아무것도 아닌 것처럼 느껴졌을 때 특히 더 그랬을 겁니다. 싸울 때마다 난 프랑크를 단호하게 집 밖으로 내쫓았어요. 그렇다면 혹시 그때마다 길거리에서 아무 여자나 붙들고 유혹했던 건 아닐까요? 주체할 수 없을 정도로 화가 끓어오르고 엉엉 소리 내어 울고 싶었습니다.

조금 진정되자마자 주선 업체에 전화를 걸었어요. 그러나 내가 여자여서 그런 것인지 아무 정보도 알아낼 수 없었죠. 그래서 친한 남자 지인에게 전화를 걸어 간략히 사정을 설명하고 G. M.에 대해 알아봐 달라고 부탁했습니다. 잠시 후 그는 그 사이트를 이용하려면 이메일로 신청해야 하고 연락처를 받기 전에 결제부터 해야 한다고 알려줬어요. G. M.은 원한다면 밤새 함께 있을 수 있지만 비용은 상당하다는 말도 덧붙였죠.

모든 정보를 확인하고 프랑크에게 이 얘기를 꺼내자 그는 말도 안 되는 소리라고 발뺌했습니다. 그것만으로 충분했어요. 난 프랑크에게 어떻게 날 이런 취급을 하냐며 목이 쉴 정도로 소리 질렀죠. 그는 쾌락을 좇아 항상 이런 식으로 날 배신했던 걸까요?

격분한 내 모습에 압도당한 프랑크는 내가 생각하는 그런 일은 절대 없었고, 많은 연인이 그런 업소를 함께 찾는다고 해명했어요. 내게 함께 가자고 얘기하면 거절할 게 분명했기 때문에 혼자 갈 수밖에 없었다고 말했죠. G. M.과 만나는 것도 나 때문에 그만뒀다고 강조하면서요.

이 상황에서 웃어야 할지, 울어야 할지 갈피를 잡지 못했어요. 따귀라도 한 대 때렸으면 좋았을 텐데 그러지도 못했죠. 그런데 황당하게도 프랑크는 곧 예전의 당당한 태도를 되찾았어요. 프랑크를 내쫓은 건 나라면서요. 싸운다고 해서 모두가 나처럼 행동하지 않을뿐더러(그건 정말 그럴지도 모르겠네요) 그를 빗속에 홀로 세워뒀으니 모두 내 잘못이라고 주장했죠. 빗속에 홀로 있을 때마다 그는 이런 생각까지 했다면서요.

'지금 당장 다리에서 뛰어내릴 수 있어. 소냐 없는 인생이 무슨 의미야.'

내가 그를 몰아세우지 않았더라면 그렇게까지는 하지 않았을 거라고 강조했습니다. 그러자 마음 한편에서 날 탓하는 목소리가 슬그머니 들렸어요.

'그래, 어쩌면 내가 그를 유흥업소에 등 떠밀었던 걸지도 몰라.'

이런 생각을 하고 비로소 난 내가 다른 이의 도움이 필요한 상태라는 걸 깨달았어요. 도대체 어떻게 생겨먹었기에 이런 한심한 생각을 했던 걸까요? 눈물, 눈물 그리고 또 눈물. 마침내 프랑크는 자신이 개자식처럼 굴었다고 시인했습니다. 그렇지만 그건 날 잃을까 봐 두려운 마음 때문이라고 했어요. 쓸데없이 질투하고 말도 안 되는 행동을 한 것도 모두 그런 이유였다고 매달렸죠. 그때 이후로 내 심장은 시도 때도 없이 쿵쾅거렸습니다. 이 끔찍한 사건 이후로 단 며칠만이라도 마음을 진정시킬 시간이 절실했어요.

커져만 가는 불신

프랑크는 섹스를 통해 위로받고 자기 확신을 얻었다. 섹스는 그에게 다시 남자가 된 기분을 선사했고 집에서 쫓겨났을 때 상실한 우월감을 되찾아준다. 그 과정에서 소녀가 상처 입을 수 있다는 건 조금도 떠올리지 못한다. 두 사람이 서로에게 느끼는 불신은 정점을 찍는다. 점점 더 상대를 신뢰하지 않았고, 대화는 자주 비난으로 이어졌으며 결국 싸움으로 끝맺는다.

프랑크가 성매매했다는 사실을 알았을 때 소녀의 내면에서는 뭔가가 무너져 내렸다. 그 사실을 프랑크에게 털어놓자 그는 무슨 말이냐며 부정했고 결국 모든 책임을 소녀의 탓으로 돌린다. 프랑크는 소냐가 곁을 내어주지 않고 그를 밀어냈기 때문에 위안을 얻으려 그런 행동을 했다고 당당하게 말한다.

정말 듣는 사람이 민망할 정도로 구차한 변명이다. 하지만 내면에 깊은 상처가 있는 어린 소년에게 그건 진심이었다. 혼자 남겨질까 봐 두려운 마음이 그에게 자신을 위로해주고, 자존감을 다시 높여줄 누군가를 찾으라고 속삭였던 것이다. 이런 행동은 프랑크가 문제를 어른스럽게 해결할 능력이 결핍되어 있을 뿐만 아니라 어릴 때의 충동만 따라간다는 걸 적나라하게 보여준다. 마음에 상처를 입은 상태였더라도 그는 이미 어른이기에 충동 조절 능력이 지나치게 부족한 모습을 이해받기는 힘들다.

이렇게 나르시시즘이 폭발하는 싸움은 일반적으로 상처와 관련이 있다. 대화할 준비가 되어 있지 않아 의사소통의 어려움을 겪는 데다가 서로를 배려하는 마음이 조금도 없다. 대신 질책, 기만, 폭력만이 난무한다. 정신적 공격 혹은 물리적 공격은 일시적으로 우월감을 느끼게 하거나 가진 힘을 확인시켜 주지만 결국 불화의 시작점이 돼버린다.

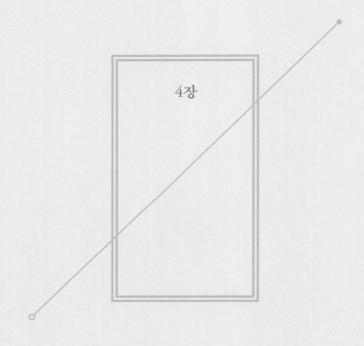

4장

이별을
결심하다

준비되지 않은 이별 시도

그 주 내내 프랑크를 최대한 멀리 떼어놓으려고 노력했어요. 그냥 전부 다 힘들었거든요. 속았다는 기분, 이용당하고 착취당한 것만 같은 감정이 계속 날 괴롭혔죠. 그렇지만 여전히 혼자가 되는 건 두려웠고, 처음부터 전부 다시 시작하기도 싫었습니다. 수치심도 느꼈지만, 프랑크를 향한 감정은 여전히 남아 있었죠. 처음보다 현저히 줄기는 했지만요. 이런 심리 상태가 모든 걸 더 복잡하고 힘들게 만들었어요.

프랑크가 전화를 걸어와 다 죽어가는 목소리로 매달릴 때마다 동정심을 느끼기도 했습니다. 그는 왜 매번 같은 행동을 반복하는 걸까요? 뉘우치고 후회하는 머저리로 둔갑해 내 곁에 남으려는 속셈이었을까요? 사실 머리로는 답을 정확하게 알고 있었습니다. 그렇지만 감정에 휘둘려 프랑크에게 관대했죠. 이상적인 삶을 동경하고, 사랑을 갈망하는 내가 스스로 그렇게 만든 것입니다. 그러다 보니 모든 것이 항상 원점으로 돌아갔죠. 프랑크는 이런 내 약점을 너무나 잘 알았고 매번 그를 떠나지 못하게 만드는 데 성공했어요. 그는 마음만 제대로 먹으면 환상적인 연인이 될 수 있는 사람이었어요.

나를 위해 존재하는 사람인 것처럼 행동할 수 있었죠. 프랑크가 그럴 때마다 난 사랑받는 기분을 만끽했고 조금도 외롭지 않았습니다. 프랑크와 있을 때만 느낄 수 있는 감정이었죠. 아들 요하네스와 모자간의 사랑을 아무리 많이 나눈다 해도 그걸로 연인의 자리를 대체할 수는 없었거든요. 그러나 이번 사건을 겪은 후 정말 많이 고민했고 그의 곁에 있어도 그의 아내가 되어 행복한 삶을 살 수 없다는 걸 확실히 깨달았어요. 프랑크는 절대로 이혼하지 않을 거예요. 그때의 기분으로는 어떻게든 이별을 견뎌낼 수 있을 것만 같았고 용기 내어 집을 구하기 시작했습니다. 난 정말 그와 헤어지고 싶었던 것이죠.

소냐가 프랑크와의 관계를 끊지 못하는 이유는 여러 가지다.

- 사랑받고 싶어서

- 혼자가 되기 두려워서

- 유년 시절부터 이어진 외로움을 채우려고

- 관심받고 싶어서

- 존중받고 싶다는 희망을 품고

- 또다시 남녀 관계에서 실패했다는 수치심을 느끼고 싶지 않아서

가끔 볼 수 있는 프랑크의 다정한 태도와 애정은 소냐의 갈망을 어느 정도 해소했다. 그것으로 소냐는 자기 가치를 확인했으며 자존감도 상승했다. 이것이 소냐가 그와 헤어지지 못하는 결정적인 이유다. 소냐가 이별을 준비하며 처음으로 시도한 건 경제적 독립을 이루고, 자존감도 되찾아줄 구직 활동이었다. 다음 단계로 자신만의 거처를 구하기 시작했고, 비로소 삶의 주도권을 갖게 되었다. 프랑크와 헤어지기 위해서는 무엇보다 주거 공간을 분리해야 했다.

두 가지 모두 프랑크와 결별하는 과정에서 소냐를 강인하게 만들었다. 더 나아가 원래 그녀의 것이었던 권한을 되찾아주었기 때문에 특히 중요했다. 새집으로 독립한다면 소냐는 자신만의 공간에 들일 사람을 직접 선택할 수 있다. 드디어 자신의 판단에 따라 인생을 계획할 수 있다는 의미다.

내가 집을 구한다는 걸 알아차린 프랑크는 과민하게 반응했어요. 이미 이렇게 근사한 집도 있고, 더욱이 이사하려는 동네는 그의 회사에서 너무 멀다고 투덜댔죠. 난 그가 마음껏 욕하게 내버려 뒀어요. 그리고 함께 이사할 필요는 없다고, 그 집으로 가는 건 나와 아들뿐이라고 못 박았습니다. 지금까지 그가 한 거짓말, 연극, 핑계에 아주 질려버렸다고 담담하게 말하면서요.

끝이 보이지 않는 싸움이 이제는 지겨웠습니다. 그 순간 프랑크는 고함을 치고 괴성을 지르기 시작했어요. 지금 당장 집을 나가버리겠다고 말하며, 앞으로 자기만 한 사람을 결코 만나지 못할 거라고 악에 받쳐 소리 질렀죠. 머리 꼭대기까지 화가 난 프랑크는 이 층으로 뛰어 올라가 자기 물건들을 챙기더니 집을 나섰습니다. 이어 요란한 시동 소리가 들리고 그의 차가 난폭하게 출발했어요. 그제야 마음이 좀 홀가분해졌어요. 난 다시 자유로워지고 싶은 마음이 간절했어요.

일어나야 할 일은 어떻게 해도 일어나기 마련이다. 소냐가 아들과 단둘이 새집으로 이사하려는 걸 깨달은 프랑크는 몹시 당황했고, 이어 격앙된 모습을 연출하더니 곧 자제력을 완전히 상실한다. 문이 부서질 정도로 쾅 닫고 집을 나서며 소냐가 자기 같은 남자를 절대 만나지 못할 거라 호언

장담한다. 그렇지만 매우 유감스럽게도 프랑크와의 관계는 여기서 끝나지 않는다. 프랑크는 분명 다시 돌아올 것이다. 그는 그렇게 간단히 떼어낼 수 있는 사람이 아니기 때문이다.

삼십 분도 채 지나지 않아 전화기에 불이 났고 프랑크는 격분하며 집을 뛰쳐나간 자신을 용서해달라고 애원했어요. 하지만 이제는 모든 걸 걸고 다시 모험을 시작할 자신이 없었습니다. 그는 우리가 위대한 사랑을 하고 있고, 아름다운 관계를 맺고 있다고 말했어요. 도대체 그게 무슨 소리일까요? 처음에는 그랬을지 모르지만 우리 관계는 진즉에 틀어졌어요.

시도 때도 없이 걸려오는 전화에도 내 태도는 확고했고 이제 그와 헤어지기를 진심으로 원했죠. 더 이상 굴욕적인 기분을 느끼고 싶지 않았습니다. 신물이 날 정도로 지겨웠어요. 그날 저녁 아들에게 프랑크와 헤어지려 한다고 털어놓았어요. 요하네스의 눈빛에는 의심이 서려 있었는데 그럴 만도 했죠. 아들은 프랑크와 내가 겪은 모든 일을 곁에서 지켜봤으니까요. 내 말을 쉽게 믿지 못하는 눈초리였지만 그런 아들의 마음을 십분 이해했습니다.

우습게도 이날 밤 정말 푹 잤어요. 프랑크가 그립지도 않았으며 꿈속에서 새로 살 집을 보면서 자유를 느꼈습니다. 그리고 아침이 되자 프랑크가 현관 앞에 서 있었어요. 그 모습을 보며 이 얼간이가 설마 또 온 건가 하는 생각부터 들었어요. 문을 열지 않으면 프랑크가 가지 않을 게 뻔하기에 결국 그를 집에 들였습니다. 프랑크는 몹시 다정하고 상냥했어요. 그리고 우리 사이에 있었던 좋은 추억들을 떠오르게 하려고 무진장 애를 썼죠. 연애 초기에 찍은 사진을 보여주기도 했어요. 사진 속 우리의 모습은 참 좋아 보였습니다. 만족스러운 표정으로 온 세상을 다 가진 것만 같은 행복한 커플의 모습. 하지만 그건 딱 그때뿐이었다는 걸 이제는 알았죠.

프랑크는 갑자기 내게 사랑을 맹세했어요. 정말 끔찍이도 싫었지만 그는 이번에도 버튼을 제대로 눌렀습니다. 갑자기 눈물이 터져 나왔어요. 프랑크는 그 순간을 놓치지 않고 날 껴안았고 난 격해졌던 기분이 좀 누그러졌습니다. 그리고 또다시 진부한 레퍼토리가 시작됐어요.

"내 사랑, 내가 전부 잘할게. 난 정말 당신이 필요해. 당신을 떠나보낼 수는 없어."

그런 그의 고백에 난 계속 눈물을 뚝뚝 흘리며 지금까지 마음에 쌓아두었던 말을 전부 꺼냈어요. 내가 뭘 생각하는지, 어떤 기분인지, 그리고 지금 얼마나 불행한지 전부 털어놨습니다. 내가 쓸모없는 사람처럼 느껴지며 이제는 그렇게 살 수 없다고 단언했어요. 내가 원하는 건 사랑과 이해심을 바탕으로 한 조화로운 관계라고요. 프랑크는 자신도 그렇다며 함께 노력하면 충분히 그럴 수 있다고 날 달랬어요.

그는 당장 이혼 문제를 논의할 전문 변호사를 찾아가겠다고

말했습니다. 그리고 내가 이사를 원한다면 그가 날 돕겠다고 약속
했어요. 자신만 믿으라고요. 난 프랑크가 그렇게 말할 줄 알았어요.
하지만 행동으로 옮기지 못할 거라는 것도 알았죠. 내 감정은 롤러
코스터를 타는 것처럼 오르락내리락했습니다. 결국 상황은 지금까
지 그래왔던 것처럼 흘러갔고 다시 그를 내 삶으로 끌어들였습니
다. 난 여전히 너무 나약했어요.

지킬 박사와 하이드

　　　　　　　　　　　　　　　　　이별 위기에 직면하면 나르시
시스트는 자유를 찾아 떠나려는 여성을 훼방한다. 이때 지금까지
와는 조금 다른 방법을 써서 훼방하는데 바로 특별한 유혹이다. 프
랑크는 특별한 유혹이 무엇인지 제대로 보여준다. 그는 소녀가 떠
나는 걸 막을 수 없다고 판단하자 태도를 바꾼다. 그녀가 집을 나
가려는 걸 인정하는 건 물론이고, 이사를 직접 도와주겠다고 제안
까지 한다. 자신이 의지할 수 있는 듬직하고 사랑스러운 남자라는
걸 다시금 증명하고 싶은 것이다. 착한 행동으로 다시 소녀의 마음
을 붙들려는 속셈도 숨어 있다.

프랑크는 소냐의 마음을 다시 흔들어 놓으려고 좋았던 시절의 사진을 보여주며, 그때의 감정을 끌어내려고 애쓴다. 이렇게 시선을 다른 곳으로 돌리는 그의 전략은 실패한 적이 없다. 또다시 해냈다는 벅찬 감정도 덤으로 따라왔다.

난 결국 프랑크에게서 벗어나지 못했어요. 나갈 집을 찾지 못했거든요. 집을 구한다고 부동산에 말해놓았지만 한참을 기다려야 했어요. 임대하려고 집을 내놓는 사람보다 집을 구하는 사람이 훨씬 더 많기 때문이죠. 프랑크와 함께하며 상처투성이가 되었기에 하루빨리 이 집에서 벗어나고 싶었던 터라 더더욱 실망했습니다. 마치 저주받은 것만 같았어요. 누구도 나와 아들을 반겨주지 않는다고 느꼈고요.

다른 한편으로는 프랑크의 태도에 변화가 생겼습니다. 그는 갑자기 많은 걸 수용했고, 사치하던 습관도 고치려 노력했으며 더 이상 내 직장을 욕하지 않았어요. 그리고 무엇보다 최대한 싸움을 피하려고 신경 썼습니다. 마치 정신과 상담이라도 받은 사람처럼 달라졌어요. 대화도 최대한 이성적으로 하려 했고, 내 입장을 이해하려 애쓰며 내 마음이 편해지기를 바랐어요. 전략을 바꾼 것이죠.

그의 모습에 어쩌면 우리에게 해피엔딩이 기다리고 있을지도 모른다는 기대감이 슬그머니 피어올랐습니다. 원래 프랑크에게는 그런 면이 있었어요. 그가 원하면 언제라도 자상하고 다정한 사람으로 변신했죠. 그가 다정하게 대하니까 마음이 복잡하면서도 점점 그에게 의지하게 됐어요. 그는 이혼 얘기를 꺼내며 아내와 확실히 대화하겠노라고 말했고, 자신이 때때로 정말 역겨운 놈처럼 행패를 부렸다는 걸 깨달았다고 했습니다. 그의 말은 정말 매혹적이었어요. 그렇게 얼마 지나지 않아 프랑크는 원하는 걸 다시 손에 쥐었고 난 그렇게 그를 또 받아들였어요.

프랑크는 소냐의 마음을 되돌리고 결별을 막으려고 수단과 방법을 가리지 않는다. 지금까지 소냐가 소망했던 것들을 전부 이루게 해준다. 그렇게 그녀의 일자리를 욕하지 않고도 그가 원하는 걸 얻어내는 데 성공한다. 프랑크는 마음을 어루만지면 소냐가 긍정적인 결정을 내릴 거라는 판단으로 그녀를 살뜰히 챙기고, 관심을 보이고, 다정하게 행동한다. 여전히 소냐를 사랑하고 있으며 어떤 상황에서도 그녀를 잃고 싶지 않다는 구구절절한 그의 맹세에 소냐는 다시 녹아버린다. 더 이상 그에게 화를 내지 못하고 결국 언제나 그랬던 것처럼 싸움은 침대에서 끝이 났다.

그렇지만 한동안 프랑크가 왜 이렇게까지 너그럽고, 기분이 좋았었는지 우연히 그 이유를 알게 됐어요. 프랑크가 임대하려는 집주인들에게 내 험담을 했고, 그래서 내가 절대로 집을 나가지 못할 거라 확신했던 거죠. 게다가 나와 아들 사이도 이간질하려 했습니다. 그러던 어느 날 프랑크는 무심코 내게 뭘런 거리의 집을 구했냐고 물었어요. 분명 예기치 못한 말실수였죠.

'그걸 어떻게 알았지? 내가 집을 보러 다닐 때 몰래 우리를 미행했던 건가? 아니면 문의 사항을 보낸 이메일을 몰래 읽은 걸까?'

그가 컴퓨터를 몰래 들여다볼 수도 있다는 생각을 한 번도 하지 않았기 때문에 패스워드도 설정하지 않았어요. 곧이어 집을 임대할지도 모르는 임차인들을 프랑크가 일일이 찾아다니며 자신을 내 남편이라고 소개하고는 내가 임대료를 지불할 능력도 없고, 수중에 가진 돈도 얼마 없는 그런 사람이라고 헐뜯고 다닌 사실을 알게 됐습니다. 그 얘기를 들은 집주인들은 프랑크가 사실을 알려줘 몹시 고마워했다고 합니다. 프랑크는 정말 해도 해도 너무했어요!

추궁을 하니 프랑크는 당연히 아니라고 부정했어요. 그러고는 내가 두려움을 느낄 정도로 격분했습니다. 그와 싸우지 않으려고 화제를 돌리자 프랑크는 그저 내가 곁에 있기만을 바랄 뿐이라며 또 눈물을 뚝뚝 흘렸습니다. 프랑크는 우리가 처음부터 다시 시작해야 한다고 했어요. 그러고는 자신이 지금 사는 오피스텔을 정리하고 이 집으로 완전히 들어오겠다고 말했죠.

난 의심스러운 눈초리로 그를 바라보며 정말 진심인지 가늠해보려 했습니다. 그리고 우리 관계를 바로잡으면 그와 함께할 수도 있겠다고 생각했어요. 프랑크는 이제 내가 원하는 건 뭐든지 들어주겠다며 앞으로 우리가 행복한 가정을 이루며 잘 살 수 있을 거라고 확신했습니다.

하지만 난 그게 그의 진심이라고 믿기 힘들었어요. 지금 그의 머릿속에 무슨 생각이 있는 건지 파악할 수도 없었고요. 확실한 건 그를 향한 내 마음이 예전 같지 않다는 것이었습니다. 그의 마음은 다음 문제였죠. 하여튼 이혼 신청은 해야만 했어요. 그게 내 조건이었어요. 이제는 그와의 관계를 정상적으로 정리해야만 했습니다.

근본적으로 프랑크에게는 선과 악이라는 두 가지 상반된 면이 공존한다. 『지킬 박사와 하이드』의 주인공처럼 프랑크는 순식간에 어느 한 모습에서 다른 모습으로 돌변한다. 공격이나 비난을 받았다고 느낄 때, 생각대로 흘러가지 않거나 홀로 버림받은 것 같은 기분이 들 때 프랑크는 돌변했다. 예측하지 못한 상황은 그가 공포를 느끼는 순간이기도 하다.

비열하게 뒤에서 집 구하는 걸 방해한 후 들켰을 때도 마찬가지였다. 처음에는 격하게 방어 태세를 갖추고 소냐의 의혹에 공격적으로 반응하다가 갑자기 눈물을 터트리며 굴복했다.

프랑크는 상황에 따라 폭력성을 드러낸다. 폭력적인 눈빛과 제스처로 소냐를 위협하고, 고함을 지르고, 거짓말을 밥 먹듯이 하고, 기만한다. 그러다가 또 금세 세상에서 가장 자상한 사람이 되거나 비굴한 모습을 보인다. 소냐는 그와 확실히 헤어져야겠다는 결심을 끝까지 고수하지 못했다. 프랑크는 행복한 가정을 만들겠다고, 다시 말해 소냐의 깊은 상처를 치유하겠다고 약속하며 그녀가 집을 구하는 걸 포기하게 했다. 그러나 프랑크가 약속대로 상처를 치유하기는커녕 또다시 소금을 뿌리며 오히려 그 상처를 덧나게만 한다는 걸 소냐는 한참 후에야 깨닫는다.

친구들의 경고를 무시하다

이 문제가 골머리를 썩일지는 정말 생각도 못 했어요. 친구들은 그럴 생각은 하지도 말라며 어서 떠나라고 내 등을 떠밀었죠. 프랑크는 내가 친구 만나는 걸 별로 좋아하지 않았기 때문에 그동안 친구들을 몰래 만났어요. 친구들은 그가 한 얘기가 진심이냐며 반신반의했습니다. 그의 반응이 너무 과하다며 한번은 그가 어디 아픈 건 아니냐고 묻기도 했어요. 그런 친구들의 말을 듣기는 했지만 기분이 썩 좋지는 않았습니다. 그래서 한 귀로 듣고 한 귀로 흘렸죠.

그랬던 친구들이 프랑크를 정식으로 소개받은 뒤에야 내 고민을 이해했어요. 프랑크는 친구들 앞에서 나를 하늘 꼭대기까지 치켜세울 줄 아는 남자였거든요. 그런 그의 모습에 껌뻑 넘어간 친구들은 날 부러워하기까지 했습니다. 이런 사람이 내게 그렇게 끔찍한 짓을 하리라고는 도저히 상상이 되지 않는다고 말했죠. 친구들의 평에 냉탕과 온탕을 오가는 기분이 들었습니다. 다른 사람들 앞에서 나를 칭찬하고 자랑스러워하는 프랑크를 보면 마음이 한없이 약해졌어요. 그에게 계속 방어적인 태도를 취하기가 정말 힘들었고요. 난 왜 처음부터 친구들의 경고를 진지하게 받아들이지 못했던 걸까요? 항상 바라던 핑크빛 꿈에서 여전히 깨어나지 못했던 거겠죠.

여자들을 전부 자기 마음대로 조종할 수 있다고 생각하는 프랑크의 확신은 정말 놀라울 정도다. 그는 소냐의 친구들처럼 자신을 부정적인 시선으로 바라보며 대립하던 사람들마저 아군으로 만든다. 프랑크가 어딘가 좀 아픈 사람 같다고 냉정하게 말하던 사람들도 그의 매력에 빠져버린다. 정말 놀라운 재능이다. 프랑크는 겉보기에 그럴듯하기 때문에 어느 누구도 그의 손아귀를 벗어나지 못한다. 프랑크는 자신을 연출하는 능력이 뛰어나다. 신경 써서 꾸민 외모, 따뜻한 음성, 신중한 단어 선택 그리고 상황에 따라 순종적인 모습까지. 상대의 마음을 얻어낼 기술을 완벽하게 썼다. 프랑크의 능력은 주로 겉으로 보이는 그의 모습과 관련이 있다.

프랑크는 타인을 유혹하고 자기편으로 끌어당기고 싶을 때만 이런 행동을 한다. 그렇기에 모든 행동은 오롯이 자신을 위한 것이다. 자신의 입지를 견고히 하고 존중과 관심을 얻기 위함이다. 그러나 겉모습 아래 숨어 있는 내면을 들여다보면 이내 실망할 수밖에 없다.

내면까지 꾸며낼 수는 없기 때문이다. 그렇기에 그는 다른 사람과 진실하고 깊은 관계를 맺을 수 없다. 서로를 위하고 배려하는 관계가 아닌, 특정 효과만을 노린 관계에 불과하다. 아름다운 허상 혹은 완벽한 환상보다 많은 걸 원하는 사람이라면 그에게서 재빨리 등을 돌릴 것이다. 특히 프랑크가 거짓말과 기만을 밥 먹듯이 하는 걸 깨달았다면 지체할 이유가 전혀 없다. 그리고 프랑크 역시 상대의 피상적인 허상에 끌렸다.

프랑크는 소냐의 아름다운 외모를 높게 평가하고, 수준급인 요리 실력에 감탄하며 뿌듯해한다. 게다가 소냐를 게임 파트너처럼 여기며 자신을 위해 요리하게 하고 함께 만족스러운 성생활을 즐긴다. 하지만 정작 소냐가 정서적으로 위안을 얻고 싶을 땐 그녀를 외면했다.

프랑크는 멈추지 않고 계속 날 설득했어요. 우리가 함께할 미래를 아름답게 그리며 달래려 애썼습니다. 그의 노력이 통했는지 내 마음도 남는 방향으로 기울었죠. 그때 프랑크에게 우선 이혼 문제부터 확실히 정리하고 오라고 재촉했어야 했지만, 그냥 또 그렇게 그를 받아들이고 말았습니다.

지금까지 그렇게나 괴로워했으면서도 어떻게 이렇게 단번에 회피할 수 있을까요? 애써 신경 쓰지 않으려 하는 나 자신이 스스로 기가 막힐 정도였어요. 하늘이 무너져도 솟아날 구멍이 있다고 하지 않던가요? 사랑으로 가득한 조화로운 삶을 갈망하는 마음이 슬며시 다시 고개를 들었습니다. 난 엄마가 세상을 떠난 후에도 전부 다 잘될 거라고, 어떤 시련이 닥쳐와도 다 이겨낼 수 있다고 자신하던 낙관적인 아이였죠. 엄마가 마지막으로 남긴 말이 큰 영향을 미쳤나 봐요.

"아가, 심하게 넘어지더라도 그냥 다시 벌떡 일어나렴. 그럼 모든 일이 다 잘될 거야."

지금까지 실패를 거듭할 때에도 그것을 오히려 기회라고 생각했습니다. 좋아질 때까지 어떻게든 견뎌야 한다는 생각도 했고요. 신앙심이 매우 깊었던 엄마는 모든 일에 각각의 의미가 있다고 말했어요. 이 가치관은 내게도 그대로 이어졌죠. 하지만 이런 헛된 소망은 나를 또다시 잘못된 방향으로 몰아갔습니다.

희망에 사로잡히다

여기서 아직 소냐가 프랑크와 헤어질 수 없는 상태라는 게 분명해진다. 소냐가 이 관계에서 느끼는 괴로움은 두 사람의 관계를 정리하기로 결심하기 직전에 드는 여러 걱정거리에 비하면 참을 만했던 것이다. 소냐의 친구들처럼 외부에서 객관적으로 이 관계를 바라보는 제삼자의 의견도 소냐의 결심에 별 영향을 주지 못했다. 물론 타인의 의견이 우리에게 아무런 영향을 주지 못하는 건 아니지만 우리는 대부분 자기의 생각을 뒷받침하는 내용만 귀담아듣는다. 그렇기에 여전히 해피엔딩을 꿈꾸는 소냐는 이 관계를 놓지 못하고 계속 유지한다.

사람은 자신이 처한 불행보다 더 강력한 뭔가가 등장해야만 변화를 꾀한다. 소냐의 간절한 희망은 프랑크의 말에 매달린다. 그리고 한참이 지난 후에야 그것이 얼마나 새빨간 거짓말인지 온몸으로 느끼고 깨닫는다. 훗날 소냐는 희망이라는 감정에 빠져 현실을 직시하지 못하고 망상 속에서 관계를 지속했다고 고백한다.

또한 엄마가 그녀에게 마지막으로 남긴 말과 가치관도 그녀의 발목을 잡았다. 소냐는 힘들고 괴로워하면서도 그 안에서 어떻게든 의미를 찾으려 애썼고, 조금 더 참아보려고 갖은 노력을 다했다.

프랑크의 노력으로 우리 관계가 긍정적인 방향으로 돌아섰다고 해도 아직 해결해야 하는 문제들이 남아 있었어요. 프랑크는 놀랍게도 재빠르게 그걸 감지했습니다. 내가 의심할수록 그는 원하는 바를 이루려 더 불타올랐어요. 애초에 이런 사람에게 포기란 없습니다.

그는 지금 얼마나 행복한지 들뜬 목소리로 말했어요. 앞으로 우리에게는 새로운 인생이 시작될 것이라면서요. 그러고는 나를 신부로 맞이해서 번쩍 안아 들고 문지방을 건널 것이라고 속삭였습니다. 아아, 그 얘기가 얼마나 달콤하게 들렸는지 몰라요. 그냥 그의 말을 덥석 믿고 싶었던 것일 수도 있죠. 정말 이번만큼은 그의 말을 믿고 싶었거든요. 안타깝게도 전 그가 약속을 지키기만을 기다렸어요.

하지만 살림을 합치기로 해놓고 프랑크는 다시 이상한 행동을 했어요. 이번에도 몇 가지 개인 소지품만 챙겨왔고 오피스텔을 처분하겠다는 말도 쏙 들어갔죠. 가끔 무척 예민하게 구는 프랑크를 보며 그제야 뭔가 이상하다는 걸 깨달았어요. 무엇보다 프랑크와 나는 전혀 행복하지 않았습니다.

아무리 늦어도 이 시점에서는 뭔가 이상하다는 걸 깨달았어야만 한다. 이쯤 되면 프랑크가 지금까지 한 약속을 조금도 지키지 않을 거라는 게 분명하기 때문이다. 그는 불가능하다는 걸 알면서도 그녀를 신부로 맞이하여 번쩍 안은 채로 문지방을 넘겠다고 약속한다. 이것만으로도 소냐는 더 이상 이 관계를 마냥 두고 볼 수 없는 상태라는 걸 충분히 안다. 그렇지만 행복한 미래를 보장하는 약속과 헛된 희망의 위력은 갈수록 점점 강력해진다.

프랑크는 다시 예전처럼 내 직장 생활을 반대했어요. 하지만 그도 내게 일이 얼마나 중요한지 깨달았기 때문에 최근에 인수한 그의 회사에서 함께 일하자고 제안했죠. 인터넷 사이트를 맡아 관리하는 업무였어요. 그는 우리가 항상 함께할 수 있다고 나를 설득했습니다. 마침내 우리는 동일한 목표를 추구한다는 명목으로 다시 합쳤고 함께 보내는 시간도 직접 결정할 수 있었어요. 사실은 그의 제안 때문에 고민도 많이 했어요.

직장 문제로 그와 싸우는 일에 지치기도 했고, 이제는 속이 안 좋아질 정도로 스트레스 받은 채로 퇴근하고 싶지 않은 마음도 있었기 때문이죠. 그냥 좀 마음 편하게 살고 싶었습니다. 그래서 조금 더 고민하다가 결국 그의 제안을 수락했어요. 그새 프랑크는 모든 걸 준비해놓았죠. 그렇게 지금까지 하던 부티크 일을 그만두고 자진해서 그의 손아귀에 들어갔습니다. 그건 정말 큰 실수였어요. 삼 개월 뒤 난 그의 사무실에 앉아 있었고, 그렇게 프랑크는 원래 의도했던 바를 이뤘죠. 난 모든 걸 그에게 의존하는 사람이 되어버렸으니까요.

이제 프랑크가 내 일거수일투족을 다 꿰고 있을 정도로 난 그의 손바닥 안에 있었어요. 그리고 차츰 내게 생색을 내기 시작했죠. 젠장, 기분이 정말 끔찍했어요. 이번에도 가장 친한 친구가 내게 경고했습니다. 친구와 정말 많은 얘기를 나눴어요. 날 걱정하던 친구는 너무 늦기 전에 결정을 내려야 한다고 조언했어요. 이런 식으로 가다 보면 프랑크가 모든 걸 마음대로 정하려 할 것이고, 그때에는 그 말을 따를 수밖에 없는 상황에 처할 수도 있다고요.

솔직히 친구의 말은 전부 옳았습니다. 하지만 정작 내 입장이 되어보지 않고는 뭐든 쉽게 얘기할 수 있죠. 속사정까지 꿰뚫고 있는 건 아니니까요. 차마 친구에게 속사정까지 털어놓지는 못했습니다. 내 실수를 인정했을 때 느끼게 될 수치심 때문이죠.

수치심의 나락으로

친구에게 어그러진 두 사람의 관계를 솔직하게 털어놓지 못한 건 수치심이 소냐의 발목을 잡았기 때문이다. 수치심은 각자의 기준 혹은 사회적 기대와 규범에 부합되지 않는 경우 등장하는 매우 정상적이고도 인간적인 감정이다. 하지만 자신이 세간의 조롱거리로 전락하고 무가치해졌다는 생각에 우리는 이런 감정을 최대한 피하고, 숨기려 하며 극도로 불편하게 여긴다. 수치심은 타인의 평가에 대한 두려움과 자신의 부족함에 대한 불안감에서 비롯된다.

타인의 시선을 견디려면 어떻게 해야 할까? 실패를 경험하면 우리는 자신을 한 단계 낮게 평가한다. 자존감이 불안정한 사람일수록 타인의 평가에 의존하는 경향이 강하다. 즉 우리는 그런 타인의 기대에 부합하려고 노력하며 그러지 못할 경우 부끄러움을 느낀다.

타인에게 거부당하는 것 외에 무시당하고 받아들여지지 않을까 봐 두려워한다. 그래서 완벽주의를 가장하고 불행한 관계의 실상을 숨기느라 바쁘다. 그건 오직 외부에 긍정적인 모습으로 보이려는 목적 하나 때문이다.

나르시시즘 관계에서 수치심은 핵심적인 역할을 한다. 따라서 실수를 인정하고, 고백하는 걸 실패로 간주하는 수치심은 자존감에도 상처를 낸다. 나르시시즘에 빠진 사람이 자신의 가치를 느끼려면 언제나 최고여야만 하고 성공이 보장되어야 한다. 이미 틀어진 관계를 굳이 고집하며 계속 유지하거나 실패할 두려움 때문에 아예 남자 없는 삶을 선택하는 여성들이 여기에 해당한다. 하지만 두 가지 방식 모두 자신의 가치를 제대로 인정받기에는 뭔가 부족하다.

　소냐는 프랑크와 관련된 문제에서 자신의 실수를 인정하는 대신 눈을 감아버린다. 심지어 다니던 직장을 그만두고 프랑크의 회사에 들어가기로 한다. 이런 상황에서 소냐의 자존감은 날마다 낮아질 수밖에 없다. 하지만 괴로워하면서도 소냐는 다른 사람에게는 속사정을 말하지 않는다. 외부에 알리지 않으면 적어도 수치심은 느끼지 않아도 되기 때문이다.

　도대체 얼마나 코가 깨져야 정신을 차릴 수 있는 걸까요? 언제부터인가 그에게 반항하기가 쉽지 않았어요. 그래서 핑곗거리를 찾았고, 현실을 왜곡했죠. 그때마다 마음에 상처를 입는 순간이 무한 반복됐습니다. 회사에서 프랑크는 나를 동료로만 소개했어요. 그런 프랑크의 태도가 못마땅했기에 그와 계속 다퉜고 최소한 직장 동료들한테만은 사실대로 말해 달라고 요구했습니다.

　프랑크는 매우 난처한 반응을 보였지만 그도 뭔가 대응을 하긴 해야 한다는 걸 알고 있었어요. 이렇게 꼭 강력하게 요구해야만 뭔가 하려는 시늉이라도 하는 모습을 보며 조금도 존중받지 못한다는 자괴감이 들었고 크게 실망했어요.

　난 그저 프랑크의 욕구를 충족해주는 부속물에 불과한 것이었죠. 프랑크는 내가 그의 인생에서 어떤 역할을 맡고 있는지 이렇게 공공연히 보여줬는데도 난 그걸 또 그냥 용납했어요. 언젠가부터 다툴 때마저 그는 나보다 우세한 입장이었어요. 그러던 어느 날 더 이상 맞설 힘도 없고, 그냥 쉬고 싶은 마음에 지쳐버린 난 마침내 두 손을 들었습니다. 프랑크가 원하는 걸 전부 얻고 나면 그의 태도가 달라지고 모든 게 다시 좋아질지도 모른다는 약간의 희망이 있었던 걸지도 모르겠어요. 지금 생각하면 한심하기 짝이 없죠. 난 나 자신을 소중히 여기긴 했던 걸까요?

싸움의 연속

　　　　　　　　　　　　　　　　　　독립적인 일과 자기 집. 이 두 가지는 소냐가 프랑크에게서 벗어날 수 있도록 돕는 핵심 기둥이다. 이 두 가지를 포기하기로 결정한 후, 소냐는 그와의 핑크빛 미래를 꿈꾸며 어떻게든 버텨보려 했다. 그러나 또다시 프랑크가 집에 온전히 들어오지 않고, 모든 것이 예전과 똑같이 흘러간다. 그럼에도 소냐는 희망의 끈을 놓지 않는다. 예전보다 나아진 건 아무것도 없다. 오히려 상황은 나빠진다. 함께 일하게 되면서 프랑크는 소냐를 곁에 더 가까이 묶어놓았다. 이제 소냐는 그에게 의존하는 방법밖에 없다. 자신에게서 벗어나지 못하게 소녀를 감시하는 매우 영리한 조치다.

불어로 몽 트레조르는 '내 보물'을 뜻한다. 그러나 독일어로는 '강철 금고'라는 의미가 있다. 즉, 소녀를 가둔 단단한 금고라는 이중적인 의미가 숨어 있다.

소녀는 끊임없이 의심하면서도 프랑크의 약속을 믿는다. 또 아직 포기하지 못한 헛된 희망 때문에 상황이 더 나쁜 쪽으로 치달아도 방치한다. 프랑크와 함께하면 절대로 행복해지지 못할 거라는 현실을 인정하는 것보다 꿈만 같은 미래를 상상하는 게 훨씬 더 달콤하다. 그렇기에 모든 걸 집어던지고 아무것도 남지 않은 상태에서 새로 시작하는 걸 머뭇거린다. 다시 한번 더 노력하면 뭔가 바뀔지도 모른다고 다시 기대해본다.

프랑크는 내 기분을 풀어주려 예전보다 더 자주 바닷가로 여행을 나섰지만, 예전에 느꼈던 자극은 이미 사라진 지 오래였습니다. 신선한 공기와 해변은 상쾌했지만 그와 단둘이 있는 상황이 예전만큼 편하지 않았어요. 프랑크는 별것도 아닌 사소한 일로 짜증을 냈고 욕하고 나를 함부로 대하면서 고함을 질렀거든요. 그의 생일을 맞아 바닷가를 찾았던 날은 그런 만행이 극에 달했습니다. 생일날 아침 프랑크는 창가에서 내가 이웃 남자와 대화하는 모습을 목격했어요. 모래에 파묻혀서 곤경에 빠졌다가 주변에서 삽으로 모래를 퍼내 가까스로 빠져나온 여행객 얘기를 하며 웃고 있었죠. 정말 대수롭지 않은 그런 얘기였어요.

얘기를 마치고 집으로 돌아오자 프랑크가 날 째려봤습니다. 이내 얼굴 근육이 팽팽히 땅겨지더니 고함을 지르기 시작했어요. 내가 자기 눈앞에서 뻔뻔하게 다른 남자와 시시덕거리며 어떻게든 친해지려고 꼬리 쳤다면서요. 나 참, 내가 그 이웃 남자를 홀리려 했다니요? 내가 어떻게, 그것도 그의 생일에 그런 짓을 하나요? 정말 끔찍했어요. 프랑크는 계속 말을 이어가려고 했지만 그가 무슨 말을 할지 훤히 보였기에 나도 같이 소리를 질렀어요.

그의 행동은 병적이었고, 난 그 태도가 정말 마음에 들지 않았습니다. 그는 심각하게 정신과 전문의의 도움이 필요했어요. 아아, 그때 얼마나 치를 떨었는지요. 상처 받은 난 그대로 짐을 싸서 돌아가고만 싶었습니다. 격분해 온몸이 사시나무처럼 떨렸어요. 프랑크는 그런 내 마음을 알아챘는지 갑자기 문 앞에 수납장 같은 걸 밀어놓고 아예 그 방에서 나가지 못하게 막았어요.

"당신은 여기 있어. 아무 데도 못 가!"

프랑크는 소리 질렀고, 나를 겁에 질리게 했어요. 하지만 나도 지지 않고 몹시 화가 난 눈빛으로 그를 쏘아봤습니다. 그때 프랑크에게 근본적인 문제가 있다는 걸 확실히 깨달았어요. 이 남자는 분명 어딘가 아프고, 그것도 매우 심각하게 아프다는 걸요. 그리고 누군가를 해칠 수도 있는 사람이라는 것도요. 그걸 깨달은 순간 그를 설득할 용기조차 잃었습니다. 우리는 그 상태로 한동안 아무 말 없이 대치했고, 그 순간이 영원처럼 느껴졌어요. 그러다 내가 몸을 돌려 아까 문 앞에 놓아둔 캐리어를 다시 가져왔고 침대에 앉았습니다. 그 모습을 지켜본 프랑크는 갑자기 무릎을 꿇고 내 허벅지에 머리를 올려놓은 채 다리를 부둥켜안았어요. 그는 몹시 괴로워하며 같은 말만 반복했죠.

"미안해. 미안해. 미안해."

그래요. 나도 그에게 상처를 준 건 사실이었어요. 그의 성격을 알면서도 생일날 다른 남자와 시시덕거렸으니까요. 하지만 프랑크가 날 사랑하는 방식은 아직도 잘 납득되지 않습니다. 분명한 건 그는 내 근처에 다른 남자가 있다는 것, 그 자체를 견디지 못한다는 것이었죠.

"제발 가지 마. 내가 다시 잘할게!"

항상 똑같은 말이 반복되는 진부한 게임이 이렇게 또 반복됐어요. 난 흐느꼈고, 앞으로 어떻게 해야겠다는 결심도 하지 못한 채 그저 이 상황에서 벗어나고 싶은 마음만 굴뚝같았습니다. 그렇지만 난 여전히 그곳에 남았고 그의 머리를 쓰다듬으며 모든 것이 다시 괜찮아진 것처럼 행동했어요. 그러나 괜찮아진 건 아무것도 없었습니다.

그날 이후로도 난 프랑크와 동침했지만, 오직 그 시간이 빨리 지나가기만을 바라며 견뎠습니다. 프랑크는 눈치채지 못했지만요.

내 감정은 전부 다 타올라 연기처럼 사라졌어요. 그때부터 외면하려고만 했던 지금까지의 사건과 그의 태도를 제대로 인식하고 깊게 고민하기 시작했어요. 이 상황에서 벗어나기에는 역부족이었지만요. 그런 일들은 비일비재하게 일어났거든요.

프랑크는 매사에 자신이 최고여야만 했어요. 항상 최고의 식사를 원했고 집도 자랑할 수 있을 만큼 근사해야 했어요. 자신이 이룬 모든 걸 과시해야 직성이 풀렸습니다. 모든 게 프랑크 중심으로 돌아가야만 했죠. 정말 대단하고 엄청난 사람이지 않나요? 그리고 매번 어김없이 반복되는 고함, 격분, 째려보는 눈빛으로 가득한 비참한 싸움의 연속. 더 이상 참기가 힘들었어요. 점점 그의 단점만 눈에 들어오기 시작했습니다. 특히 눈곱만큼도 없는 그의 자제력이 견딜 수 없었어요. 그에게서 벗어나지 못한다면 언젠가 난 복수의 여신인 푸리아가 될 것만 같았습니다.

나도 분노를 터트리고 자제력을 잃는 경우가 차츰 늘어나면서 예전에는 절대 입에 올리지도 않던 욕설마저 아무렇지 않게 쏟아내기 시작했어요. 그리고 프랑크의 아내는 물론 그 밖에 그와 관련된 다른 모든 사람을 질투했어요. 그렇게 프랑크는 그의 부정적인 소용돌이를 내게 퍼트렸고, 나는 그런 그에게 계속 굴복하고 말았어요. 난 싸우려는 의지마저도 상실한 채 또다시 나 자신의 모습을 제대로 직시하지도 못하게 됐습니다. 내 안에서는 계속 이렇게 살면 안 된다고 항의하는 비명이 터져 나왔어요.

말하지 않아도 알아주길 기대하는 마음

 폭력성의 반대편에는 폭력을
일으키는 도발이 있다. 이웃 남자와의 대화는 정말 사소한 것이었
지만 프랑크는 그 모습도 일종의 도발로 간주했다. 프랑크가 기대
하는 모습에서 조금이라도 벗어나는 행동은 그를 몹시 거칠게 만
든다. 물론 소냐가 그를 도발하려는 의도는 전혀 없었지만 말이다.

프랑크가 느끼는 감정은 그가 했던 거짓말, 협박, 무시 때문에
소냐가 느꼈던 분노와는 사뭇 다르다. 소냐는 프랑크의 잘못된 행
동에 맞서 소리 지르고 지적하며 그의 화를 부추긴다. 그런 모습이
프랑크를 더 자극하며 상황을 점점 더 심각한 상태로 몰아간다. 그
렇기에 점점 두 사람이 표출하는 공격 수위가 점점 높아질 수밖에
없다.

나르시시즘에 빠져 있거나 정신병 증상이 있는 남성과 함께하
는 여성은 원래 올바른 사람이었다고 해도 남성과 관련된 일에서
는 공격성을 표출하기도 한다. 예컨대 남성이 여성에게 많은 걸 기
대하기에 여성도 상대에게 많은 걸 요구한다. 남성도 여성의 기대
를 충족하지 못하면 비난을 피할 수 없다. 남성에게 뭔가를 부탁하
고 부탁을 들어주지 않으면 왜 아직도 하지 않았냐고 타박한다. 게
다가 원하는 걸 말하지도 않고 눈빛만으로 남성이 알아차리기를

기대한다. 이런 여성에게는 말하지 않아도 원하는 걸 척척 알아채거나 부탁을 한 번에 들어주는 남성의 행동이 사랑의 증거다. 그렇지 못하면 여성은 상처 입고, 거부당했다고 생각하며 분노에 휩싸인다. 남성은 이런 상대의 공격성과 비난에 마음이 점점 멀어지고 압박을 느낀다.

여성이 남성을 부추기고 선동하는 방식은 여러 가지다. 물론 이런 행동은 무의식적으로 하는 경우가 많다.

- 싸울 때 방어 태세를 갖춘다. 이 과정에서 주로 비명, 눈물, 고함, 머리 쥐어뜯기 혹은 수동적인 공격을 동반한 히스테리를 분출한다. 여성은 묻는 말에 아무런 반응도 하지 않고, 자기 생각과 기분에 대해 입을 꾹 다물어버린다. 심지어 먼저 약속했던 것도 지키지 않는다. 남성이 혼자 화를 내며 길길이 날뛰어도 그대로 놔두고 일절 소통하지 않는다. 도대체 뭐가 문제인지 명확한 정보를 얻을 수 없기 때문에 그런 면이 남성의 화를 더 부추긴다. 여성은 그가 스스로 깨달아야 한다는 말만 반복하거나 아예 말하기를 거부하면서 더 험악한 분위기를 조성한다.

- 절대 타협하지 않는다. 어쩔 수 없는 사건, 질병 혹은 새빨간 거짓말로 정당화하며 합의한 내용을 독단적으로 변경하거나 미룬다. 이런 상황에서 남성은 여성이 원하는 대로 해주지 않는다. 남성도

"우리는 종종 상대가 내 눈빛만 보고도 원하는 걸 척척 알아채고, 부탁하는
걸 모두 들어주기를 바란다. 하지만 그런 사람은 존재하지 않으며, 이런 행동
이 사랑을 의미하지도 않는다."

여성과 동일한 전략으로 대응하기 때문에 남성과 여성 모두 행동 방식이 비슷하다.

- 종종 아무 생각 없이 문제를 툭 내뱉는다. 그리고 "우리는 잘해 낼 거야."라는 말로 은근슬쩍 덮어버린다. 이때 과도하게 '우리' 라는 말을 남발하거나 어려움을 부정하면 남성은 공격적으로 변한다.

- 반대로 어찌해야 할지 몰라 우왕좌왕하는 행동이 상대의 공격성을 자극하기도 한다. 여성 스스로 답할 수 있는 부분을 질문하거나 자신의 책임을 회피하려고 할 때도 그렇다. 이런 여성은 남성을 마음대로 부릴 수 있는 대상처럼 대한다.

- 의미 없이 남발하는 칭찬도 남성의 공격성과 비난을 부추기는 경우가 드물지 않다. "크리스마스트리처럼 굴지 마라. 크리스마스트리처럼 거기에 우두커니 서서 애만 태우지 말고, 뭔가 해라!"[6]라는 말도 있지 않던가.

이 모든 것이 상대를 격분하게 하고 무기력하게 만들며 폭력성을 키우는 역할을 한다. 소냐 본인도 그를 자극하는 걸 그만두는 편이 낫겠다고 명확하게 판단한다. 즉, 소냐는 자기가 하는 행동의

의미를 제대로 알고 있었고, 그렇기 때문에 지금 멈추지 않으면 이 싸움이 더 격렬해진다는 걸 깨달은 것이다.

상처 입은 마음이 불러오는 비극

 나르시시스트와 교제하는 여성은 폭력, 거부, 굴욕, 모욕감 등을 겪는다. 학교, 집, 사교모임 혹은 부모나 옛 연인과의 관계에서도 이는 크게 다르지 않다. 결국 이런 양상은 상처로 남아 여성이 인간관계를 형성하는 데 영향을 미친다. 이런 여성은 무의식적으로 현재 교제하는 남성이 지금까지 만났던 사람들과 크게 나을 것이 없다는 전제에서 관계를 시작한다. 마음 깊숙한 곳에서 다시 이용당하고, 버려지고, 모욕감을 느끼며 끝내 거부당할 거라고 지레짐작한다. 그리고 이런 부정적인 마음은 여성 본인의 내적 가치관과 상대 남성을 대하는 태도에 영향을 미친다.

상대에게 자주 속아서 불신만 가득한 여성은 어떻게든 남성을 감시하려고 한다. 남성이 괴롭힐까 봐 두려워하는 여성은 상대에게 바짝 엎드려 굴복하며 그저 서로 잘 지낼 수 있기만을 원한다.

그러다 남자와의 전쟁에서 살아남는 순간 여성은 남성과 평온하게 지낼 수 있는 신뢰가 이제 무너졌다고 생각한다. 그리고 그에게 공격적인 태도를 취하며 날을 더 세운다. 정서적인 측면에서 결핍이 있는 여성은 상대에게 매달리며 그를 숨 막히게 한다.

과거의 경험이 현재에 그대로 재현된다. 그리고 매번 동일한 반응으로 끝난다. 예컨대 이들은 상대를 신뢰하지 못해 굴복시키고 속이려 한다. 상대를 기만하고서는 책임을 묻는 상대의 비난에 공격성을 드러낸다. 복종하기 바라는 마음에 상대의 두려움을 자극하여 그 사람을 마음대로 움직이려 하는 유형은 갈수록 그런 행동이 더 심해진다. 이런 싸움에서 공격성이 그대로 유지되려면 방어 태세도 그만큼 강력해야 한다. 타인에게 매달릴 생각밖에 하지 않는 사람은 오히려 관계가 끊어지기 쉽다.

지금까지 소냐가 겪은 인간관계는 단념과 결핍으로 완성되었다. 일찍이 엄마를 여읜 탓에 어려서부터 아빠와 동생을 돌보며 부모화되었던 어린 시절의 성향도 고스란히 나타난다. 하지만 이제 소냐는 사랑과 보살핌을 받고 싶었고, 그것을 위해 뭐든 할 준비가 되어 있었다.

그 밖에도 소냐에게는 할아버지의 성희롱에서 비롯된 트라우마가 있다. 성희롱을 당하면 마음에 커다란 상처가 남는다. 이런 사람은 성인이 된 후에도 이를테면 난교, 욕구 불만, 성 불감증, 심지어 매춘에 이르기까지 성(性) 문제가 생기기도 한다. 우리는 중독 성향을 보일 정도로 성에 강하게 집착하고 그것을 프랑크를 사랑하는 마음으로 혼동하는 소냐의 모습을 지켜봤다. 소냐는 섹스와 사랑을 착각했고, 프랑크와의 관계도 사랑이라고 생각했다. 소냐의 자존감이 입은 상처는 매우 깊었다. 그리고 이런 상처는 자신이 사랑받고 소중한 대우를 받을 가치가 부족하다는 부정적인 자기 확신으로 이어진다.

아빠 그리고 할아버지와의 관계에서 있었던 부정적인 경험을 현 관계에 그대로 대입한다. 그래서 서로 배려하지 못하고 애정 없는 태도를 고수하고 상대를 이용하기도 한다. 상대를 불신하는 건 기본이다. 프랑크에 대한 소냐의 분노는 과거에 입은 상처에서부터 시작된 것이다.

소냐는 무의식적으로 자신에게 아무것도 주지 못하는 남자를 찾는다. 과거의 대인 관계가 모두 그런 방식이었기 때문이다. 프랑크와의 관계도 똑같다. 하지만 이는 누군가를 보살피는 게 아니라 사랑받길 원하는 그녀의 근본적인 가치관과 충돌한다. 그렇기에 지금 소냐가 프랑크와 맺고 있는 관계는 그녀의 내면을 적나라하게 보여준다.

프랑크와의 대화를 통해 알 수 있듯이 그도 지금까지 살면서 자존감에 여러 번 상처를 입었다. 미혼모의 자식으로 태어나 아직까지 아버지가 누군지 알지 못한다. 그의 어머니는 아버지가 돌아가셨다고 속였지만, 우연히 이모에게서 아버지가 자신을 임신한

엄마를 버리고 떠났다는 얘기를 듣는다. 이모는 차마 이름까지 밝힐 수는 없었기에 프랑크는 아버지를 만날 기회조차 없었다.

프랑크의 엄마는 자신을 버린 남자에게 느낀 분노를 프랑크에게 풀었다. 그가 아버지를 매우 닮았기 때문이었다. 프랑크는 아주 어려서부터 자신이 누구도 원치 않는 아이였다는 사실을 깨달았다. 매 맞는 횟수가 늘어나자 자신을 보호하기 위해 거짓말을 하기 시작했다. 프랑크의 행동은 단 한 번도 진심이었던 적이 없다. 그는 그저 자신을 향하는 불공평한 비난을 피하려고 아주 멋들어진 이야기를 만들어냈고, 어느 순간부터 자신도 그것이 진실이라고 믿어버렸다. 망가진 인생에 대한 엄마의 분노와 설움은 전부 그에게 향했다. 프랑크는 이런 미움을 마음에 담고 여성을 만났다.

프랑크는 여성을 자기 마음대로 휘둘렀고 항상 의심했다. 또한 상대 여성을 감시하고 굴복시키려 애쓰며 여성에게 투영되는 폭력적인 엄마의 모습과 싸웠다. 더 이상 지배당하지 않으려면 자신이 그 여성을 지배해야만 했다. 그 결과 여성에 대한 근본적인 거부감과 거짓, 폭력 및 파괴로 이어지는 그만의 행동 방식이 완성됐다.

프랑크는 어려서부터 상대를 걱정하고 사랑이 가득한 관심과 서로에 대한 이해심이 넘치는 관계가 무엇인지 알지 못했다. 그러나 겪어본 적이 없음에도 프랑크는 그런 모습을 갈망했다. 그래서 프랑크는 어린아이가 구사할 수 있는 최고의 유혹 기술을 완성했다. 그리고 그것으로 엄마를 웃게 하는 데 성공한다.

먼저 은근슬쩍 미소를 머금은 채 커다란 눈망울을 반짝이며 엄마를 우러러본다. 그러면 엄마는 피식 웃음을 터트리며 그에게 농담을 건네고 품에 안았고 뽀뽀했다. 그 순간만큼은 자신이 엄마를 행복하게 만든 사람처럼 느껴졌다. 그리고 간신히 피부로 느낀 엄마의 애정에 너무나 행복했다. 그렇지만 이런 순간은 오래가지 않았고, 다음 전쟁, 또 그다음 전쟁이 그를 기다리고 있었다.

스스로 개발한 유혹 기술은 다시는 굴복하지 않으리라는 그의 결심과 결합하여 그의 자아를 더욱더 강하게 만들었다. 이런 결심은 생존 전략으로 이어졌고 여기에 성에 대한 집착이 더해진다. 세상에서 가장 멋진 연인이 되겠다는 프랑크의 야심은 사랑받고 싶은 나르시시즘적 욕구에서 싹튼 것이다. 이런 확인이 없으면 프랑크는 남성으로서, 사람으로서 자기 가치를 전혀 느끼지 못했다. 그래서 프랑크는 여성들이 자기와 헤어지지 못하는 주된 이유가 성적 만족도라고 거듭 강조했던 것이다.

불운했던 관계를 겪으면서 마음에 심한 상처를 입은 두 사람이 만나면 현실적으로 서로의 삶을 지옥으로 만들 확률이 매우 높다. 우리가 소냐와 프랑크의 관계를 통해 엿본 것처럼 그 안에서 좋은 관계가 형성되기란 매우 어렵다.

소통의 단절, 고통의 나날

　　　　　　　　　　　　　　　　남녀 관계에 등장하는 폭력성
은 두 사람 모두에게 매우 다의적이고 성가신 소통 방식이다. 골치
아픈 문제가 생겼을 때 두 사람은 솔직하게 마음을 열고 대화하지
않는 것을 넘어 서로를 적대시한다. 이렇게 두 사람은 각자 상대에
게 기대하는 바와 소망을 터놓고 얘기하지 않는다. 이를테면 함께
사는 것이란 어떤 모습일지, 두 사람이 바라보는 모습이 동일한지
혹은 지금 상황에서 그런 형태가 가능한지, 그런 모습들이 각자 상
상했던 것과 동일한지 서로의 입장을 명확하게 정리하지 않는 태
도 자체가 이런 불투명한 소통 때문이다. 서로의 입장을 명확히 밝
히지도 않고 상대가 아예 생각도 못 하는 기대를 충족시켜야 하는
상황이 발생한다.

　서로 대화를 나눠본 적도 없는 파트너의 기대 욕구를 채워야
하는 사람은 압박감을 느끼기 마련이고 이는 공격적인 태도로 이
어진다. 아무리 자기 여자라고 해도 아무 말도 하지 않는데 그녀가
원하는 걸 어떻게 전부 파악한단 말인가? 그리고 그건 반대로도 마
찬가지다. 원하는 걸 정확히 콕 집어 말하지 않는데 그가 자신에게
뭘 기대하는지 어떻게 알 수 있단 말인가? 어쩌면 이 두 남녀는 혹
시 상대가 견디지 못하거나 회피할까 봐 두려워 진심을 제대로 털

어놓지 못한 걸 수도 있다. 어쨌든 대화를 하지 않는 커플은 각자 자신만의 세상에 살며 상대에게 그 세상에 대한 정보를 조금도 나누지 않는다.

우리는 그 후로 바닷가에서 있었던 사건을 아예 언급조차 하지 않았어요. 일상은 평소처럼 흘렀지만 마음이 조금도 편하지 않았죠. 프랑크의 곁에 있으면 괜히 기분이 언짢아졌어요. 밤마다 그의 곁에 누울 때면 온몸에 진땀이 났고 불면증에 시달려야 했습니다. 여전히 그와 섹스했지만 점점 그의 곁에 있는 게 힘들어졌어요. 몸은 그를 거절하는 신호를 멈추지 않고 보냈던 거죠. 내 몸이 그를 원하지 않았습니다. 드디어 눈에서 콩깍지가 벗겨졌어요. 이 관계는 날 병들게 한 게 분명했습니다.

그 시점에는 새 직장과 집에 대한 고민으로 근심이 날로 더해졌어요. 이 때문에 몸은 더 아팠죠. 도대체 어떻게 해야 할지 엄두가 나지 않았습니다. 거기에 프랑크에 대한 두려움까지 더해졌어요. 프랑크는 내가 떠나게 내버려 두지 않겠죠. 떠나려 한다면 괴롭히고 위협할 것 같았어요. 그가 날 놓아줄 마음이 없다는 건 진즉에 감지했죠. 게다가 지금 이 나이에 모든 걸 처음부터 다시 시작하려고 하니 정말 두려웠어요. 상황이 이렇게 되기까지 프랑크를 받아준 내 잘못은 얼마나 될까요? 내가 동등한 입장에서 누군가와 관계를 형성하는 것 자체가 가능하긴 한 걸까요? 다음 남자도 이러면 어떻게 할까요? 극도의 회의감과 의심이 날 사로잡았습니다.

소냐는 이제 신체적인 면에서
까지 프랑크에게 혐오감을 느꼈지만, 그런 자신의 이상 증상에도
여전히 진지하게 대응하지 않는다. 소냐는 그저 참을 수 있는 수준
의 경고 신호로 받아들였고, 아직도 프랑크의 곁에 남아 있다.

수년째 소냐는 파괴적인 관계를 벗어나지 못한 채 자존감 하
락, 책임 전가, 심리적 폭행, 질투심이 동반된 공격을 넘어 때때로
신체적 협박까지 받았다. 이런 대우에는 그 흔적이 남는다. 소냐는
갈수록 나약해졌고 자기혐오에 사로잡혔으며 눈에 띌 정도로 자신
을 존중하지 않았다. 갈수록 늘어나는 자기에 대한 의심은 이 관계
에서 벗어나는 데 필요한 힘을 전부 앗아갔다. 그렇게 수년이 흐르
며 소냐는 프랑크가 공공연히 드러낸 비난을 수용하며 자신을 무
능하고 아무것도 할 수 없는 사람으로 치부해버렸다. 소냐는 자신
을 정신적 폐인으로 간주하며 더 이상 신뢰하지 않는다.

소냐는 겉으로 보이는 것보다 훨씬 더 큰 고통을 받았다. 그러
나 다행히도 소냐의 내면에서까지 저항하는 태도가 모조리 사라진
건 아니었다. 물론 그 방식의 대다수가 건설적이지 못했고, 프랑크
를 향한 공격적인 태도에서 비롯된 것이긴 해도 소냐의 마음은 계
속 손을 번쩍 들고 말할 기회를 요구했다. 이런 비참한 상황에서도

소냐가 완전히 포기하지 않도록 지탱하는 힘이 그 안에 있었다. 그 힘은 온몸으로 주어진 운명에 순응하기를 거부했다.

우리가 함께 살펴본 것처럼 소냐와 프랑크는 서로에게 물리적 폭력까지 마다하지 않는 파괴적인 관계를 이어갔다. 남자는 격렬한 증오의 말을 퍼붓고 주먹을 휘두르는 만행을 저지르다가 갑자기 용서해달라고 돌변해서 싹싹 빌더니 앞으로는 절대 이러지 않겠다는 약속을 하며 변덕을 부린다. 그러면 여자는 그에게 굴복한 채 그를 용서하며 믿어준다. 실망과 폭력 행사가 반복되는데도 여자는 그 남자에게서 벗어나지 못하고 계속 그를 용서하고 그에게 되돌아간다.

소냐는 프랑크의 행동을 제지하지 못했다. 한 번이라도 소냐가 뭔가를 시도하려는 낌새가 보이면 프랑크는 즉시 그 한 걸음마저 뒤로 물려야 할 정도로 격렬하게 반응했다. 그리고 이 과정에서 실행하지도 못할 위협으로 소냐를 협박했다.

소냐는 이런 공격에 자기를 제대로 보호할 힘을 갖추지 못했다. 그에게 적절한 태도와 행동을 요구할 자신감도 부족했다. 자신은 그런 걸 요구할 가치가 없는 사람인 것처럼, 지금까지 받은 약간의 애정과 관심마저도 감지덕지해야 하는 사람인 것처럼 행동했다. 지금까지 이런 사랑이라도 놓치지 않으려고 그런 고통을 감수한 그녀에게 이별이란 그 작은 조각마저도 포기해야 한다는 의미로 다가온다.

상담 치료를 제안하다

어느 날 저녁 난 프랑크에게 함께 커플 상담 치료를 받으러 가자고 제안했어요. 다른 사람의 의견을 듣고 싶었거든요. 프랑크 스스로 자신의 문제를 깨닫고 전문가의 도움을 받길 원했습니다. 하지만 프랑크는 그따위 상담 치료는 필요 없다고 단호하게 거절했어요. 상담 치료가 뭐 어떻다고 또 저렇게 난리일까요. 이때 생각했어요. 정작 도움이 필요한 건 이런 상황에서 두 손 놓고 낙관하기만 한 나일지도 모르겠다고요. 어쩌면 그게 정답일지도 모르죠. 분명 내게도 문제가 있었어요. 하지만 프랑크에 비하면 그리 심각한 수준은 아니지 않을까요? 어쨌든 프랑크는 상담 제안을 딱 잘라 거절했습니다. 그래서 난 혼자라도 상담을 받기로 했어요. 이 상황을 바라보는 전문가의 생각을 듣고 싶었습니다. 그래서 집 근처 커플심리 상담 클리닉에 서둘러 예약을 했어요. 갑자기 의욕이 불타올랐습니다. 프랑크에게는 상담 예약 사실을 알리지 않았어요. 어차피 알아봤자 과민 반응만 보일 테니까요.

함께 상담 치료를 받자는 제안을 들은 프랑크는 예상했던 것처럼 부정적인 반응을 보였지만 소냐의 반응도 같았다. 두 사람 모두 상대가 자신보다 병적이라고 치부하며 도움이 필요한 건 내가 아니라 상대라고 생각한다. 두 사람 모두 문제가 있지만 이들은 오직 상대의 문제만을 지적한다.

물론 폭력을 행사하고 공공연히 사람을 조종하기 위해 거짓말을 남발하는 프랑크의 문제가 더 크다. 일반적으로 사람들은 이런 유형의 사람을 비도덕적이라고 평가한다. 그렇기에 무시당할 만하다고 말한다. 그리고 그런 남성에게 고통받는 여성은 못된 짓을 당하는 가련하고 불쌍한 희생양이 되어버린다. 주로 이런 여성은 자신에게도 악의가 있거나 문제가 있다고 생각하지 않는다. 그러나 이런 흑백논리는 현실과 다르다. 두 사람 모두 이 파괴적인 관계에서 각자 맡은 역할이 있었고 두 사람 모두 뒤틀린 관계에 일조했기 때문이다. 여성이 스스로 남성의 곁에 남았다면 두 사람은 다를 바가 별로 없다.

앞선 사례에서 상담은 필요 없다고 칼같이 거절하는 프랑크는 자기도취가 유독 강한 나르시시스트다. 이런 경우 커플 상담 치료가 성사될 가능성은 희박하다. 일반적으로 이런 관계에 더 괴로워하는 건 주로 여성이다. 여성이 그 안에서 느끼는 괴로움은 극심하다. 그렇기에 괴로움을 덜어보고자 여성은 상담 치료를 받는 길을 선택한다. 때로는 관계를 개선하고 스스로 변해보려고 상담을 받기도 한다. 그 밖에 소냐처럼 전문가의 입장에서 남자의 만행을 입증하고, 그의 상태가 병적이라고 진단 내려주기를 바라는 마음으로 상담소를 찾기도 한다.

　상담 분위기는 편안했어요. 상담 장소는 부드러운 조명과 은은한 색채로 꾸며져 있었는데, 그래서인지 기분이 좋아졌습니다. 상담 선생님은 내게 무슨 일로 찾아왔냐고 친절하게 물었어요. 그래서 난 우리 관계를 간단히 설명했죠. 그날 오후, 태어나서 처음으로 나르시시즘이라는 표현을 접했습니다.

　선생님은 나와 프랑크가 나르시시즘에 빠진 관계를 맺고 있을 가능성이 크다고 했어요. 지금까지 내가 이 남자를 떠나지 못한 이유도 듣고 싶어 했고요. 이어 이 남자는 날 망가뜨릴 거라고 조언했습니다. 선생님과의 대화는 큰 도움이 됐고 이 관계에서 벗어나기 위한 첫걸음을 뗄 수 있는 계기가 됐습니다. 선생님은 내가 해결책을 찾을 수 있는 힘을 주고 격려해줬어요. 난 밑바닥까지 침몰하지 않으려면 이제는 벗어나야 할 때라는 걸 깨달았죠.

　집에 돌아오자마자 나르시시즘을 공부했습니다. 마침 프랑크가 집에 돌아오지 않은 상태였죠. 컴퓨터 앞에 미동도 없이 앉아 관련 내용을 읽고, 또 읽고, 또 읽었어요. 그리고 나와 프랑크 사이에 일어난 일들과 일치하는 내용을 보며 소름이 쫙 돋았습니다. 그리고 이런 나르시시스트들에게 당한 여성들이 정보를 교환하는 인터넷 커뮤니티도 발견했어요. 그곳에는 나르시시즘에 빠진 관계 양상과 이런 관계에서 어찌할 바를 몰라 힘들어한 여성들의 사례가 나열되어 있었어요. 카페에 글을 올린 여성들은 하나같이 제발 이 남자를 떠날 수 있게 도와달라고 애원했죠. 그런 글을 볼 때마다 깜짝 놀랐습니다.

나르시시즘에 빠진 남자와의 끔찍했던 관계를 청산하고 되돌아보니 그 관계는 정말 지옥 같았다. 인정하기 싫을 정도로 먼 길이었다는 걸 받아들이려면 우선 바닥으로 추락해야 한다. 그에게서 독립하고 싶은 마음이 생겼던 건 언제부터였을까? 그는 일종의 게임처럼 날 가지고 놀았고, 그는 내 영혼을 파괴했다. 그는 날 뻔뻔하게 속이고, 조종했다. 진정한 사랑이 무엇인지도 모르는 남자였다. 난 다시는 이런 나르시시스트와 그 어떤 관계도….[7]

이 글에 담긴 메시지가 내 시선을 붙들었고 조금씩 내가 꼭 알아야만 했던 것들을 깨닫기 시작했어요. 프랑크가 어떨 때 정신 나간 사람처럼 행동하는지, 왜 그렇게 행동한 건지, 어떻게 그렇게까지 할 수 있었던 건지, 그리고 난 그런 그를 왜 그냥 놔둔 건지에 관해서요. 이건 날 자유롭게 해방시켜줄 유일한 기회였어요.

난 나르시시즘에 대해 최대한 많은 걸 알고 싶었어요. 단지 프랑크와는 표출되는 방식이 달라서 그렇지 나 또한 나르시시즘에 빠져 있었거든요. 그 사실을 깨닫는 순간 희망이 보였고, 목표가 생겼습니다. 그를 떠나 자유로워지는 것이죠. 그때부터 그를 관찰하기 시작했어요. 무턱대고 반응할 게 아니라 우선 그의 행동을 분석하려고요. 그를 전부 파헤쳐 콧대를 꺾어버리고 싶었어요. 도리어 프랑크에게 영향력을 행사하고 그가 했던 일련의 행동을 똑같이 갚아주고 싶었습니다. 프랑크의 모습을 점점 다른 시각으로 바라보기 시작했어요. 그가 어떨 때 정신을 놓고 길길이 미쳐 날뛰는지 그리고 그의 약점이 무엇인지 발견했습니다. 그래서 어느 순간부터 프랑크가 갈구하던 걸 던져주기 시작했어요.

내 무기였죠. 그와 싸우지 않기로 결심했고, 그에게 다정하게 대했어요. 항상 그의 말이 옳다고 편을 들어주기도 했습니다. 이어 프랑크가 얼마나 멋진 남자인지 그리고 그런 그가 내게 얼마나 중요한 사람인지 입에 침이 마르도록 칭찬했어요. 그가 없으면 살 수 없을 정도라고 말했죠. 물론 프랑크가 내 말을 믿게 만드는 데 많은 힘을 쏟아야만 했지만 그건 처음부터 각오하고 있었어요. 그리고 결국 프랑크는 내 말을 믿게 되었죠.

그는 내 사랑 표현을 갈망했으며 이제야 내가 그를 제대로 이해했다고 믿었습니다. 이렇게 나도 그를 속일 수 있다는 걸 깨닫자, 힘이 솟고 자의식도 강해졌어요. 이 시기는 끔찍하긴 했지만 이렇게 연극을 하지 않았더라면 난 아마도 평생 그에게서 도망치지 못했을 거예요. 프랑크가 목표를 달성했다고 자축하고 있던 그때 난 느긋하게 뒤에서 다음 단계를 준비하고 있었죠. 어느새 난 그의 머리 꼭대기에 앉아 있었어요.

나르시시즘이라는 주제를 접
하면서 소냐는 이 관계에서 해방될 수 있는 길을 발견한다. 소냐는
그녀가 프랑크에게 단호히 선을 그으려 시도하면 할수록 프랑크가
더 격렬한 태도로 반응한다는 걸 깨닫는다. 그래서 프랑크의 방식
대로 그를 쳐내기로 결심한다. 소냐는 그를 온전히 받아들인 것처
럼 가장하며 그를 안심시킨다. 프랑크가 그녀에게 바라던 것, 즉 조
건 없는 사랑을 한없이 베푼다. 그가 갈구하는 애정과 관심을 열과
성의를 다해 보여주고, 그의 자존감을 드높이며 큰 싸움 없이 은밀
하게 이별을 준비한다. 비록 많은 에너지를 써야 했지만, 이는 예전
보다 훨씬 영리하게 타인을 통제하는 방식이다.

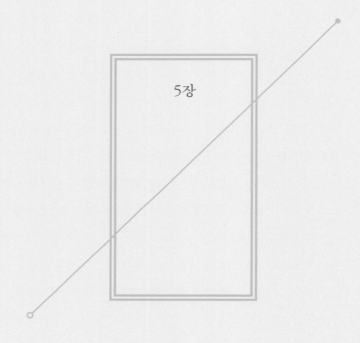

5장

나르시시즘
관계에서
탈출하기

소녀의 머릿속에 일어난 변화

난 최대한 평소처럼 행동하려고 노력했어요. 그러니까 지금까지 해온 대로 모든 것을 그에게 맞췄죠. 그가 원하는 대로 행동했습니다. 다시 섹스도 했어요. 심지어 조금씩 연기도 했습니다. 그를 향한 욕정은 이미 사라진 터라 프랑크와의 잠자리는 아무 감흥도 없었지만요. 놀랍게도 프랑크는 의심하지 않았어요.

'정말 내 연기를 알아채지 못한 건가? 아니면 알지만 인정하고 싶지 않았던 걸까?'

난 매일 그와 헤어질 궁리만 했어요. 그러던 어느 날 내 결심을 더욱더 확고하게 만든 일이 일어났습니다. 싸우고 고함치는 남자. 그런 그에게 소리 지르는 여자. 곧이어 다시 사과하는 남자. 그리고 그의 사과를 받아주는 여자. 또다시 반복되는 일이었죠.

이제는 이 과정을 자세하게 보지 않아도 이미 눈에 훤하다. 소냐의 사연을 읽으면서 당신은 무슨 생각이 드는가? 이렇게 반복되는 상황이 지루한가? 짜증이 나는가? 아무래도 상관이 없는가? 걱정되는가? 슬퍼 보이는가? 아마 당신은 '도대체 소냐는 왜 저 인간을 떠나지 않는 걸까?' 하고 생각할 것이다.

소냐도 같은 생각을 했다. 그렇지만 프랑크와 헤어지는 건 그리 쉽지 않았다. 소냐는 그에게 맞서 헤어질 용기를 얻기까지 매우 오랜 시간 고통 받아야만 했다. 어떤 사람은 소냐의 모습이 자신의 모습과 비슷해 소스라치게 놀랐을 수도 있다. 지금 당장은 충격적이겠지만 이제라도 깨달았다면 자유를 향해 한 걸음 내디딘 것이다. 어느 정도 거리를 두고 객관적인 시각으로 관찰하면 관계 안에서 바라볼 때와 사뭇 다르기 때문이다.

이후에는 모든 것이 또렷하게 보이고, 상황을 부정하기만 하는 태도도 줄어든다. 따라서 비록 고통스럽더라도 분명 당신에게 긍정적으로 작용한다. 더는 고통을 참지 못하고 나르시시즘에 빠진 관계에서 벗어나고자 할 때도 자신의 속마음을 제대로 보지 못하고 지나치는 경우가 많다.

프랑크의 친한 지인인 톰을 처음 보던 날 우리는 또다시 크게

싸웠어요. 예전부터 톰은 프랑크와 많은 걸 공유하던 사이였고, 여자 관계도 그중 하나였죠. 톰은 호감 가는 인상에 솔직하고 자주 웃었습니다. 그가 예전에 프랑크와 종종 들르던 클럽에 가고 싶어해서 우리는 함께 클럽에 갔어요. 그런데 갑자기 자제력을 상실한 프랑크 때문에 그날 밤은 파국으로 치달았습니다. 클럽에 들어설 때부터 프랑크의 행동은 이상했어요.

톰과 내게 스탠딩 바 근처에서 기다리라고 하며 자신이 자리를 찾아보겠다고 했어요. 우리가 따라오는 걸 한사코 거부했고, 몹시 날카로웠죠. 좀 이상하다고 생각했기에 프랑크에게 뭘 먼저 확인하려는 거냐며 다소 도발적인 태도로 물었습니다. 내가 말을 끝내기도 전에 프랑크는 화산처럼 폭발했어요. 눈빛과 표정이 일그러지더니 그 입 다물라며, 지금 자신을 모욕하는 거냐고 내게 고래고래 소리를 질렀습니다. 그러고는 뒤돌아서더니 고개를 절레절레 흔들며 우리 둘만 놔두고 사라졌어요.

톰은 프랑크의 이런 모습은 처음이라며 내게 자주 이렇게 행동하는지 물었습니다. 몇 분 뒤에 프랑크는 여전히 분을 삭이지 못하고 씩씩거리며 돌아왔어요. 그는 클럽에 사람이 너무 많아 다른 곳에 가야겠다고 말했죠.

'그래, 그럼 그렇지. 이래야 프랑크지.'

내키는 대로 내뱉고, 행동하고. 분위기는 뭐라 말하기 힘들 정도로 어색해졌어요. 곁에 서 있던 톰이 느낄 정도로 프랑크는 차가

워졌어요. 톰은 어떻게든 분위기를 살려보려고 프랑크에게 나와 춤을 추라고 제안했어요. 그러자 프랑크는 무대로 향했고, 마지못해 나도 그의 뒤를 따라 나갔죠. 그렇지만 그의 표정과 태도가 모든 걸 말하고 있었습니다. 심기가 불편하다는 걸 티 내는 거만한 눈빛. 진짜 그의 모습이었죠. 그 모습에 소름 끼쳤고, 모든 것이 불편하기만 했어요. 그래서 그를 무대에 둔 채 나와버렸습니다.

아아, 정말 도저히 참을 수 없었어요. 격분한 프랑크는 쫓아오며 고함을 질러댔죠. 모든 게 다 내 잘못이라면서요. 그렇지만 이번만큼은 톰이 같이 있었기 때문에 난 용기 내어 이런 어리석은 행동에 질려버렸고 지금 당장 돌아가겠다고 통보했습니다. 그러자 프랑크는 비열하게 웃으면서 집에는 어떻게 갈 거냐고 물었어요. 비용이 얼마가 들든 택시라도 잡아서 가겠다고 대답했습니다. 톰은 가운데서 이 상황을 풀어보려 노력하며 그러지 말고 뭘 좀 마시라고 권하면서 날 진정시키려 했어요. 하지만 상황은 조금도 나아지지 않았습니다.

프랑크는 매력적인 금발 여성에게 연락처를 물으면서 톰 핑계를 댔어요. 그 모습에 프랑크를 향한 증오와 경멸이 더 커졌습니다. 세상에 이런 머저리가 또 어디 있을까요. 지금까지는 막연히 그를 떠나고 싶다고 생각했지만 이번만큼은 정말 심사숙고 후에 내린 결정인지라 뒤도 돌아보지 않을 작정이었습니다.

클럽에서 있었던 사건은 소냐와 프랑크의 뒤틀린 관계를 고스란히 보여주는 사례다. 즐거운 저녁 시간을 보내려고 했던 지인과의 모임이 끝내 처참한 참사로 막을 내린다. 여기서는 프랑크의 질투심을 자극하는 소냐의 행동이 빈번하게 등장한다. 프랑크는 다른 클럽에 가자고 제안하지만 소냐가 그의 의견을 따르려 하지 않았다. 끔찍한 충돌이 예견되는 상황이다. 싸움을 피하지 못할 걸 잘 알면서도 소냐는 왜 그렇게 행동했을까? 어쩌면 프랑크의 친구 앞에서 그의 민낯을 폭로하고 싶었던 건 아닐까? 분노 조절을 제대로 하지 못해 폭주하는 모습을 말이다.

"그런데 갑자기 자제력을 상실한 프랑크 때문에 그날 밤은 파국으로 치달았습니다."

소냐는 당시 상황을 이렇게 회고한다. 그녀는 프랑크의 폭주를 부추긴 본인의 행동을 제대로 인지하지 못한다. 물론 프랑크의 행동은 부적절했고 유치했으며 용납하기 힘들다. 그러나 소냐는 상황이 이렇게까지 심각해지기 전에 다른 해결책을 제시할 수도 있었다. 그러면 강압적인 상황을 피하고 나쁜 경험을 한 번 더 겪지 않아도 된다.

그와의 마찰을 피하려고 나르시시즘에 대한 정보를 그렇게 열심히 파고들었음에도 소냐는 또다시 프랑크와 충돌했다. 새로 얼은 정보를 프랑크에게 적용하여 최대한 마찰을 피하겠다던 소냐의 야심 찬 계획은 힘없이 무너졌다. 프랑크와 소냐의 행동에서 우리는 시계추처럼 이별과 재결합 사이를 이리저리 오가는 관계를 떠올린다. 이들은 안정적이면서도 불안정한 관계다. 이런 관계에 놓인 사람은 대부분 누군가와 관계 맺기를 힘들어하지만 아이러니하게도 누군가가 옆에 없으면 살지 못한다. 그렇기에 두 사람 중 어느 누구도 부정적인 사고에서 벗어나지 못한다.

프랑크와 소냐는 심각한 분리 불안 증세가 있고, 기본적으로 타인에 대한 신뢰를 상실했기에 상대에게 매달린다. 이런 유형은 다른 사람보다 이별을 특히 힘들어한다. 또한 힘든 일이 생기면 누군가의 위로를 원하지만 그것으로는 치유되지 않는다. 이들의 행동은 매우 모순적이다. 친밀함을 갈구하고 비난받을 정도로 집착하지만 친밀함과 위로만으로는 결핍된 마음이 완전히 충족되지 않는다.[8]

프랑크가 표출하는 질투심은 불확실한 결합의 결과이기도 하지만, 근본적으로는 "내 곁에 있어, 그러지 않으면 난 추락할 거야."라는 메시지에 지나지 않는다. 그에게는 애정과 관심을 듬뿍 줄 상대가 필요하다. 만약, 자신이 사랑받을 만한 남자라는 걸 확인해줄 상대가 없다면 존재 가치를 잃어버린다. 공허한 내면을 안고 밑바닥까지 추락하는 것이다. 프랑크는 이런 상황을 미연에 방지하고자 물불을 가리지 않는다. 이런 유형의 남성은 몹시 위험하다.

부정적인 감정에 중독되다

　　나르시시즘에 빠진 남성과 연인 관계인 사람 중 대부분은 비관적인 감정에서 빠져나오지 못한다. 이런 사람들은 사랑에 고통이 따른다고 믿는다. 연인 관계를 지속하면서 마음에 상처를 입고, 상대에게 거부당하며 모멸감을 느끼고, 이별과 재결합을 반복하는 건 어쩔 수 없다고 생각한다. 심하게는 언어폭력이나 성폭력을 감내하는 경우도 있다. 어린 시절에 이런 비정상적인 관계를 경험한 적이 있다면, 성인이 되어서도 인간관계를 맺을 때 영향을 받는다. 그리고 이런 성향은 그 사람의 사고방식을 결정한다.

　　이런 사람은 사랑이 시작되면 이전까지 간절하게 원했지만 이루지 못했던 것들을 모두 연인과의 관계 속에서 충족하려고 한다. 그리고 이런 생각은 극심한 고통의 원인이 된다. 이들이 바라는 건 결코 충족될 수 없기 때문이다. 여기서 중요한 건 육체적으로 친밀한 것과 마음이 통하는 건 엄연히 다르다는 사실이다. 나르시시즘에 빠진 관계에서는 마음이 가까워지기 전에 육체적으로 친밀해지는 경우가 많다. 이런 관계에서는 감정에 휘둘려 상처 입을 가능성이 현저히 줄어들기 때문이다.

　　항상 변하지 않는 애정은 두 사람의 친밀도를 높이고 끈끈한 유대감을 만든다. 나르시시스트는 이런 변치 않는 감정에 겁먹는다. 감정적으로 지나치게 가까워지면 상처받을까 봐 두려운 마음이 슬며시 고개를 든다. 반면 육체적으로만 가까운 관계, 즉 모든게 충족되지 않은 불완전한 사랑은 나르시시스트에게 안전거리를확보해준다. 정서적으로 연결되지 않은 관계는 누군가와 진심으로관계를 형성하기 힘든 사람이 타인과 함께할 수 있도록 한다. 심리학에서는 장기간 지속하는 스트레스가 아드레날린과 코르티솔을만성적으로 과다 분비시키는지를 두고 열띤 토의가 진행 중이다.보통 오랜 기간 동안 스트레스를 받으면 외부의 위험에 곧바로 대처하기 위해 정신뿐만 아니라 신체 역시 긴장을 늦추지 않는다고한다.

나르시시즘 관계에서는 상대가 자주 분노를 터트리고, 모든일의 책임을 떠넘기며 협박하는 등 위협을 느끼는 일이 비일비재하다. 따라서 여성은 항상 경계 태세를 갖추고 다음 순간에 무슨일이 벌어질지 스스로 대비해야 한다. 그리고 그 과정에서 고도의스트레스가 발생한다. 나르시시즘 관계를 지속하는 여성이 비관적인 감정에서 빠져나오지 못하는 이유를 여기서 찾을 수 있다. 여성의 신체가 코르티솔과 아드레날린 수치를 일정하게 유지하기 위해무의식적으로 스트레스를 찾는 것이다. 스트레스 호르몬 수치가떨어지는 상황을 미연에 방지하려고 지속적인 자극을 쫓아다닌다.스트레스 받는 상황을 만들거나 성호르몬이 만드는 격정적인 환각 상태를 즐긴다. 소냐와 프랑크는 만족스러운 섹스에서 느끼는 격정적인 감정을 여러 번 경험했고, 불화로 비롯된 싸움도 지속적으로 반복했다. 즉, 두 사람은 배려를 바탕으로 한 관계가 아닌 섹스와 싸움으로 점철된 관계를 맺었다.

그날 밤 난 처음으로 섹스를 거부했습니다. 그에게 혐오감만 가득했고, 뭔가 숨 쉴 수 없을 정도로 꽉 죈 코르셋을 입은 것만 같았어요. 끔찍했던 그 날 밤이 지나갔다는 사실이 너무 기쁠 정도였죠. 하지만 톰이 손님방에서 자고 있었기 때문에 그 방으로 슬쩍 피할 수는 없었어요. 내 몸은 심장이 급격하게 뛰는 빈맥 증상과 비 오듯 흐르는 식은땀으로 거부 의사를 온몸으로 표현했어요. 더 이상 그의 곁에 있기 힘들었습니다. 프랑크가 한 짓은 솔직히 미친 짓이었으니까요. 생각만 해도 심장이 쿵쾅거렸습니다. 이런 상황이 이제 너무 싫었고, 처음부터 계획적으로 접근해 날 망가트린 저 남자에게서 하루빨리 벗어나야겠다는 생각만 가득했어요.

                                          장기간 지속하는 스트레스는 신체 질환의 원인이 된다. 소냐는 심장에 무리가 왔다. 심리학적 측면에서 보면 심장은 원래 감정, 사랑을 상징한다. 소냐는 오랜 기간 프랑크를 향한 사랑의 감정을 이어왔던 만큼 그럴 수도 있겠다. 그렇게 소냐의 심장은 상처 입고 찢어졌다. 그녀는 스트레스에서 비롯된 빈맥 증상을 겪고 더불어 식은땀도 흘린다. 소냐는 컨디션을 회복하기 위해서라도 섹스를 거부하고, 프랑크와 헤어져야겠다고 결심한다. 그러나 여전히 프랑크와 너무 밀접하게 생활하고 이별을 떠올리는 게 처음은 아니었던 터라 결심은 오래 지속하지 못했다. 문제는 소냐가 이 관계에서 벗어나지 못한다면 심적, 육체적 부담이 계속 이어진다는 사실이다. 그러면 심장의 고통은 점점 심해질 것이다.

그날 밤도 최악이었지만 그다음 날도 그리 산뜻하게 시작하지는 못했어요. 톰이 아침 식사를 끝낸 프랑크가 먼저 회사에 출근했다고 전하며, 프랑크는 전 연인과도 지금과 크게 다르지 않았다고 털어놓았어요. 그 얘기를 듣는 순간 마음이 덜컥 내려앉았습니다.

'그는 이런 식으로 얼마나 많은 여자를 괴롭힌 걸까? 내가 자기 인생에서 처음이자 유일한 사랑이라고 했는데!'

그제야 난 이런 이중생활이 그에게는 아무것도 아니라는 걸 깨달았어요. 그때 느낀 모욕감이란. 프랑크에게 말을 꺼내면 톰이 질투심에 불타서 아무렇게나 내뱉은 말이라고 모함할 게 분명했습니다. 그래서 난 그냥 내버려 뒀어요. 프랑크와 싸우고 싶지도 않았고 마음 편히 있고 싶었거든요. 그 순간 프랑크의 아내가 떠올랐습니다. 고민 끝에 그녀에게 편지를 썼어요. 그의 아내와 만나고 싶었고, 그녀가 이 상황을 어떻게 생각하는지 궁금했습니다. 그리고 프랑크와 함께한 생활이 어땠는지도 설명하고 싶었어요. 어쩌면 우리가 같은 배를 탄 동지일지도 모른다고 생각했습니다.

　프랑크의 아내를 끌어들이는 건 정당하지 못한 행동이었을까요? 그러나 어쨌든 이 편지는 그의 아내에게 전달하지 못했습니다. 프랑크가 먼저 발견하고 우편물을 개봉했거든요. 그리고 처절한 싸움을 했어요. 무슨 일이 일어날지 조금도 예측할 수 없었죠. 혹시 그도 내 아이들에게 내 행동을 깎아내리는 편지를 쓰는 건 아닐까 불안했어요. 프랑크는 내 콧대를 제대로 꺾어놓았습니다. 그리고 극도로 불안해진 난 그에게 넙죽 엎드렸죠. 승자가 없는 무의미한 싸움을 할 힘이 조금도 남아 있지 않았어요. 오직 프랑크에게서 탈출하는 일에만 온 정신을 집중하기로 했죠. 먼저 프랑크에게 내 경솔한 행동을 사과하고 그에게 용서를 구했습니다. 여전히 그를 사랑한다고 말하면서.

경멸하는 마음으로

인생의 방향을 수정하고 제대로 다시 시작하고 싶다는 의지가 그 어느 때보다 강했어요. 그를 향해 쓴 가면이 조금 부서졌지만 아무래도 상관없었습니다. 그나마 천만다행이었던 건 그런 내 상태를 프랑크가 눈치채지 못했다는 것이죠. 하늘이 내려준 기회가 분명했어요.

그렇지 않아도 이 집에서 머물렀던 시간이 너무 길었어요. 프랑크를 견디지 못한 요하네스는 한참 전에 집을 나갔고, 율리아가 찾아오는 일도 몹시 드물었습니다. 율리아는 프랑크와 만날 때마다 언성을 높이거나 기분 상하는 일이 반복되자, 그와 눈곱만큼도 얽히고 싶지 않아 했어요. 결국 나만을 위한 새 공간을 찾아야 했지요. 나만을 위한 공간은 생각만으로도 날 기분 좋게 했고, 프랑크와의 관계를 이 년이나 더 지속하며 버틸 힘이 되었죠. 헤어지는 과정은 그만큼 오래 걸렸습니다. 혹여나 계획에 차질이 생길까 봐 자식들에게도 내 마음을 털어놓지 않았어요. 이번만큼은 그의 방식대로 제대로 갚아줄 것이라고 거듭 다짐했습니다.

큰 감정 소모를 하지 않아도 침대에서 그럴듯한 분위기를 연출하는 내 모습을 보며 이따금 나도 내 안에 무엇이 숨어 있는지 믿기지 않을 정도였어요. 프랑크는 속고 있다는 생각은 꿈에도 하지 못한 채 평온했고, 확신에 차 있었습니다. 나는 모든 것이 괜찮은 것처럼 보이려 노력했어요. 그러던 어느 날 계획이 무산될 뻔한 사건이 터졌어요.

프랑크는 능력 부족을 핑계로 갑자기 날 해고했고 그렇게 한

"상처를 주고받는 관계에서 당신은 고도의 스트레스를 견뎌야 한다. 상대가 언제 위협을 가할지 모르기 때문이다."

순간에 수입이 사라져버렸습니다. 그가 뭔가 눈치챈 건 아니었을까요? 내 생활 자체를 망가트리려던 건 아니었을까요? 당장은 저축해놓은 돈이 있어서 괜찮았지만, 그것만으로는 오래 버티지 못할 것이 분명했습니다. 그렇습니다. 프랑크는 내가 온전히 그를 위해서 존재하기를 원했고, 집에서 그만 바라보며 기다리고 챙겨주기를 원했기에 절 해고한 것이죠.

프랑크와 완전히 헤어지기 전 소냐는 자신의 삶을 스스로 결정하기로 결심하는 데만 무려 이 년이라는 세월이 걸렸다. 이때까지 고수했던 프랑크를 향한 태도를 버린 건 신의 한 수였다.

이런 소냐의 변화는 무엇을 의미할까? 소냐는 굴욕감을 느끼고, 하대받으며, 거짓이 난무한 상황을 오 년 동안 겪고서야 이 남자가 꿈꾸던 왕자님이 아니라는 걸 깨닫는다. 오 년 동안 그와 함께하며 쌓은 멋진 추억도 있고, 애틋한 감정도 있다. 하지만 이제 그 어떤 것으로도 프랑크를 견디기에는 힘든 상황에 이르렀다. 그는 아무런 약속도 지키지 않았고, 이혼도 하지 않았다. 게다가 둘은 정서적으로 연결되지 않았고, 동일한 목표를 추구한 적도 없다.

두 사람은 끊임없이 싸우고, 질투하며, 언어폭력을 휘둘렀고, 이는 둘의 관계에 흔적을 남겼다. 소냐는 프랑크가 아무리 노력해도 사랑받고 있다고 느끼지 못한다. 프랑크는 다른 누군가가 있거나 소냐의 환심을 다시 사야 하는 상황일 때만 소냐를 위하는 척했다. 프랑크와 함께할 때면 항상 험상궂은 분위기였고, 질책당하며, 비난을 들었다. 그렇기에 소냐는 이 관계가 만족스럽지도 않을뿐더러 단 한 번도 옳은 방향으로 나아간 적이 없다는 걸 깨닫는다. 시간이 흐르면서 이 모든 것이 차츰 소냐의 심기를 불편하게 했다.

소냐는 프랑크를 진심으로 받아들이지 못했다. 그를 이상형으로 여기며 눈을 반짝이던 모습은 사라지고 경멸 어린 눈빛만 남았다. 이런 식으로 한번 멀어지기 시작하면 관계는 복구하기 힘들다. 결국 소냐가 꿈꾸던 프랑크와의 완벽한 관계는 이루어지지 않았고 경멸이라는 감정만 생긴 것이다.

그의 질투심 때문에 또 한 번 대판 싸웠습니다. 식당 앞에서 한 남성이 내게 매너 있게 문을 열어준 게 화근이었죠. 정말 안하무인이 따로 없네요. 그럼 그때 그는 뭘 했을까요? 그는 저녁 내내 한 여성에게 추파를 던졌어요. 항상 하던 짓거리를 내 눈앞에서 버젓이 하면서도 날 비난하는 모습을 보니 분노가 치밀었습니다. 내가 곁에 없을 때 그는 무슨 짓을 하고 다니는 걸까요?

난 매사를 불신하는 의심쟁이가 되어버렸고, 질투심의 노예로 전락해버렸습니다. 최근에는 이런 일도 있었어요. 평소에 그의 옷을 내가 세탁하곤 했는데 어느 날 단추 하나가 사라지고, 천이 조금 찢어진 셔츠를 발견했어요. 마치 누군가가 몸에서 성급하게 셔츠를 벗기려고 하다가 그렇게 된 것만 같았죠. 게다가 프랑크의 등에는 긁힌 자국도 있었습니다. 그는 가시나무 덤불에 긁혔다고 변명했지만 분노가 치밀었어요.

"이 나쁜…."

나는 욕설을 내뱉었어요. 그때 얼마 전 부엌에서 우연히 본 신문이 떠올랐습니다. 커플 매칭 광고가 실려 있는 면이 버젓이 펼쳐져 있었죠.

"핫한 여성이 열정적인 연애를 할 뜨거운 남자를 찾습니다."

그가 이 광고를 보고 연락한 건 아닐까요? 정말 그에게 딱 어울리는 문구였습니다. 더군다나 우리의 섹스는 예전만 못했거든요. 난 삼 일을 꾹 참다가 그의 면전에 쏘아붙였습니다. 프랑크는 차가운 시선으로 날 쏘아보며 내가 정말 제정신이 아니라고 소리 질렀고, 얼토당토않은 설명으로 내 추측을 얼버무리려고 했죠.

이 싸움은 프랑크가 날 부엌 벽에 몰아붙일 정도로 격렬해졌어요. 날카로운 칼끝으로 내 영혼을 후비는 것 같은 그의 시선이 너무나 두려웠어요. 프랑크는 그런 눈빛으로 쏘아볼 수 있는 차가운 사람이었습니다. 그때부터 그는 자기 빨랫감을 직접 세탁했어요. 내가 조금이라도 불편한 기색을 토로하려 하면 프랑크는 불같이 타올랐고 자제력을 상실했습니다. 더 이상 그와 이성적인 대화를 나누는 일은 불가능했어요.

한번 격분하고 나면 언제 그랬냐는 듯이 울고불고 난리 치다가 용서를 비는 과정이 반복됐어요. 내 건강은 점점 나빠졌습니다. 편두통과 위장장애가 생겼고, 밤에 도통 잠을 자기 어려웠죠. 혈액순환도 잘되지 않아서 종종 무기력해지곤 했어요. 몸이 제게 보내는 강한 경고였습니다.

파괴적인 관계를 지속하다

 신체에 이상 징후가 나타나는데도 소냐는 프랑크를 떠나지 못한 채 여전히 서로를 망가트리는 관계에 갇혀 있다. 이는 프랑크가 다른 여성과 뜨거운 밤을 보냈을 거란 생각에 질투심이 불타오르는 소냐의 태도에서 확인할 수 있다. 프랑크를 향한 마음을 정말 깨끗하게 접었다면 이미 출발한 열차에 뛰어오르듯 날뛰지 않고 좀 더 냉정하게 반응했을 것이다. 하지만 소냐는 그러지 못했다.

그녀는 극도로 흥분한 최악의 상황을 상상하며 배신당했다는 감정에 휩싸인다. 게다가 격렬한 싸움으로 번질 것을 뻔히 알면서도 프랑크에게 대놓고 따져 묻는다. 이 모든 것이 소냐가 이 관계에 여전히 묶여 있다는 증거다. 그렇다고 그의 행동을 아무렇지 않게 넘기는 게 프랑크에게서 벗어나는 방법은 아니다. 매 순간 정신을 똑바로 차리고 그의 행동을 정확하게 판단해야 한다. 하지만 소냐는 지금까지 했던 행동을 그대로 답습한다. 그녀는 질투심과 분노에 눈이 멀어 냉정한 태도를 취하지 못했다. 프랑크는 여전히 소냐가 갖고 싶을 정도로 탐나는 대상인 것이다.

정말 유감이지만 최대한 차분하고 여유롭게 행동하려 했던 애초의 계획은 실천하기 힘들었어요. 한번은 그가 없는 사이 집을 뛰쳐나가 호텔에서 하룻밤을 보낸 적도 있었습니다. 당신이 꼴 보기 싫어서 나간다는 메모 하나만 달랑 식탁 위에 던져놓았지요. 기분은 찜찜했지만 최소한 그날 밤만큼은 프랑크 없이 편히 잠들 수 있었어요. 물론 그다음 날 아침에는 좋든 싫든 다시 집으로 들어가야 했지만요.

다음 날 두려움에 쿵쾅거리는 심장을 가까스로 부여잡고 현관문을 열었습니다. 무슨 일이 벌어질지 몰라 조심스레 집 안으로 들어섰지요. 놀랍게도 부엌 식탁에는 꽃다발과 함께 하트가 그려진 카드가 놓여 있었어요.

"미안해. 내가 또 얼간이처럼 굴었나 봐. 제발 용서해줘. 난 아직도 당신을 사랑해. 그러니까 날 예전처럼 다시 사랑해줘. 어서 돌아와. 난 당신이 필요해. 그것도 정말 많이."

이런 말에 눈물 흘리며 감동하던 시절은 이미 지났습니다. 이 때는 어떻게든 상처를 덜 받으려는 생각만 했어요. 내게 공포를 가르쳐준 이 남자에게서 어떻게 하면 벗어날 수 있을까 고민하면서요. 그로부터 몇 시간 뒤 프랑크는 내게 선물을 사 오겠다는 문자를 보냈어요. 그의 연극이 또 시작된 것이죠. 그와 다시 싸우지 않아도 된다는 의미였기에 나쁘지만은 않았습니다. 프랑크는 초저녁에 집으로 돌아왔고 함께 저녁을 먹었어요. 프랑크는 내 진심이 뭔지 알고 싶어 했죠. 나는 진지하게 대답했어요.

"당신도 우리 사이가 이미 오래전부터 삐걱댄다는 걸 알고 있잖아요. 그러니까 어쩌면 이제 우리가 헤어져야 할 때가 온 걸지도 몰라요."

오오, 또 그 표정. 씰룩이는 턱관절, 애정이라고는 눈 씻고 찾아봐도 보이지 않는 두 눈. 하지만 그는 그 표정을 얼른 지우고 내게 사랑을 맹세하며 나 외에 다른 여자는 절대 없다고 말했어요. 자신이 바보같이 굴었다면서요. 다른 남자가 날 만진다는 생각만 해도 미칠 것 같다며 어린아이처럼 엉엉 울었습니다. 난 감정을 최대한 자제하며 그의 등을 토닥였어요. 마치 그를 용서라도 하는 것처럼요. 그를 품에 안고 머리를 쓰다듬었습니다. 마음의 문은 굳게 닫혀 있었지만, 상황이 더 심각해지는 걸 원하지 않았거든요. 그래서 그냥 입을 다물었어요.

이번에는 소녀도 사랑을 연거 푸 맹세하는 프랑크의 연기에 넘어가지 않는다. 눈물로 호소하는 속임수에도 속지 않는다. 항상 그랬던 것처럼 그를 위로하는 척하지만 예전과 달리 마음이 조금도 동요하지 않는다. 결별을 향해 나아가는 과정에서 소녀의 태도 변화는 매우 중요하다. 이런 상황에서 예전에 느끼지 못했던 감정을 느꼈다면 그건 주로 분노다.

이별을 암시한 대화는 예상대로 아무 소득 없이 끝났다. 나르시시즘에 빠진 상대는 끝난 관계를 쉽게 인정하지 못한다. 상대에게 매달린 시간이 무척 길었던 만큼 서로를 향한 분노, 증오, 폭력의 역사도 길다. 따라서 이들의 이별 과정은 매우 파괴적이며 품위라고는 눈 씻고 찾아보기 힘들다. 자제력을 잃고 미쳐 날뛰다가, 괴성을 지르며 눈물바다가 되었다가 또 어느새 사이가 좋아질 때까지 뭐든 하겠다고 약속한다. 프랑크는 이 모든 걸 한 번에 섞는 기술이 탁월했다. 그는 내심 그중 하나는 효과가 있을 거라는 기대를 숨긴 채 그 순간 최선을 다한다.

셔츠 사건 이후로 프랑크는 밑도 끝도 없이 날 불신하기 시작했어요. 그에게서 벗어나고 싶은 마음은 점점 간절해졌고, 계획을 서둘러야만 했죠. 하지만 실제 행동으로 옮기기 전까지는 프랑크를 진정시키고, 내가 지금까지 하던 대로 잘 지낼 거라는 믿음을 심어줘야 했습니다. 그래서 그의 회사에서 있었던 문제를 같이 의논해주기까지 했어요. 그렇게 며칠간은 그럭저럭 평온하게 흘러갔습니다. 하지만 그건 내가 한 걸음 뒤로 물러섰기 때문이었죠.

　　　　　　　　　소냐가 마침내 이해와 공감을 특별한 것으로 인지하기 시작한 모습이 매우 흥미롭다. 원래 이 두 가지는 남녀 관계에서 빠질 수 없는 요소다. 하지만 소냐와 프랑크의 관계에서는 이해와 공감을 찾을 수 없다. 연애 초기의 로맨틱한 감정이 사라지고 프랑크의 실체를 알게 되자 소냐는 그를 경멸하거나 질투심을 드러내고 때때로 복수심에 불타올랐다. 화가 나는 경우도 많았다. 프랑크 곁에 있고 싶어 하고, 그의 애정을 갈망하던 모습은 어느새 감쪽같이 사라졌다.

　언쟁을 최대한 피하려 했던 소냐는 태도를 바꿔 프랑크를 다정하게 대한다. 물론 마음에서 우러나온 행동이 아니라 철저하게 계산된 행동이었다. 지금까지 소냐는 프랑크에게 분노하고, 고함을 지르는 등 격렬한 공격성을 가감 없이 드러내며 그를 자극했다. 하지만 이제 소냐는 태도를 바꿔 프랑크를 이해하는 모습을 연출한다. 나르시시스트를 대하는 똑똑한 방법이다. 이러한 공감과 감정이입 능력은 건강한 만남에서는 불가결 조건이지만 상처로 가득한 나르시시즘 관계에서는 그저 상대에 대처하는 전략에 불과하다.

상담 치료를 함께 받다

난 프랑크에게 우리는 도움이 필요하다고 말하며 함께 커플 상담 치료를 받아보자고 다시 제안했어요. 이번에는 놀랍게도 그가 제안을 수락했습니다. 프랑크는 날 잃지 않기 위해서 뭐든 하겠다고 덧붙였어요. 이건 또 무슨 술수일까요? 나를 진정시키려고 이해심이 많은 척하는 걸까요? 이제 그의 말은 단 한마디도 믿을 수 없었습니다.

프랑크는 놀랍게도 내가 예전에 방문한 적이 있었던 클리닉을 선택했어요. 그가 예전에 저를 한 번 상담한 적 있는 선생님을 선택한 건 좋은 신호였어요. 그리고 정말 운 좋게도 시간이 맞아 곧바로 예약할 수 있었어요.

프랑크는 우리에게 닥친 문제가 자기 탓이 아니라고 생각했어요. 내 시각이 삐뚤어졌기 때문이라고 했죠. 그래서 이 기회에 자기 말이 맞았다는 것을 증명하고 싶었던 겁니다.

첫 상담 시간에 선생님은 우리에게 각자 사십오 분씩 자기 입장을 정리해서 들려주면 된다고 설명했습니다. 그 시간만큼은 절대로 상대의 말에 끼어들지 말고 듣기만 해야 한다고 단단히 주의를 줬죠. 현 상황에 문제가 많다고 생각하는 사람이 나였기에 내가 먼저 시작하기로 했습니다. 본격적인 상담에 앞서 선생님은 솔직하게 터놓고 말하지 않으면 상담은 아무 소용 없다고 다시 한번 신신당부했어요. 그렇지만 프랑크의 눈에는 의심이 가득했습니다. 어쩌면 약간의 두려움이었을지도 모르겠네요. 자신이 손 쓸 수 없는 일이 일어날까 봐 두려워했던 거예요.

나는 우리 관계가 어떻게 시작됐는지 말했습니다. 그리고 그가 나를 달래며 했던 수많은 약속을 모두 지키지 않은 것도요. 또 프랑크가 하는 특정 행동 때문에 두렵고, 날 이용하는 것만 같은 기분에 온몸에 힘이 빠져버린다고 덧붙였습니다. 하지만 난 이야기의 끝에 그가 자신의 잘못을 깨닫고 태도를 바꾼다면 한 번 더 기회를 줄 마음이 있다고 여지를 남겼어요. 새로운 출발을 원했지만 지금은 이 남자와 함께해야 했기에 거짓말을 한 것이죠.

프랑크는 아무 말도 하지 못하고 가만히 듣고 있어야 하는 상황을 견디기 힘들어했습니다. 내가 말하는 중에도 계속 끼어들려 했지만 선생님은 단호한 태도로 제지했어요. 난 그 상황이 몹시 흡족했어요. 그는 가만히 앉아 있지 못하고 계속 의자에서 일어났다 앉기를 반복했습니다. 이 상황이 조금도 마음에 들지 않는 것이겠죠. 선생님은 그런 그의 모습을 유심히 관찰했습니다.

나르시시스트에게 연인이 모두 말할 때까지 개입하지 못하도록 조치한 건 고문이나 다름없다. 소냐가 말하는 내용 중 상당 부분이 자신을 향한 비방이자 공격이라고 느끼기 때문이다. 이럴 때 항의조차 하지 못하는 건 자신에게 너무 불공평하다! 하지만 선생님은 상담을 시작하기 전 프랑크에게 자신은 누구의 편도 아니라고 분명하게 밝혔다. 그녀가 프랑크를 제지한 건 단순히 소냐의 순서였기 때문이니까.

소냐는 거짓 약속에 현혹되어 이 관계를 시작했다고 비난했다. 소냐는 이 관계를 원하고 선택한 것이 자신이 아니라고 피해자인 척했다. 하지만 정복욕과 욕망에 사로잡혀 이 길을 선택한 것은 분명 소냐였다.

소냐는 싸움에서 느끼는 두려움을 토로하고 이제는 더 이상 견디기 힘들다고 털어놓는다. 이 말 자체가 프랑크를 안절부절못하게 만드는 심한 비난이다. 이제 곧 지켜보겠지만 프랑크의 차례가 되었을 때 그는 이 상황을 단번에 역전시켜버린다. 게다가 소냐에게는 실제로 이 관계를 되살릴 권한이 없다.

겉으로는 프랑크에게 기회를 줄 것처럼 연기하지만 마음으로는 이미 헤어질 작정을 하고 솔직하게 행동하지 않기 때문에 이 상담 치료는 일종의 광대극에 불과하다. 단순히 상담 선생님이 프랑크에게 그의 잘못을 말해주는 것이 소냐가 상담을 받는 목적이다. 진심을 바탕으로 하지 않는 상담 치료는 아무 도움 안 되는 헛수고에 불과하다.

내게 주어진 사십오 분이 끝나고 프랑크의 차례가 돌아왔어요. 그의 얘기를 들으며 내가 어떤 멍청이에게 걸려든 것인지 처절하게 깨달았습니다. 처음부터 프랑크는 할 말이 많아 보였어요. 우리 문제를 풀어놓는 대신 지금까지 그가 이뤄낸 것을 얘기했죠. 이를테면 그가 소유한 근사한 집 이야기나 회사에서 성공한 이야기를요. 그가 얼마나 멋진 사람인지 그리고 그런 그를 만난 것 자체가 얼마나 큰 행운인지를 알려주려는 의도였죠. 상담 선생님은 어느 정도 얘기를 듣고 있다가 이따금 눈썹을 추켜세우더니 얘기를 중단시켰습니다.

선생님은 프랑크에게 내 얘기를 제대로 들었는지 되물었어요. 내가 느끼는 기분이 어떠한지, 그리고 우리가 이곳을 방문한 목적을 정확히 인지하고 있는지 확인했습니다. 소유한 자산 혹은 그가 살아온 방식을 말하려고 온 게 아니라, 위기에 빠진 관계를 개선하기 위해 여기 온 것이 아니냐고 질문했죠. 선생님은 진심을 들려달라고 부탁했습니다. 그리고 이어지는 어처구니없는 그의 태도에 하마터면 앉아 있던 의자에서 떨어질 뻔했어요.

프랑크는 내 아이들이 버릇없다고 욕하며, 자신이 내 아이들과 사이가 좋지 않다고 털어놓았습니다. 게다가 내가 지나치게 딸아이와 자주 통화하는데, 그럴 때면 자기만 남이 된 것 같은 기분이 든다고 불평했어요. 한번은 그가 집을 비웠을 때 딸아이가 우리 침대에서 잔 적마저 있다며 분통을 터트렸습니다. 어떻게 엄마와 딸이 한 침대에서 자냐며, 그것도 그 침대는 자기 침대라고 강조했어요. 그때 난 '그게 당신 침대야?'라고 따져 묻고 싶었죠. 침실에 있는 가구는 전부 내가 샀으니까요. 하지만 선생님은 끼어들지 말고 진정하라는 손짓을 했습니다.

우리가 무엇을 위해 이곳을 방문했는지는 그에게 조금도 중요하지 않았어요. 그는 비열하게 내 아이들을 욕했고, 내 머릿속에는 '이런 개자식!' 같은 말만 떠올랐어요. 그는 우리가 처한 문제를 해결하는 데는 조금도 관심이 없었어요. 그저 마지막에 내가 멋진 여성이고 요리도 엄청나게 잘한다는 칭찬 한마디만 내뱉었죠. 그리고 내가 가장 값진 보물이며 날 절대로 잃고 싶지 않다고 했어요. 상담 선생님은 나를 지긋이 바라봤습니다. 난 그 눈빛에서 몇 가지를 깨달았죠. 상담 선생님은 우리가 말한 내용을 분석해줬어요.

프랑크에게는 지금 뭔가 매우 잘못됐다며 나를 향한 그의 행동이 올바른지 진지하게 고민해봐야 한다고 단호하게 말했어요. 파트너가 받는 고통에 대해 조금도 생각하지 않느냐고 물었죠. 이어 그의 사랑이 진심이냐고도 물었습니다. 프랑크는 그냥 선생님이 자기만 나무란다고 받아들이는 것 같았어요. 내게는 전반적으로 남성과의 관계에 문제가 있다고 했어요. 우리 둘 다 근본적인 치료가 필요하다고 말했죠. 나 역시 올바르게 행동하지 않을 때가 많았거든요. 그의 심한 행동을 묵인했고 비 오는 날 그를 밖에 그대로 방치하기도 했습니다. 맞아요. 그 말은 전부 옳았어요. 그에게 담을 쌓고 우리 사이에서 갑은 나라는 것을 인지시켜주고 싶었죠.

처음에는 다시 무릎 꿇고 돌아오는 그의 모습을 보며 어느 정도 만족감을 느꼈던 것도 사실입니다.

'그래, 넌 나 없이는 안 돼.'

이런 치기 어린 생각으로 말이죠. 이어 선생님은 일관되지 못한 태도도 지적했어요. 내 생각을 끝까지 고수하지 못하고 항상 포기하는 태도. 가장 쉬운 길만 가려는 모습. 그래요, 그것도 맞는 말이었어요. 나 또한 나를 바꾸려는 노력이 필요했고, 이제는 진짜 그러고 싶었습니다. 더 이상 프랑크와 얽히고 싶지 않았어요. 나 자신을 위한 변화, 그것만 생각했습니다. 저런 이상한 남자만 만난다는 낙인을 이마에서 지우고 싶었어요.

마지막으로 선생님은 근본적으로 많은 것을 바꾸려면 두 사람 모두 함께 노력해야 한다고 말했습니다. 그러고는 다음 상담을 권했어요. 난 곧바로 그럴 의사가 있다며 적극적으로 반응했어요. 어차피 프랑크는 터무니없는 소리라고 생각할 테지만요. 그리고 다른 건 다 참아도 아이들을 걸고넘어지는 건 도저히 용납할 수 없었기에 집으로 돌아오는 길은 또다시 전쟁터가 됐습니다.

솔직히 프랑크가 커플 상담 치료에 참석한 것은 이례적인 사건이다. 남성의 대다수가 아내를 혼자 상담 치료에 보낸다. 그렇지만 자세히 살펴보면, 프랑크도 다른 남성과 크게 다르지 않다. 프랑크는 상담을 함께 받기는 했지만 소냐가 하는 말을 제대로 듣지 않았다. 게다가 문제를 해결하려는 의지가 없었기에 그 자리에 없는 것이나 마찬가지다. 이런 프랑크 가 소냐의 모습을 제대로 보고 함께 공감할 수 있을까?

프랑크는 소냐가 처한 상황을 제대로 직시하려는 마음이 없 다. 괴로움을 함께 나눌 생각도 없다. 다만, 어떻게든 이 상황을 모 면하려고 온 힘을 다한다. 그래서 발언 기회가 주어졌을 때 지금까 지 이룬 성공을 과시하며 상담사에게 좋은 이미지를 연출하는 데 만 급급했다. 프랑크에게는 이렇게 하는 것이 소냐의 비난과 질책 에 대응하는 최고의 방어다. 그런 뒤 프랑크는 소냐를 비난하고 소 냐의 자식들을 공격한다. 이런 행동이 소냐에게 깊은 상처가 될 수 있다는 걸 물론 잘 알고 있다. 소냐와 프랑크가 커플 상담을 통해 이루려던 목적은 각자 달랐다. 소냐는 두 사람의 관계와 전혀 상관 없는 제삼자가 프랑크에게 잘못된 점을 지적하며 소냐를 보호해주 기를 원했다. 반면 프랑크는 이 기회를 통해 자신의 결백을 입증하 고 지금까지 잘못한 건 전부 소냐라고 책임을 전가할 생각이었다.

이들이 바라는 건 상담사가 내 편을 들어 상대를 공격하는 것 이다. 상담에서 그런 상황은 있을 수 없다. 그런 방식으로는 상담 자체가 불가능하다. 상담은 두 사람이 서로 소통할 수 있는 길을 찾고 지금까지 하지 못했던 새로운 형태의 의사소통을 돕는 일이 다. 그래야만 두 사람은 지금까지 파괴적이기만 했던 행동 양식을 극복하고 새로운 방식으로 서로를 대하며 함께 잘 지낼 수 있는 법을 터득할 수 있다.

따라서 누가 옳고 그른지를 따져 상담사를 자기편으로 끌어들이려 하는 모든 행동은 무의미하다. 소냐는 프랑크에 대항하는 데 도움이 될 거라는 판단 아래 자꾸 상담사를 자신의 편으로 끌어들이려고 애쓴다. 지금까지 받아보지 못한 여성의 연대 의식 및 지지를 동경하고 갈망하는 것이다. 소냐는 자립하기 위해 힘을 보태줄 동반자를 찾아야만 했다. 원래 커플 심리 치료는 두 사람의 관계를 다루지만 소냐와 프랑크의 경우 상담 내내 두 사람의 얘기는 조금도 등장하지 않는다. 이런 심리 상담은 두 사람의 관계를 개선하는 데 도움이 되지 못하지만, 대신 좋은 이별을 준비하는 데 도움을 준다.

상담이 끝나고 어김없이 사건이 터졌다. 상담 시간에 상대가 말한 내용을 비난하고 공격하는 언쟁이 시작된 것이다. 이런 일은 커플 혹은 가족 상담 후에 종종 벌어지곤 한다. 사실 이런 행동은 무의미할 뿐만 아니라 상담을 위해 함께한 시간도 헛되게 만든다. 상담 시간에 들었던 내용으로 분노할 수는 있어도, 누구도 상대를 비난할 자격은 없다. 분노와 짜증은 상담사가 두 사람의 입장을 보완해줄 수 있는 상담 시간에 터트렸어야 한다. 상담이 끝난 후 화를 낸다면 다시는 속 얘기를 털어놓지 않을 것이다. 또한 프랑크처럼 절대 상담에 참여하지 않겠다는 비뚤어진 결심으로 이어진다.

따라서 상담 시간에 들은 내용은 그곳에서 끝내야 한다. 첫 상담부터 분노하게 만드는 얘기를 들었다 하더라도 말이다. 상대가 상담한 내용을 계속 따지고 드는 건 아닌가 하고 걱정이 되면 솔직히 털어놓지 못한다. 게다가 상담 내내 거짓말을 하거나, 침묵하고, 상대의 이야기가 사실이 아니라고 거부하는 태도로 이어진다.

영혼의 살인마

집에 도착한 뒤 싸움이 끝났어요. 할 말은 많았지만 나도 입을 다물었죠. 마음속은 여전히 부글부글 끓고 있었어요. 분명 프랑크도 그랬겠죠. 집 안에는 팽팽한 긴장감이 가득했어요. 갑자기 프랑크는 자기가 희생양이라며 모든 것이 엉망진창이라고 했어요. 처절했던 어린 시절 얘기도 꺼냈고, 느닷없이 내가 자기를 위해 시간을 내지 않는다고도 비난했어요. 이어 프랑크는 지금까지 내게 최대한 다정하게 대했고 날 위해 모든 걸 다 했다고 말했습니다. 난 그냥 그가 떠드는 대로 놔뒀어요. 프랑크가 하는 말은 단 한마디도 내게 와 닿지 않았어요.

내가 그냥 방을 나가버리자 프랑크는 바닥에 컵을 집어던지며 내 뒤를 쫓아왔습니다. 그는 내 팔을 붙잡고 옴짝달싹하지 못하게 움켜쥐더니 무섭게 노려봤습니다. 그러고는 날 거실로 끌고 가서 거칠게 키스하며 소파에 쓰러트렸죠. 그가 날 강간한 거예요. 다 끝난 뒤 그는 날 어루만지며 진정시키려 했어요. 지금 너무 좋았다며 너도 분명 원했을 거라고 했습니다. 그가 혐오스러웠어요. 그날 밤 난 손님방에 누워 괴로움에 밤새워 뒤척였습니다. 그가 가까운 곳에 있다는 것만으로 심장이 까맣게 타들어 갔어요.

방금 소녀가 묘사한 상황은 연인 관계는 물론 혼인 관계에서도 법적 처벌을 받을 수 있는 명백한 폭행이다. 그런데도 소녀는 그 상황을 받아들이고 견디는 걸 선택한다. 왜 그랬을까? 이에 대해 소녀는 이렇게 답했다.

"프랑크가 거칠게 행동하며 강한 힘으로 끌어당겼어요. 그는 섹스를 하면 모든 게 전부 괜찮아질 거라고 확신하는 듯했죠. 나는 괜히 그를 자극하고 싶지 않았어요."

솔직히 평소 프랑크에게 비난을 서슴지 않던 소녀가 이런 상황에서 반항하지 않는다는 것 자체가 몹시 놀랍다. 소녀는 정말로 강력히 저항해야 할 때 침묵했다. 소녀가 자신을 보호하고 효율적으로 방어하는 법을 제대로 배우지 못했음을 알 수 있다. 이럴 때를 대비해 호신술을 배우면 여러 방어 기술을 습득할 수 있고, 더

불어 자기가 가진 힘도 가늠해볼 수 있다.

폭력은 그 어떤 핑계로도 용납될 수 없다. 육체적 폭력뿐만 아니라 정신적 폭력도 마찬가지다. 그 무엇으로도 정당화할 수 없기에 참고 견뎌야 할 이유가 전혀 없다. 그런데도 상담을 하다 보면 성폭행 위기에 사지가 굳어버리는 여성들의 모습을 자주 마주한다. 이들은 그런 상황에 부닥치면 공격적으로 반항하는 대신 돌처럼 굳어버리고 아무 말도 하지 못한 채 성폭행을 당한다. 물론 이런 참사가 일어나는 건 신체적으로 남성이 여성보다 우위에 있기 때문이다. 도저히 어떻게 해볼 도리가 없는 것이다. 반항하고 공격하면 남성의 폭력성을 더 자극하게 될까 봐 두려운 것이다. 혹은 예전에 있었던 폭력이 트라우마로 남아 그와 유사한 위험에 처하면 온몸이 굳어버리는 경우도 있다. 예전에 겪었던 끔찍한 상황이 반복되는 것처럼 느낀 여성은 공황 상태에 빠진다.

그날 난 집을 알아봐야겠다고 결심했어요. 프랑크가 몰래 엿볼 가능성이 있기 때문에 집에 있는 컴퓨터로 검색하기는 싫었습니다. 지인의 컴퓨터를 사용하여 세 곳에 방문 약속을 잡았어요. 그밖에 일간지의 구인 광고를 살피며 일자리가 있는지도 살폈습니다. 마침 프랑크가 집을 비운 터라 시간은 충분했어요.

몇 군데 이력서를 제출했지만 거절 통보만 돌아왔습니다. 나이가 들면 들수록 재취업의 문턱은 높아졌어요. 그렇지만 나도 새 직장에 원하는 요구사항이 많지 않았고, 프랑크에게서 벗어나기 위해 모든 걸 수용할 준비가 되어 있었습니다. 일자리가 없으면 새 집으로 이사도 못 하니까요.

시간이 어느 정도 흐르고 드디어 희망이 보이는 구인 광고를 발견했어요. 한 메이크업 스튜디오에서 직원을 구하고 있었습니다. 면접 시간이 잡혔고 최선을 다해 면접에 임했어요. 면접에 참석한 사장은 나와 또래로 보였어요. 몹시 교양 있고 세련된 여성이었습니다. 그녀는 내가 자신의 팀에 잘 어울릴 것 같다며 토요일에 실전 테스트 근무를 제안했어요. 너무 기뻤지만 프랑크에게 어떻게 얘기해야 할지 몰라 막막했습니다.

프랑크는 주로 주말에 집에 있었고, 특히 이번 주말에는 잔디를 깎고 미뤄둔 정원 일을 해야겠다고 강조했던 터였죠. 내가 몰래 일자리를 구하고 다녔다는 걸 알면 분노하겠지만 이미 주사위는 던져졌습니다. 난 프랑크에게 주말에 함부르크에 사는 딸아이를 만나러 가겠다고 말했어요. 그는 불만 가득한 표정으로 아무 대꾸도 하지 않았습니다. 딱 봐도 '주말에 나 혼자 일을 하라는 거야? 게다가 식사는 도대체 언제, 어디서 해결하라는 말이야?'라는 표정이었죠.

뜸을 들이던 프랑크는 자기도 함께 가겠다고 말했습니다. 하지만 난 딸과 단둘이 있고 싶다는 이유를 대며 거절했어요. 웬일로 프랑크는 바로 화를 내지 않았어요. 그러나 언급했던 토요일이 다가을수록 프랑크가 어떻게 돌변할지 몰라 계속 불안했어요. 그럼에도 난 강행했고 결국 취업에 성공했죠. 일을 시작하기 전에 작은 문제는 있었어요. 사장은 직원 한 명이 육아휴직에 들어가는 삼 개월 뒤부터 일을 시작하기를 원했습니다. 그래서 난 사장에게 지금 함께 사는 연인과 헤어지기 위해서 은밀하게 집을 구하고 있는 사정을 솔직히 털어놓았습니다.

다행히 사장은 이 상황을 이해했고 비상시에는 출근 날짜를 조정하기로 합의했어요. 정말 다행이었죠. 그리고 다행히도 세 번째로 둘러본 집이 조건도 좋고 마음에 들었습니다. 복층 구조인 소형 아파트였는데, 아들이 가끔 들러 자고 가도 될 정도였죠. 마침내 프랑크에게서 벗어날 수 있는 여건이 갖춰졌어요. 마음속에 있던 큰 돌덩이가 떨어져 나간 기분이었습니다. 하지만 이후에 내게 무슨 일이 생길지 알았더라면 난 그곳에 머물지 않았을 겁니다.

차근차근 준비하는 탈출 계획

 모든 과정은 은밀하게 진행되어야만 한다. 그렇지 않으면 프랑크가 소냐를 다시 자신에게 옭아

매려 할 것이기 때문이다. 그러니 신중하고 조심스럽게 이별을 준비한 소냐의 자세는 매우 현명하다. 독립으로 향하는 모든 단계가 언제라도 프랑크에 의해 제지당할 수 있는 상황에서는 더더욱 그렇다.

프랑크는 그녀가 자신과의 관계에서 벗어나려고 할 때마다 무슨 일을 꾸몄다. 비열하게도 임대계약을 방해한 적도 있다. 이번에도 당할 순 없기에 소냐는 신중하게 진행해야만 했다. 친한 지인의 도움을 받을 수도 있겠지만 그러려면 입이 무거운 사람을 선택해야 한다. 개인 컴퓨터에 흔적이 남지 않도록 피시방을 활용하는 방법도 있다.

결별을 준비하는 상황에서 취업에 성공한 건 천군만마를 얻은 것과 같다. 게다가 소냐는 사장이 이해심이 많은 사람이라는 인상을 받았다. 이는 그녀에게 무척 중요한 부분이다. 소냐와 같은 상황에 처한 사람이라면 이 점에 주목해야 한다. 가능하다면 여성에게 지원을 요청하라!

드디어 임대차계약서에 서명했고 나만의 공간이 생겼어요. 희망의 불빛이 넘실거렸죠. 그렇지만 프랑크에게 언젠가 말해야 한다고 생각할 때마다 두렵고 불안했습니다. 지금까지는 프랑크와 함께 생활하는 걸 그럭저럭 견뎌내고 있었어요. 그는 신나서 휴가 계획까지 세우고 있었죠. 프랑크는 나와 함께 그리스로 가려 했습니다. 그가 원하는 대로 하게 놔뒀어요.

그사이 난 포장이사 업체도 선정했어요. 혼자서 가구까지 옮기기에는 무리였거든요. 이 기간에 프랑크와 싸우지 않은 건 아니었어요. 하지만 싸울 때마다 항상 다른 주제로 말을 돌려 그를 진정시키려 노력했고 어느 정도 효과도 있었어요.

프랑크와 계속 섹스를 나눴고 그를 만족시키려고 애쓰며 그 시간을 견뎠습니다. 아무 감정도 남아 있지 않았지만, 그것만이 그의 기분을 맞춰줄 수 있는 유일한 방법이었거든요. 어쩔 수 없었어요. 물론 내 몸은 그를 거부했습니다. 섹스할 때마다 통증을 느꼈고, 산부인과도 찾아가야 했어요. 하지만 그런 것도 전부 감수했습니다.

섹스 후 몸에 이상이 생긴 건 이미 오래전부터였죠. 산부인과 전문의는 내게 혹시 파트너와 맞지 않는 알레르기 반응이 있는 건 아닌지 물은 적도 있었습니다. 그때는 그냥 웃고 말았지만 지금 생각해보면 이미 그때부터 몸이 프랑크를 거부했던 것 같아요. 그런 몸 상태인데도 난 그와 섹스했어요. 때로는 내가 원하기도 했죠. 섹스 횟수를 늘려 부족한 사랑을 채워보려 했습니다. 지금은 나 자신에 대해 많은 걸 깨달았지만 그때는 나만 이렇게 사는 건 아니라고 믿고 있었어요.

싫은 내색을 하지 않다

소냐는 프랑크에게 불쾌한 내색을 조금도 드러내지 않았다. 또 다른 싸움으로 번지는 위험을 피하고 그를 자극하지 않으려고 애썼다. 프랑크에게 믿음을 주려고 일부러 순종적인 태도를 취하기도 했다. 서로 싸우며 나쁜 감정이 쌓일수록 그의 폭력성이 더 심해질 것이기 때문에 이것은 영리한 전략이다. 언쟁하고 뭔가를 해명하려고 시도할 때마다 프랑크의 내면에는 굴욕감이 피어올랐을 것이다. 시간이 지날수록 그런 감정을 수용할 여력이 남지 않았기에 프랑크도 자꾸 방어적인 태도를 취한다.

사소한 비난에도 모욕감을 느끼는 사람은 쉽게 폭력을 행사할 가능성이 높다. 그렇기에 소냐는 자신을 보호하기 위해 절대적으로 그에게 순응한다. 소냐는 끝까지 은밀하게 결별을 준비해야 한다. 이런 상황을 장기간 지속하는 건 고난과 긴장의 연속이었지만 마침내 이 끔찍한 관계에서 벗어날 수 있다는 희망이 그녀의 의지를 강하게 만들었다.

문제는 프랑크와의 섹스다. 전문가의 관점에서 보면 그 상황에서 소냐는 자신을 좀 더 챙겨야 했다. 특히 건강에 적신호가 나타나고 있는 상황이었으니 건강을 핑계로 그를 거부해야 했다. 하지만 소냐는 그를 원하지 않으면서도, 그의 기분을 맞춰주기 위해 섹스를 계속해서 허락한다. 이는 소냐가 자신을 두 번이나 벌한 셈이다. 먹어도 계속 배고픈 음식에 손을 대는 것처럼 소냐는 마음도 몸도 모두 망가진다. 오직 소냐의 몸만이 솔직한 반응을 보인다.

난 내 옷가지를 포장 박스에 담아 잘 쓰지 않는 수납장 안에 몰래 쌓아뒀어요. 그곳은 프랑크가 절대 살펴보지 않을 거라고 확신했거든요. 시간은 계속 흘렀고, 프랑크에게 떠나겠다는 말을 전해야 하는 결전의 날이 다가왔습니다. 내 말을 들은 프랑크는 처음에 미소를 지었지만 결국 폭발했어요. 자신을 떠나겠다는 말이 진심이냐고 물었습니다.

맞아요. 내가 원하는 게 바로 그거였어요. 그 뒤로 프랑크는 완전히 미친 사람처럼 날뛰었죠. 프랑크는 식탁 위의 장식을 쓸어내 버리고, 손에 잡히는 물건마다 집어 던지며 괴성을 지르고 욕했어요. 그러다가 내가 다시는 어디에서도 자기 같은 사람을 만나지 못할거라고 했어요. 그런데도 내가 이 관계를 망가트릴 자신이 있다면 어디 한번 해보라고 했죠. 그리고 날 절대 잊지 못하게 해주겠다며 문을 쿵 닫고는 사라져버렸어요.

'그래, 그게 당신다운 모습이야.'

난 이 싸움이 더 길어질 거라 예측했는데 그가 이렇게 나가버리자 마음이 한결 가벼워졌어요. 앞으로 남은 몇 주 동안 이 집에서 혼자 지내야 하는 것도 아무렇지 않았죠. 오히려 마음 편히 있을 수 있어 좋았습니다. 하지만 이건 앞으로 몰아칠 폭풍 전의 고요에 불과했어요.

프랑크는 며칠 동안 연락 두절 상태였어요. 내 인생에서 프랑크만 뽑혀 나간 것만 같았죠. 중요한 물품이 사라졌다는 걸 발견하지 않았더라면 끝까지 아무 신경도 쓰지 않았을 거예요. 그런데 얼마 안 가 앨범 꾸러미가 사라진 걸 알아챘어요. 그중에는 내 유년 시절 사진이 들어 있는 앨범도 있었고, 내 아이들의 성장 앨범도 있었습니다.

정말 하늘이 무너지는 것 같았어요. 그만큼 괴로웠죠. 프랑크는 그런 식으로 내게 상처 주려 한 거예요. '당신이 날 절대 잊지 못하게 해주겠어.'라는 그의 말이 무슨 뜻인지 뒤늦게 깨달았습니다. 사람이 어떻게 이렇게까지 추하고 비열할 수 있을까요? 난 털썩 주저앉아 흐느꼈어요. 프랑크가 앨범을 가져가면서 내 추억이 뭉텅이로 사라져버렸어요. 그때 난 그가 죽을 만큼 미웠습니다.

난 참지 못하고 냉큼 프랑크에게 전화를 걸어, 있는 힘껏 고함을 질렀어요. 프랑크는 자신이 가져가지 않았다면서 오리발을 내밀었죠. 그가 아니라면 누가 그 낡은 물건을 가져갔을까요? 프랑크는 내가 물건을 잃어버린 거라는 말만 반복했습니다. 그러고는 자신이 사준 장신구를 돌려달라고 말했죠. 이런 뻔뻔한 놈.

그는 수년간 끝도 없이 날 이용했고 그 과정에서 난 가진 돈을 전부 썼어요. 그런 내게 자신이 사준 장신구를 전부 돌려달라니 기가 막혔어요. 그렇지만 그가 선물한 반지와 목걸이를 미련 없이 되돌려줬습니다. 이제 아무 의미 없는 물건이었으니까요. 그중 일부는 내게 묻지도 않고 프랑크가 챙겨가기도 했습니다.

정말 대단한 사람이라고 생각은 했지만, 그의 행동은 모든 예상을 뛰어넘었어요. 나도 그냥 두고 볼 수만은 없었기에 그때부터 방문을 모두 걸어 잠그고 열쇠를 숨겼습니다. 그리고 더 확실히 하기 위해 집에 남은 사진과 앨범은 지인의 창고에 보관했어요. 도움을 준 친구가 지금까지도 고맙네요.

피할 수 없는 협박

지금까지 소냐는 모든 걸 철저하게 준비하며 은밀하게 떠날 계획을 세웠지만 그런데도 프랑크는 소냐를 상처 입힐 약점을 발견한다. 프랑크는 단순하게 협박하는 것에서 그치지 않고 실행에 옮겼다. 대체 불가능한 소냐의 사적인 물건들을 훔치며 그녀가 자신을 절대로 잊지 못하게 만들었다. 그가 시도한 폭력 중 가장 비열한 방식이 아닐 수 없다. 사진은 인생의 매 순간을 기념하는 추억이고, 아이들의 사진은 누구에게나 특별하다. 누구에게나 이런 물건은 무엇과도 바꿀 수 없을 정도로 소중하며 그것이 지닌 가치는 환산할 수 없다. 프랑크는 이 점을 노렸다.

그는 소냐가 얼마나 괴로워할지 알고 일을 저질렀다. 그리고 소냐의 반응은 그의 생각이 옳았음을 뚜렷하게 입증한다. 이제 프랑크는 자신을 향한 모든 의혹을 부정하며 소냐가 내면에 차오른 분노로 이성을 잃기만을 기다린다. 말하자면 프랑크는 소냐가 분노로 발을 동동 구르게 만들고 그 모습을 지켜보며 쾌감에 젖어 있었다. 악마가 따로 없다.

나르시시즘에 빠진 남성은 상대 여성이 이별을 원하는 것을 극도로 두려워한다. 따라서 사전에 그런 일을 방지하기 위해 위협과 협박을 일삼는다. 프랑크는 소냐가 자신만큼 그녀를 사랑하고, 섹스와 애정을 퍼부을 사람을 영원히 만나지 못할 거라고 협박한다. 상황에 따라 이런 유형의 남성은 여성에게 주로 금전적인 제재를 가하거나 커리어를 망가트리겠다고 협박하기도 한다. 심지어 명예를 훼손하겠다고 위협하기도 한다.

"두고 봐, 내가 당신을 정말 끝장낼 테니까!"

이런 협박은 실제로 많은 여성을 두렵게 하고 얼어붙게 만들므로 그 남성을 떠나지 못하게 막는 기능이 있다. 협박 내용이 실제로 이루어지지 않더라도 그 위력은 대단하다. 이런 계략에 휘말

려버리면 여성은 더 이상 헤어질 엄두도 내지 못하고 전부 다 운명인 것처럼 포기한다. 경우에 따라 그런 망상에 사로잡힌 여성은 스스로를 의심하고 깎아내리며 비난한다.

그렇지만 소냐는 이번에도 끄떡하지 않았다. 지금까지 프랑크가 반복하던 거짓말과 변명, 시커먼 속셈을 너무 잘 알기에 그에게 완전히 질려버린 것이다. 물론 홀로서기에 대한 두려움은 여전했지만 이 남자에게 이별을 고하려는 소냐의 열정과 의지는 점점 강렬해진다.

다행히도 직장과 집을 미리 마련해놓은 덕에 새 출발 하는 데 부족함이 없는 환경이 만들어졌다. 아직 심리적으로 완전히 프랑크에게서 벗어나지 못했지만, 안정적인 생활비와 머무를 집이 있다는 것만으로 이제 자기 인생을 스스로 감당할 힘도, 자신도 생겼다. 이런 감정은 그와 결별하는 데 큰 도움이 된다.

서둘러 변호사 사무실을 방문했어요. 내 사적인 물건마저 훔친 프랑크를 가만히 두고 볼 수만은 없었죠. 사정을 들은 변호사는 참 안타까운 상황이지만 프랑크가 물건을 훔쳐 갔다고 입증할 방법이 없다고 말했어요. 절도 명목으로 그를 고소할 수는 있지만, 프랑크가 명예훼손죄로 맞고소를 할 수도 있다고 했죠. 이런 상황에 난 더 화가 났어요. 그런 내 기분을 알아챘는지 변호사가 좋은 방식으로 풀어 가면 어떻겠냐고 제안했습니다.

맙소사, 그 순간 나도 모르게 버럭 소리를 지를 뻔했습니다. 프랑크는 선한 방식이 조금도 먹히지 않는 인간이니까요. 실망감만 가득 안은 채 변호사 사무실을 나왔어요. 돌아오는 길에 변호사의 말을 다시 진지하게 고민해봤습니다. 잘 생각해보니 호의적인 태도로 그와 만나서 약간의 기대를 심어주고 물건을 돌려받는 방법도 꽤 괜찮아 보였어요.

다음 날 이른 아침에 초인종이 울렸어요. 프랑크였습니다. 그는 고고한 자세로 내 물건에 절대 손대지 않았다고 단언했어요. 그러더니 물건을 찾는 걸 도와주겠다며 집으로 들어섰습니다. 그러고는 눈물을 뚝뚝 흘리며 질척거리는 연극을 또 시작했죠. 도대체 저 사람은 어떻게 저렇게까지 할 수 있을까요? 그는 당장이라도 고속도로 다리 한복판에서 뛰어내릴 것처럼 굴었어요. 아아, 저 화상. 그 모습을 보며 난 끓어오르는 분노를 삭이지 못하고 소리쳤어요.

"그럼, 말만 하지 말고 지금 당장 가서 뛰어내려! 그러면 속이 다 시원해지겠네."

프랑크는 내 말을 받아치며 화를 내기는커녕 엉엉 울기만 했습니다. 이번에는 진짜로 눈물을 흘렸고, 심하게 흐느끼기까지 했어요. 하지만 내 안에는 일말의 연민도 없었어요. 오히려 화만 더 날 뿐이었죠. 프랑크는 내가 예전처럼 그를 안아주기를 기대했겠지만 난 그러지 않았어요. 그는 흐느껴 울던 눈으로 나를 쳐다보더니 어안이 벙벙해져 아무 말도 하지 못했어요. 그 순간 난 문득 변

"사소한 비난에도 모욕감을 느끼는 사람은 쉽게 폭력을 행사할 가능성이 높다. 만약, 그 사람과의 관계를 끊기로 했다면 깔끔한 결별을 위해 은밀하게 준비해야 한다."

호사의 말이 떠올랐어요. 화를 잠시 억누르고 최대한 차분한 목소리로 말했죠. 이 상황을 누그러트리기 위한 조치였습니다. 부드러운 목소리로 내가 이사 가는 건 우리에게 꼭 필요한 일이라고, 잠시 떨어져 모든 걸 다시 한번 진지하게 고민할 시간이 필요하다고 차분히 설명했어요. 최대한 그에게 희망을 심어주려 노력했습니다. 그리고 그런 내 노력은 효과가 있었어요. 프랑크의 기분이 다소 풀리고 눈빛이 빛나기 시작했습니다.

'그래, 나도 이렇게 연기할 수 있잖아.'

그때부터 내 호의에 매달려야 하는 건 프랑크였습니다. 난 그에게서, 이 집에서 멀리 떠날 것이고 그의 영향권에서 벗어날 거니까요. 앞으로 직접 문을 열고 닫으며, 그 문으로 들어오고 나갈 사람도 결정하기로 했죠. 생각만 해도 기분이 흐뭇했습니다.

새로운 힘

소냐는 이제 법적 조치까지 고려한다. 그리고 법적인 조치로 프랑크에게 물건을 돌려받을 수는 없지만 다른 방식을 권하는 변호사 덕분에 새로운 가능성을 확인한다. 변호사는 프랑크를 분노가 아닌 선한 방식으로 대하라고 말한다. 분노만 표출하던 방법에서 벗어나 방향을 전환하라는 의미다. 선한 방식을 제안하는 변호사의 말에 아예 다른 방식을 염두에 두고 있었던 소냐는 좌절한다. 선한 방식은 관용과 자비를 바탕으로 이뤄져야 하기 때문이다. 하지만 곧 단호하기만 하던 소냐가 다른 태도로 프랑크를 대하기 시작한다.

친절한 태도와 나르시시즘은 반대 개념이다. 나르시시스트는 타인에게 친절과 호의를 요구하지만 타인에게 그것을 베풀 생각은 조금도 하지 않는다. 소냐는 내키지 않았지만 프랑크와의 관계에서 유리한 입지를 차지하기 위해 용기를 낸다. 그러면 프랑크에게 매달리고, 애정을 갈구하던 입장에서 벗어나 그가 자신의 호의에 의존하게 만들 수도 있다. 그 이면에는 복수심도 똬리를 틀고 있었지만 어쨌든 그와 거리를 두고 목표를 이루는 데 도움이 될 게 분명했다. 이제 소냐는 자살하겠다며 협박하는 프랑크의 모습에도 죄책감을 느끼지 않았으며 오히려 이성을 되찾는다.

프랑크는 세상에서 제일 끔찍한 협박으로 소냐가 자신의 죽음에 책임감을 느끼게 하려고 시도했다. 어떠한 상황에서도 절대로 일어나면 안 될 일이다. 그럼에도 누군가 자살을 시도한다면 곧바로 경찰을 부르고 그의 삶을 보호하는 차원에서 꼭 정신과 상담을 받게 해야 한다. 하지만 소냐가 그에게 돌아올지도 모른다는 희망에 생기가 돌아온 프랑크의 경우는 여기에 해당되지 않는다.

이 집에서 보내는 마지막 날. 이날을 얼마나 기다려 왔던가요. 난 결국 해냈습니다. 그러나 아직 뭔가 찜찜했어요. 이사는 아무 문제 없이 진행됐고 포장이사 업체의 차가 출발하자마자 주변을 한번 둘러봤어요. 마음이 한결 편해지는 기분이었습니다. 마지막으로 청소하는 일이 남아 있었지만 청소가 끝나면 정말 끝이었어요. 이날 저녁에는 자축하는 의미로 작은 샴페인 한 병도 샀습니다. 주변의 고요까지도 음미했어요. 마침내 나 혼자가 됐어요. 밤이 되자 난 다람쥐처럼 웅크려 잠을 잤어요. 이사한 뒤 불면증도 신기하게 단번에 사라졌습니다. 몸이 회복하기 시작한 것이죠.

 새집에서 소냐가 느끼는 감정은 지금까지 많은 여성을 통해 들어 익히 알고 있다. 드디어 혼자가 된 느낌. 모든 걸 스스로 결정하며 하고 싶은 걸 원하는 대로 할 수 있을 것 같은 자신감. 그리고 평온함! 언쟁도 없고, 공격도 없고, 상처도 없고, 상대를 깎아내리는 폄하도 없는 나만의 공간. 더 이상 자신을 방어하려 전전긍긍하지 않고, 그를 공격하지 않고, 그저 가만히 있어도 되는 나만의 공간. 얼마나 근사한가.

그리고 며칠 동안 프랑크와 살던 집을 구석구석 청소했어요.

프랑크가 남은 짐을 정리하기 위해 방문하기로 했거든요. 그를 보자 기분이 이상했습니다. 난 어떻게 이런 남자와 사랑에 빠졌던 걸까요? 마침내 끝이 났어요. 예전에 내가 구매했던 고가의 전자제품은 반품이 가능했습니다.

그는 집요하게 작은 것 하나까지 계산하며 정산하려 했지만 굳이 따지고 싶지 않았어요. 그냥 빨리 이곳을 벗어나고 싶었죠. 다만 차고가 잠겨 있어 미처 정리하지 못한 물건이 있었습니다. 프랑크는 지금 열쇠가 없다며 다음에 가지러 오라고 했습니다. 아니면, 그가 새로 이사하는 집에 보내줄 수도 있다고 했어요. 프랑크는 내가 어디로 이사하는지 알고 싶은 것이죠. 난 그를 꿰뚫고 있었기에 아무런 대꾸도 하지 않고 자리를 떠났어요. 어쨌든 그날도 프랑크는 내 하루를 망쳐놓았어요. 더러운 자식. 난 최대한 빨리 이 관계에서 벗어나야 했습니다.

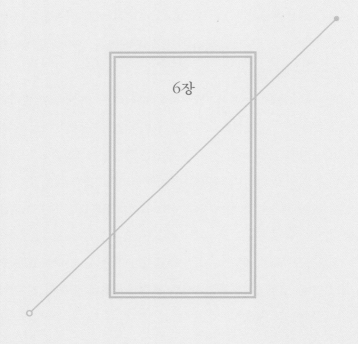

6장

진정한
자유를 향해

벗어났다고 끝이 아니다

◇◇◇◇◇◇◇◇◇◇◇◇◇◇◇◇◇◇◇◇◇◇◇◇◇◇◇◇◇◇◇◇◇◇◇

어떻게 난 프랑크가 이 상황을 그대로 납득할 거라고 생각했을까요? 그건 정말 정신 나간 생각이었어요. 내가 간절하게 바랐던 평온한 삶은 오지 않았습니다. 새집으로 이사한 후 한동안은 매우 흡족한 생활을 했어요. 마냥 편안했죠. 게다가 새로운 직장도 다니기 시작했죠. 처음에는 모든 게 아름다웠습니다.

프랑크에 대한 마음속 분노까지 전부 사라진 건 아니었지만 나 자신이 더 중요했으니까요. 혼자 있는 시간이 늘어나고 나를 위해 온전히 시간을 쓰니까 자의식이 강해지면서 떠올리고 싶지 않은 부분들까지 직시할 수 있었어요. 난 꿈에서 깨지 않으려고 환상을 키웠고 나 자신을 기만했죠. 절대로 이룰 수 없는 목표를 향해 맹목적으로 돌진했어요. 이제는 절대로 그런 일을 반복하고 싶지 않았습니다. 진정한 자유를 원했죠. 연애는 생각만 해도 신물이 날 정도였어요. 더 이상 남자와는 조금도 얽히고 싶지 않았습니다. 프랑크, 헤르베르트, 아버지 모두 내게 상처를 줬죠. 또다시 상처 받느니 차라리 평생 혼자 사는 게 좋겠다고 생각했어요.

소녀는 자신에게 솔직해진다. 자신이 이상적으로 꿈꾸는 목적을 위해 많은 걸 잊으려 했다는 걸 인정한다. 하지만 이것만으로는 충분하지 않다. 이미 이런 반성은 여러 번 있었고 그런데도 매번 똑같은 실수를 반복했다. 자신을 기만하는 태도는 실수를 깨달았다고 해서 저절로 사라지지 않는다. 절대 그런 남자에게 빠지지 않을 거라는 다짐이나 누군가를 만나는 일은 이제 없을 거란 맹세도 나르시시스트와의 만남을 막을 수는 없다. 그 말들이 확신처럼 들릴 수도 있지만 이는 신중한 결심보다는 스스로 외는 주문에 가깝다.

다시는 나르시시스트와 얽히지 않으려면 우선 자신을 신중하게 들여다보고 매번 그런 남자를 선택하는 근본적인 이유부터 찾아야 한다.

시간이 지나, 전문 심리 상담을 다시 받아야겠다고 결심했지만 예약을 하려고 보니 한참을 기다려야 했어요. 또 상담 치료를 하려면 많은 시간이 필요했죠. 더군다나 이런 치료가 내게 적절한 방법인지도 확신하지 못했습니다.

소냐는 상담을 받으려면 많은 시간이 걸린다는 이유로 차일피일 치료를 미룬다. 그녀는 빠른 해법을 원한다면서 프랑크와의 관계를 어떻게 칠 년이나 끌어안고 있을 수 있었을까? 소냐는 정말 상담 받을 시간이 없었던 걸까? 아니면 여전히 분노에 휩싸여 프랑크에 대한 경멸과 복수심에 사로잡혀 있는 걸까?

소냐가 프랑크에게 느끼는 경멸은 사랑만큼 강력하며 때로는 사랑보다 더 큰 힘을 발휘하기도 한다. 소냐처럼 피해자-가해자 양식에 사로잡힌 사람은 상대를 쉽게 놓지 못한다. 오히려 상대를 죽은 사람 취급하며 경멸하고 자신만의 창고 속에 꼭꼭 숨겨놓는다. 하지만 이는 제대로 된 이별이 아니다. 그와 관련된 모든 사건과 사물을 생각하는 순간 상처받은 옛 기억이 고스란히 떠오르기 때문이다. 이는 첫 만남 때 입었던 치마, 프랑크가 타고 다니던 차 브랜드, 함께했던 추억일 수도 있다. 모든 것들이 상대에 대한 고통과 분노를 상기시키고 그때의 감정을 불러일으킨다.

'그는 왜 이 모든 걸 망가트렸을까? 나는 왜 그를 망가트리지 못했지? 이렇게 불공평할 수가!'

갈등을 해결하거나 상대와 헤어지기 위해서 상담 치료가 필요하기도 하지만, 자기 자신을 이해하고 내면에 꼬인 문제를 풀어야 할 때도 상담 치료는 큰 도움이 된다. 모든 책임을 상대의 잘못으로 떠넘기고, 비난하고, 속단하는 건 아주 쉽다. 그러나 두 사람의 관계가 이렇게 파국으로 치달을 때까지 본인은 무엇을 했는가? 서로 만족하는 관계를 이끌어가려면 어떻게 변해야 할까? 그리고 지금까지 그것을 훼방하는 요소는 무엇이었는가? 치료를 받는다면 이런 질문에 하나하나 답해보는 시간을 갖는다. 이는 단순히 상대의 잘못을 입증하거나 자책하라는 말이 아니다.

이런 질문은 상대를 함부로 대하고 상처 주는 남성에게만 매력을 느끼는 나의 숨겨진 성향을 확인하게 한다. 경우에 따라 어린 시절 입은 상처를 마주하는 기회가 되기도 한다. 이런 과정을 통해 파괴적인 관계 방식에 대해 깨닫고 변화를 도모해야만 충만한 애정 관계로 향하는 길이 열린다.

옛 연인과의 관계에서 생긴 트라우마를 극복하면 주체성이 회복되어 관계 형성 능력이 생긴다. 그 힘으로 서로를 파괴하는 관계에서 벗어나고, 스스로를 망가트리는 본인 성향과 영원한 작별을 고할 수 있다. 이렇게 먼저 마음의 평화를 찾은 뒤에야 소냐는 비로소 모든 걸 놓고 프랑크를 떠나보낼 수 있다.

이런 심리 치료는 내적 성찰을 도와 묵은 상처를 치료하는 데 목적이 있다. 무엇보다 피해의식에서 벗어나는 데 도움이 된다. 또한 행동이 부적절한 사람에게 선을 긋고 자신을 방어하며 더 빨리 헤어지는 것이 유익하다는 걸 깨닫게 해준다. 상대 남성과 있었던 일을 객관적으로 볼 수 있게 해주는 한편 자기 자신과 인생에 대한 책임감도 배운다. 결국 화해로 마무리하려면 두 사람 모두 자신이 상대에게 저지른 만행을 똑바로 직시해야 한다. 이런 맥락에서 소냐는 아직 마음의 준비가 덜 되었다. 여전히 소냐는 견디려고만 했고, 그렇게 자신의 삶에 프랑크를 그대로 뒀다.

휴대폰 번호를 바꾸지 않았기 때문에 프랑크는 내게 계속 문자를 보냈어요. 그가 나를 얼마나 그리워하는지, 그리고 지금 얼마나 괴로운지 강조하는 내용이었죠. 내 꿈을 꾸는 날이면 잠도 제대로 잘 수 없다고 했습니다. 모두 뻔한 얘기였죠. 예전부터 꾸준히 쓴 방법이 이번에도 통할 거라 생각하는 걸까요?

프랑크는 끈질기게 전화를 걸었고 내가 두고 온 짐을 가져다주겠다고 했어요. 그리고 이게 내 최종 결론이냐는 질문을 했습니다. 프랑크는 아직도 자신이 이 지구상에서 가장 근사한 놈인 것처럼 굴며 그 어떤 여자도 자기 없이는 못 산다고 확신했어요. 그런 그의 태도에 또 격분하고 말았습니다.

분노는 약점이 되어

 두 사람은 아직 변한 게 하나
도 없다. 프랑크는 자신만의 쇼를 계속 이어갔고, 소냐는 그런 그에
게 여전히 반응한다. 예전만큼 절망적인 감정은 아니었지만 여하
튼 분노했다. 그러나 앞서 말한 것처럼 분노도 두 사람을 이어주는
감정이다.

휴대폰 번호를 바꾸면 프랑크의 연락을 차단할 수 있지만, 소
냐는 번호를 바꾸지 않는다. 시도 때도 없이 문자와 전화를 하는
프랑크를 그저 관망할 뿐이다. 이것은 소냐가 여전히 프랑크에게
서 완전히 벗어나지 못했다는 증거다. 이별의 원동력이 된 분노라
는 감정을 더 끓어오르게 하려고 일부러 프랑크의 연락을 내버려
두는 건 아닌지 의심될 정도다.

프랑크가 이런 행동을 할 때마다 소냐는 항상 그에게 돌아왔
다. 이번에도 그럴 거라는 확신을 하고 프랑크는 계속 추태를 부린
다. 다시 말해 프랑크는 항상 하던 방법으로 다시 소냐를 돌아오도
록 만드는 것이다.

그렇기에 프랑크에게 이 관계가 정말 끝났다는 걸 인지시키려
면 그가 소냐의 삶에 개입할 그 어떤 여지도 주지 말고 단호하게
모든 연락을 끊어야 한다. 그가 여전히 소냐를 그리워하더라도 오

해의 여지가 없도록 단호하게 그와 아무 사이가 아니라는 걸 밝혀야 한다. 즉, 소냐는 정확히 선을 긋고 다시 뒤틀린 관계에 빠질 만한 구실을 제공하지 말아야 한다. 그렇지만 소냐의 태도는 이와 정반대였다.

그에게 전화를 걸어 내 물건을 가져오라고 했어요. 거리가 그리 먼 곳도 아니었고, 내가 알려주지 않아도 언젠가 그가 알아낼 거라 생각해서 그냥 집 주소를 알려줬습니다. 이사한 집은 그와 함께 살던 집에서 삼십 분 거리에 있는 곳이었어요.

 소냐는 프랑크에게 집 주소를 알려준다. 소냐 스스로 프랑크에게 주소를 알려주는 것과 프랑크가 뒷조사해 집 주소를 알아내는 것은 엄연히 다르다. 소냐는 알려주지 않아도 언젠가 그가 주소를 알아낼 거라고 생각했다. 하지만 정말 그가 그렇게까지 할까? 집 주소를 알려준 소냐의 행동은 마치 그에게 새로운 관계를 제안하는 것처럼 보인다. 자발적으로 그에게 현관문을 열어준 셈이다.

프랑크에게 그런 제안을 하면서 수화기 너머 그가 짓고 있을 표정을 상상했어요. 그는 당장 다음 날이라도 들르겠다고 했습니다. 그날 밤 마음은 몹시 심란했고 머릿속에 내일에 대한 생각들로 가득 찼습니다. 진심으로 그가 찾아오기를 바란 건 아니었어요. 어쨌든 밝은 대낮이어야만 했기 때문에 다음 날 오후로 약속을 잡아둔 터였죠. 프랑크는 정확히 제시간에 현관 앞에 있었어요. 찜찜한 기분으로 문을 열어줬고 그는 씩 웃는 얼굴로 날 반겼습니다. 저거만한 표정이라니. 얼굴을 보자마자 분노가 치밀었어요. 프랑크는 아무 일도 없었던 것처럼 행동했습니다. 난 그와 조금도 얽히고 싶지 않았지만 그를 집으로 들였죠.

소냐가 프랑크를 집에 들인 건 정말 심각한 실수다. 그녀는 어떻게 해서든 그가 집에 들어오지 못하도록 막았어야 한다. 그를 집에 들임으로써 소냐는 프랑크의 영향이 미치지 못했던 새집을 훼손한 것이다. 그것이 어떤 의미가 될지 이때 소냐는 전혀 예상하지 못했다. 그리고 프랑크는 이 기회를 기꺼이 활용한다. 소냐는 아무런 의미도 두지 않고 프랑크를 집 안으로 들였을지 모르지만, 프랑크는 소냐의 행동을 이렇게 해석한다.

'이것 봐, 그녀는 여전히 날 원해.'

그리고 이 해석은 그의 유혹 기술이 효과를 발휘할 때까지 그를 한껏 부추기는 원동력이 된다.

244

난 그의 얼굴을 보며 마음속으로 외쳤어요.

'제발 이제 내 인생에서 사라져버려.'

그저 물건만 받고 싶었죠. 그렇지만 프랑크는 오는 길에 일이 있었다며 물건을 아예 가져오지도 않았어요. 정말 고약한 심보죠. 이번만큼은 몹시 화가 났습니다. 도대체 이 남자는 날 얼마나 물로 보는 걸까요? 난 전혀 상냥하지 않은 냉정한 말투로 당장 돌아가라고 요구했어요. 그는 아무 불평 없이 내 말을 따랐습니다.

그가 사라진 뒤에도 속은 부글부글 끓어올랐고, 심장은 미친 듯이 요동쳤어요. 젠장, 그가 원한 게 바로 이런 거겠죠. 하지만 난 이런 감정을 추스르지 못했습니다. 얼마 후 프랑크는 문자로 사과했고, 나와 얘기를 나누고 싶다며 시간을 다시 잡자고 부탁했어요. 날 마음대로 휘두르려는 그 시커먼 속내를 드러낸 것이죠. 난 그가 끔찍이도 미웠습니다.

악순환의 늪

이 장면에서도 소냐의 내면에 공존하는 상반된 두 감정이 고스란히 드러난다. 소냐는 프랑크에게 새 주소를 건네고 집으로 들이지만 한편으로는 그가 사라졌으면 좋겠다고 생각하며 그와 연락을 끊고 싶어 한다. 그렇지만 그와 인연을 다시 이어가고 싶은 마음이 이별하고 싶은 마음을 눌렀다. 이사하면서 몇 가지 물건을 그의 집에 그대로 둔 채 나오고 그것을 되받기 위해 프랑크에게 부탁하는 것만 봐도 그렇다. 이런 식으로 프랑크에게 의존하는 소냐는 절대 강해질 수 없다. 그러나 소냐는 자기도 모르게 프랑크에게 의존하고 있다는 사실을 인지하지 못한다. 만약 프랑크와 완전히 헤어지기로 마음먹었다면, 차고에 물건을 그대로 두고 나오지 않고 어떻게 해서든 다른 방법을 찾으려 했을 것이다. 이런 소냐의 행동은 전부 프랑크에게서 벗어나지 않으려는 무의식에서 비롯됐다.

프랑크도 지난 수년간 소냐에게 하던 행동을 그대로 답습한다. 그는 겉으로 보이는 소냐의 행동이 예전과 다르지 않기 때문에 전부 처음부터 다시 시작할 거라 확신한다. 그런 그의 미소와 태도는 소냐의 짜증과 분노를 부추겼다. 그것으로 소냐가 이미 수백 번은 족히 겪은 프랑크의 레퍼토리가 다시 시작됐다. 소냐의 마음을 누그러트리기 위해서 비굴하게 행동하고, 애걸하고, 한탄하는 행동들. 그것은 소냐의 분노를 다시금 불타오르게 했고 헤어져야겠다는 소망을 되새기게 만든다. 이렇게 두 사람은 멈추지 않는 악순환의 늪에 빠져버렸다.

그사이 난 새 직장에서 근무를 시작했고 그곳에 잘 적응했어요. 함께 일하는 팀원들은 전부 친절했고, 고객과도 사이가 좋았기 때문에 고용주는 날 몹시 맘에 들어 했죠. 수입이 생기고 드디어 독립적인 생활을 할 수 있어서 너무 기뻤습니다. 프랑크만 아니었다면 모든 것이 완벽했어요. 하지만 그는 여전히 내 삶을 휘두르려고 애쓰며 하루에도 여러 번 전화를 걸었어요. 하지만 난 잘 받지 않았어요. 그러던 어느 날 아침에 내 차 창문에 놓인 장미 한 송이를 발견했어요. 그를 얼간이라고 생각하며 장미를 쓰레기통에 처박아버렸습니다. 예전의 내가 아니란 걸 확실히 보여줘야 했어요. 그래서 그가 제대로 깨닫게 할 비책을 고민했죠. 그러지 않으면 그가 날 가만히 내버려 두지 않을 것 같았거든요. 결국 다시 약속을 잡았고 프랑크가 내 물건을 가져왔습니다. 전부는 아니었지만요.

"프랑크만 내 인생에 없었더라면 모든 것이 완벽했을 거예요."

소냐는 이런 말을 자주 한다. 설마 당신도 그렇게 생각하는가? 아래는 나르시시즘에 빠진 남성에게 상처 입은 사람들이 주로 하는 말이다.

"그가 엄청나게 나쁜 사람이었기 때문에 내가 이렇게 고통받은 거예요!"

이런 생각은 결코 도움이 되지 않는다. 왜냐하면 현실은 그렇지 않기 때문이다. 아무리 그가 구제 불능이라 해도 그 사람은 당신이 느끼는 감정에 아무 권한도 없다. 누군가 당신을 함부로 대해서 괴로움을 느낀다면 변해야 한다. 계속 상대를 비난하기만 한다면 아무것도 변하지 않는다. 자신이 먼저 변해야만 비로소 모든 게 달라진다.

소냐의 경우도 마찬가지다. 그녀는 우선 프랑크에게 정확히 선을 긋고, 집 주소와 휴대폰 번호를 알려주지 않아야 했다. 두고 온 물건을 그에게 맡기지 말고 어떻게든 스스로 찾아야 했다. 그러면 서로 부딪칠 접점도 사라지고 그로써 격분할 이유도 없어진다. 이런 행동으로 프랑크가 자신의 삶에 개입하려는 시도를 차단할 수 있다. 그러나 이 모든 건 소냐가 먼저 그렇게 마음을 먹어야 가능한 일이다.

소냐가 제대로 선을 긋지 않는 이유는 뭘까? 그렇게 연락을 주고받는 이유가 단지 복수심 때문일까?

역시 만만한 사람이 아닌 프랑크는 쉽게 포기하지 않았습니다. 계속 전화를 걸었고, 현관 앞에 꽃을 놔두기도 하고, 창가에 하트를 붙여놓았죠. 그리고 다른 한편으로는 날 협박했어요.

"날 떠나면, 정말 당신을 가만히 두지 않겠어. 어디에도 발을 붙이지 못하게 할 거고, 그 누구와도 만나지 못하게 할 거야. 내가 당신의 명예를 망가트릴 계획이거든. 그리고 당신 자식들에게도 고귀한 엄마의 본모습에 대해 전부 까발려주지. 평생 나한테서 벗어날 수 없어. 내가 당신의 마지막 날까지 쫓아다닐 거야. 난 당신이 어디서 뭘 하는지 다 알고 있으니까."

이런 괴롭힘이 계속돼 경찰서에 문의도 했지만 내게 직접적인 위해를 가하지 않으면 아무 조치도 할 수 없다는 답변만 들었습니다. 그가 날 살해해야만 경찰이 적극적으로 개입할 수 있다는 뜻일까요? 다시 말해 프랑크가 내게 하루에도 수백 번 전화를 걸고, 협박해도 된다는 말과 같았죠.

스토킹

그렇다고 이런 상황에서 아무 제재도 하지 않는 건 정말 위험한 상황으로 발전할 수 있다. 이런 행동을 하는 남성의 목적은 무엇일까? 이들은 여성에게 권력을 행사하기 위해 두려움을 이용하고, 여성의 기반을 통째로 흔들어 그녀를 마음대로 조종하려고 한다. 강력한 공포를 퍼트리고 어디에선가 계속 관찰당하는 것만 같은 불안한 마음을 심는다. 그러다가 남자가 강제로 사적인 공간인 집에 침입한다면 어떻겠는가?

그런 상황까지 이르지는 않더라도, 여러 차례의 전화, 문자, 메일, 꽃, 선물, 사랑의 맹세만으로도 여성은 지치게 마련이다. 따라서 이런 테러에서 벗어나고 싶은 마음에 그가 원하는 걸 허락하게 될 위험이 있다. 그러니 주의하라! 그런 안일한 결정으로 스스로 수렁에 걸어 들어가면 훨씬 더 벗어나기가 힘든 또 다른 테러가 시작된다.

어느 날 밤, 퇴근 후 집에 돌아오자 현관 앞에 샴페인 한 병이 놓여 있었어요. 샴페인 병에 내 개인 정보가 적힌 것을 보고 소스라치게 놀랐죠. 나중에 프랑크에게 이 얘기를 꺼냈고 그는 "이제 또다시 시작되는 거지. 당신 집주인이 당신에게 빠진 것 같던데."라고 말했습니다. 난 고개를 절레절레 흔들며 그의 방식이 참 어리석다고 생각했어요.

이 샴페인 병은 스토킹의 시작이었어요. 갑자기 내 휴대폰에 모르는 번호로 이상한 문자가 밀려들었습니다. 처음에는 평범한 인사처럼 내 안부를 물었어요. 그리고 내가 그의 마음에 쏙 든다는 말도 이어졌습니다. 그런 뒤 그는 내가 지금 집에 있는 걸 알고 있기 때문에 만났으면 좋겠다고도 문자를 보냈습니다. 집 앞 혹은 내 차에는 항상 자그마한 선물이 놓여 있었죠. 그럴 때마다 불쾌했고 두려움이 엄습했어요. 누군가 항상 나를 관찰하는 기분이 들었으니까요. 내가 집에 오면 어떻게 알았는지 어김없이 문자가 도착했어요.

이런 얘기를 프랑크에게 털어놓지도 않았는데 그는 항상 자기가 도울 일이 없냐며 반복해서 물었습니다. 난 정말 이 수상한 남자가 집주인일지 고민했어요. 그렇지 않다면 누가 내 연락처를 알아내 이런 일을 벌인단 말이죠? 순간 남편이 경찰이라고 했던 지인이 떠올랐어요. 그녀에게 그 수상한 연락처를 건넸죠. 경찰에게 비공식적으로 수사를 의뢰하는 아이디어는 훌륭했지만, 그 섬뜩한 문자를 보내는 휴대폰이 선불폰이었기 때문에 끝내 출처를 밝히진 못했어요.

그래서 난 프랑크에게 얘기했어요. 그는 내가 자기에게 먼저 얘기하지 않았다고 투덜대며 자신이 그놈을 잡겠다고 호언장담했습니다. 그는 누구라도 날 보살펴야 한다며 자기 집에 다시 오면 어떻겠냐고 제안하고는 날 위해 언제라도 곁에 함께 있겠다고 말했어요. 결국 난 프랑크에게 그 휴대폰 번호를 알려줬죠. 훗날 그가 얼마나 연기에 능한 사람인지 절실히 깨달을 정도로 그는 인상적인 연기를 펼쳤습니다. 그는 경찰이라도 된 것처럼 행동했어요. 스토킹을 하는 상대에게 무자비한 제재를 가할 것이기 때문에 무사하고 싶으면 내게 연락을 끊어야만 할 거라며 너스레를 떨었죠. 그런 모습을 보며 난 이 상황을 연출한 배후에 프랑크가 있을 거라는 확신이 들었습니다.

 이는 소냐를 프랑크에게 다시 묶어놓으려는 정말 야비한 방식이다. 직접 스토킹을 기획하고 자신이 나타나 해결하는 상황을 연출한다. 그렇지만 이런 잔꾀는 오래 지속할 수 없다. 프랑크는 넘지 말아야 할 선을 이미 넘어버렸다. 이제 소냐가 진심으로 그에게 되돌아가는 일은 없다.

나는 그의 호의에 고마움을 표시했지만 지금은 돌아가 달라고 단호하게 말했어요. 그는 묵묵히 내 말을 따랐고, 며칠 뒤 나와 해야 할 얘기가 있다며 다시 연락이 왔습니다. 내가 설득당할 수밖에 없을 정도로 간곡하게 밀어붙였죠. 프랑크는 운동 가방 하나를 들고 왔어요.

'뭘 하려고 저걸 가져온 걸까? 설마 이 집에서 자고 가려는 생각은 아니겠지?'

어쩌면 프랑크는 그런 상황을 내심 기대했던 걸지도 모릅니다. 계속 내게 자신과의 섹스가 그립지 않으냐고 물었거든요. 그는 여전히 내게 욕정을 느끼며 우리가 함께 나누던 섹스가 몹시 그립다고 말했어요. 하지만 난 조금도 그렇지 않았어요. 그의 곁에 있고 싶은 마음도, 섹스할 생각도 눈곱만큼도 없었습니다.

대화는 충분했다

소원해진 연인과 다시 한번 대화하자고 제안하는 프랑크에게는 그녀를 잡겠다는 의도가 깔려 있다. 대부분의 경우 효과가 있었고 이번에도 소냐는 그 미끼를 덥석 물었다. 그렇지만 무슨 얘기를 더 한단 말일까? 이미 할 얘기는 충분히 다 했다. 더 이상 설명할 것도 상의할 것도 없다. 두 사람은 사랑에 눈이 멀어 있을 때도, 싸우느라 정신없던 그 시절에도 대화하지 않았다.

제대로 대화하려면 두 사람 모두 상대의 의견에 귀를 기울이고 말이 끝나기 전에 반응하거나 반대 의견을 내놓지 말아야 한다. 행운이 따른다면 두 사람은 타협점을 찾을 것이고 그렇지 않다면 해결되지 않은 문제를 안은 채 그대로 살아야 한다. 두 사람은 어느 한 사람의 의견에 따르거나 서로 다른 의견을 조율해야 한다. 프랑크와 소냐의 경우 상대의 의견을 따르고 복종해야 하는 건 항상 소냐의 몫이었다.

프랑크는 한술 더 떴어요. 내가 이성적으로 행동하고 그에게 돌아온다면 물건을 돌려줄 거라고요. 경제적으로 서로 도울 수도 있을 거라고 했습니다. 그 말을 듣는데 속이 부글부글 끓어올랐어요. 가능하다면 한 대 치고 싶은 마음이 굴뚝같았죠. 이날 난 다시 한번 그의 이기심을 제대로 마주하기로 했습니다. 난 충분히 강해졌고 내가 느낀 감정을 그에게 갚아주고 싶었거든요. 그의 감정을 발로 짓밟고, 자존감에 상처 입히고, 비참하게 만들고 싶었어요. 그래요, 난 복수하고 싶었어요. 이용당하고, 착취당하는 기분이 어떤지 직접 느끼게 해주고 싶었습니다. 내 인생에서 이 남자를 빨리 치워버리지 않으면 미칠 것만 같았어요. 그는 날 계속 가지고 놀려고 했고, 이제는 그런 행동을 막아야만 했습니다. 두고 온 물건들은 이제 어떻게 되던 아무 상관도 없었어요. 찾고 싶은 마음조차 사라졌죠. 그저 그에게 교훈을 주고 싶다는 마음뿐이었어요.

며칠 뒤 난 프랑크에게 그가 없어 허전하다며 어쩌면 우리에게 기회가 있을지도 모르겠다고 문자를 보냈어요. 프랑크는 미끼를 덥석 물었죠. 프랑크는 날 식사에 초대했고 난 최대한 긴장하지 않고 여유롭게 대처하려고 노력했습니다. 프랑크는 자신이 승자인 듯 환하게 웃었어요. 그렇지만 내가 원하는 건 그 기분을 송두리째 망쳐놓는 것이었죠. 이제는 내가 복수할 차례였습니다.

우리는 주말에 다시 만나기로 약속했어요. 섹스 얘기가 나올 때마다 난 요리조리 피했죠. 프랑크는 일단 알았다고 했죠. 그렇지만 예전에 섹스할 때에도 그는 어떻게든 자신이 원하는 걸 얻었습니다. 이렇게 미루는 태도만으로는 영원히 피할 수 없다는 걸 잘 알고 있던 터라 어디까지 허용할지 먼저 결정해야만 했습니다. 다음 주에도 우리는 종종 시간을 함께 보냈어요. 실제로 프랑크는 곧 내 집에 들어올 궁리 중이었고요.

결국 난 프랑크와 함께 이탈리아로 여행을 떠나기로 했어요. 여행에 가서는 기회가 닿을 때마다 여기저기 추파를 던졌죠. 프랑크는 분노했지만 그럴 때마다 다른 애교로 그를 진정시켰습니다. 그러고는 누군가에게 또 추파를 던지고, 열 받은 프랑크를 달랬어요. 프랑크를 화나게 만드는 일이 이렇게나 즐거울 줄이야. 여행에서 결국 감정을 섞지 않은 공허한 섹스를 나눴습니다. 내 마음이 정말 그를 떠난 거죠. 정말이지 긍정적인 감정은 조금도 없었어요. 아마도 난 이렇게 모든 것이 끝났다는 확신이 필요했던 걸지도 모르죠. 그렇지만 프랑크에게는 여행에서의 모든 일이 우리가 다시 시작한다는 의미였어요. 그렇지만 예전과는 다른 내 방식에 쉽게 적응하지 못했죠. 처음으로 어떻게 반응해야 할지 모르겠다는 눈치였습니다. 분노로 가득했던 감정도 시간이 갈수록 무기력해지는 것 같았어요.

프랑크는 이제 칼자루를 쥔 사람이 나고, 모든 걸 계산하는 사람이 자신이라는 사실을 아주 힘겹게 받아들였어요. 난 모든 여행 경비를 전부 그에게 일임했죠. 나도 지금까지 엄청난 돈을 프랑크를 위해 썼으니까 이렇게라도 돌려받고 싶었어요. 손에 고삐를 쥔 것 같은 기분은 꽤나 만족스러웠습니다.

이제 더 이상 그에게 얽매이고 싶지 않았어요. 그래서 그와 언제 시간을 보낼지도 전부 내가 결정했습니다. 아이들을 만나러 갈 때 프랑크는 기다려야만 했어요. 물론 프랑크는 불평했고 힘들어 했습니다. 하지만 아직 우리 관계가 불안정하다고 느꼈는지 꾹 참 았죠. 그는 계속해서 내게 이런저런 제안을 했고, 어딘가 멀리 떠나 서 나와 처음부터 다시 시작하고 싶다고 회유했어요. 그럴 때마다 난 이렇게 생각했어요.

'그래, 당신은 그렇게 계속 꿈꿔.'

그가 못 견디고 헤어질 결심을 할 때가 오면 그에게 나 혼자 내 길을 걷겠노라고 당당히 말할 생각이었어요. 지금 상대를 괴롭 히는 괴수는 나였기에 해방감마저 느꼈습니다.

그런데 처음에는 그가 힘들어하고 절절매는 모습을 보는 게 즐거웠지만 시간이 흐르면서 이런 상황을 계속 이어가는 게 고역 이 됐어요. 그의 곁에 있으면 나도 함께 병드는 것만 같았죠. 이제 는 정말 끝내고 싶었습니다. 그래서 난 그냥 그에게 전화를 걸어 얼음보다 차가운 목소리로 다시는 그를 보고 싶지 않다고 통보했 어요.

드디어 소냐는 프랑크에게 지 금껏 자신이 당했던 걸 그대로 갚아준다. 소냐는 그를 좋아하는 것 처럼 연기하고, 다시 시작하고 싶은 것처럼 행동하다가 프랑크가 다가오려 하면 갑자기 한 발자국 뒤로 물러섰다. 즉, 그의 감정을 가지고 놀았다. 처음에는 이런 연극을 충분히 계속 이어갈 수 있다고 자신만만해했다. 하지만 시간이 흐르자 이런 상황을 이어가는 것이 소모적이고 꽤나 고역이라는 것을 깨닫는다. 연극을 위해 소냐는 그를 만나야 했고, 대화를 나누고, 섹스하고, 항상 자신의 곁에 있는 그를 견뎌야만 했다.

소냐는 프랑크가 이 상황을 견디지 못할 때까지, 그래서 이 관계가 자연스레 끝날 때까지 이 연극을 이어갈 생각이었다. 그렇지만 더 이상 그를 견딜 수 없고, 그를 향한 감정이 고갈됐다는 걸 확인했다. 그 순간 소냐는 프랑크에게 이별을 통보하며 마침내 그와 헤어진다.

그러던 어느 날 트라우마 치료와 가족 관계 형성에 관한 흥미로운 칼럼을 발견하고는 다시 상담 치료를 받아야겠다는 마음이 생겼어요. 이제 관계 문제 때문에 더 이상 비틀거리고 싶지 않았거든요. 그러려면 먼저 내게 무슨 문제가 있는지부터 확인해야만 했습니다.

그래서 장기 치료 예약을 잡았어요. 상담 선생님은 내게 상담 과정과 그 안에서 듣게 될 이야기 그리고 우리가 함께 얘기해야 하는 것들을 자세하게 설명해줬어요. 그리고 내 과거, 특히 엄마, 아빠, 할아버지와 관련된 모든 관계를 정리해야 한다고 했어요. 특히,

엄마가 내게 떠안긴 짐을 상징적으로 엄마에게 다시 돌려줘야 한다고 설명했습니다. 그런 과정 없이는 평범한 삶을 살지 못할뿐더러 다음에 만날 남자와도 끝이 좋지 못할 거라고 말했어요.

나는 선생님의 말을 믿고 싶었습니다. 지금껏 누구도 내게 그런 얘기를 해준 적이 없었거든요. 그런 건 항상 나 혼자 감당하고 짊어져야 하는 문제였죠. 난 선생님을 신뢰했어요. 치료 과정에서 한 노력은 실제 내 인생과 나 자신을 바꿨어요. 내 마음 어딘가에 잠들어 있었던 진정한 자아가 깨어난 걸 지도요. 내 마음 안에는 모든 것이 쌓여 있기만 했거든요. 모두가 스스로 치워야 할 쓰레기를 내게 얹었죠.

치료 과정에서 역할극으로 엄마, 아빠, 할아버지와 나눈 대화를 절대 잊지 못할 거예요. 그때 나타난 신체 반응과 솟구쳤던 감정을 전부 기억합니다. 이후 몸 상태가 눈에 띄게 달라졌어요. 상담 시간에 누워 편안한 마음으로 치료를 받다 보니 어느 순간 긴장이 완화되고 뻣뻣했던 목덜미가 갑자기 편안해지는 느낌이 들었어요. 항상 딱딱하게 뭉쳐 있고 경련이 일던 증상이 싹 사라진 거예요.

상담 선생님은 그 모습을 지켜보며 흐뭇한 미소를 지었습니다. 나는 모든 걸 내려놓았을 뿐인데 기분이 이렇게나 편안하다니. 난 자유로웠어요. 속이 울렁거리고 쓰린 걸 더 이상 참지 않아도 됐죠. 내 몸은 내게 뭐가 해로운지 알고 있었던 것입니다. 그때부터 난 몸이 보내는 신호를 귀 담아 듣기로 했어요.

"연인에게 상처 받은 사람들은 상대방에게도 상처 주고 싶다는 생각에 사로 잡힌다. 그러나 복수는 고통만 가중시킬 뿐이다."

무의식에 각인된 각각의 대인
관계 방식을 깨닫고 또 거기서 벗어나려면 상담사의 도움이 필요
하다. 전문가와 함께 자신의 유년 시절로 돌아가 고통스러운 경험,
방치, 과도한 요구를 회상한다. 그렇게 소냐는 할아버지의 성희롱
사건을 직시하고, 그녀의 어깨를 무겁게 하고 돌처럼 굳게 한 엄마
의 부탁을 정면으로 마주했다. 이로써 소냐는 오래된 짐을 훌훌 털
어버렸고 내면에 해방감이 차오르는 걸 느낀다.

　　누구에게나 눈에 보이지 않거나 보고 싶어 하지 않는 각자만
의 어두운 오점이 있다. 그럴 때는 외부의 시각만이 그것을 제대로
직시하고 우리 행동을 수정할 수 있도록 도와준다. 그러기 위해서
는 우선 타인의 시각을 받아들일 마음의 준비가 되어 있어야 한다.
하지만 일반적으로 우리는 더 이상 방법이 없는 막다른 골목에 다
다른 후에야 그럴 자세를 갖춘다.

　　정말 말 그대로 새로운 인생이 내게 펼쳐졌어요. 프랑크는 여
전히 날 가만히 내버려 두지 않았지만 내게 주어진 자유를 만끽했
죠. 이제 프랑크가 예민하게 행동하고 욕해도 조금도 휘둘리지 않
았습니다. 프랑크가 내 가족을 엉망으로 만들겠다고, 내 얘기를 아
이들에게 하겠다고 위협했을 때조차 그랬어요. 그래, 얼마든지 협
박해보라 그래. 그러다 프랑크는 내게 전화를 걸어 다른 사람인 척

하기도 했어요. 난 그의 목소리를 금방 알아챘습니다. 정말 하는 짓이 얼간이 같았죠. 프랑크에게 난 우리 관계가 완전히 끝났고, 남은 짐도 필요 없다고 말했어요. 아무리 울고불고 매달려도 끄떡하지 않았습니다.

프랑크가 마지막으로 연락했을 때 그가 절대 극복하지 못할 말을 과감히 내뱉었어요. 그가 루저이고 이제 난 그보다 훨씬 젊은 남자와 섹스하며 그가 당신보다 열 배는 낫다고 자극했습니다. 그의 반응을 보니 진즉에 이렇게 해야 했는데 못 한 게 아쉬울 정도였어요. 예전에 이렇게 말했다면 이렇게까지 효과가 있었을까요? 그건 솔직히 잘 모르겠어요. 하여튼 난 그의 자아를 제대로 짓밟아버렸습니다. 그가 날 떠나며 마지막으로 던진 '방탕한 년'이라는 욕설에도 난 그저 싱긋 웃고 말았죠.

그에게 한 말은 사실이 아니었거든요. 다른 남자는 없었어요. 허세를 부린 건데, 효과는 직방이었어요. 프랑크는 성적으로 거부당하고 정력이 넘치는 남성의 이미지에서 멀어지는 것이 가장 두려웠을 거예요.

소냐는 프랑크의 상처가 그의 남성성과 관련되어 있음을 깨닫는다. 모든 걸 섹스로 정의했던 프랑크는 그의 간판이나 다름없었던 남성성이 자신보다 훨씬 강한 남자에 의해 허물어지는 수모를 당해야 했다. 그건 마치 거세당한 것과 같은 기분이었을 것이다. 프랑크가 꼼짝 못 하고 움츠러들 정도로 모욕감은 엄청났다. 소냐와 난 그가 그 감정을 어떻게 극복했을지 알지 못한다. 추측건대 프랑크는 자신이 얼마나 혈기왕성한 남자인지 증명하려고 서둘러 다른 여성을 찾았을 것이다.

그때부터 진정한 나의 삶이 시작됐어요. 프랑크는 더 이상 날 방해하지 않았습니다. 전화도, 꽃도, 자동차 창문에 붙여놓은 하트도 없었죠.

이제야 난 몽 트레조르에 담긴 진짜 의미를 깨달았어요. 그에게 난 값진 보석이었던 거예요. 혼자서만 갖고 싶고, 빼앗길까 두려워 타인의 손에 닿지 않도록 꼭꼭 숨겨놓고 지켜야 하는 그런 보석. 프랑크는 보석으로 자신을 치장해야만 자신이 특별한 것처럼 느꼈어요. 그런 보석을 보관하려면 금고만큼 딱 맞는 장소가 어디 있겠어요? 이런 중의적 비유가 숨어 있을 줄은 상상도 못 했어요. 그때는 사랑하는 남자가 보석이라고 부르는데 들뜨지 않을 수가 없었습니다. 그가 날 왜 그렇게 부르는지 깨닫기 전까지는요. 그렇지만 사실 프랑크는 날 그의 금고에 꽁꽁 가두고 자기가 필요할 때만 거기서 꺼냈던 것이죠.

그리고 확실히 깨달은 사실이 또 하나 있어요. 언젠가부터 내 몸과 마음이 보낸 신호를 들으며, 어느새 악몽이 된 환상을 끝낼 준비를 스스로 하고 있었던 거예요. 그렇게 난 그를 떠났고 그런 내가 너무 자랑스러워요.

불쾌한 감정만 흔적이 되어

내게 헤어짐이란 수년 동안 날 함부로 대한 그 남자에게서 벗어나는 걸 의미했지만 그 후에도 프랑크는 여전히 내 머릿속에서 완전히 떠나지 않은 채 그대로였어요. 나쁜 사람이었지만, 한때 내가 사랑하고 신뢰하던 사람이기도 했으니까요. 그의 흔적은 어쩔 수 없이 남았고, 심적으로 괴롭힘을 당하는 기분이 계속 이어졌습니다.

프랑크와 헤어지고 꽤 시간이 흘렀지만 두려움으로 가득 찼던 그 느낌은 여전히 그대로였죠. 그가 내가 사는 곳에서 불과 삼십 분 거리에 산다는 것 하나만으로도 그런 감정은 계속됐습니다. 게다가 프랑크가 "난 당신이 뭘 하는지 다 알아."라고 말한 적이 있었던 터라 계속 관찰당하는 기분이었어요. 집 근처에서 그의 차를 본 것만 같은 느낌이 계속 들었죠. 시장을 보러 갈 때도 마주치지 않을까 두려웠습니다. 결국 난 완전한 새 출발을 위해 전화번호를 통째로 바꿨어요. 두려움이 점점 심해졌거든요. 그러다 어느 날 자동차 타이어 공기압이 갑자기 상승한 사건이 생겼습니다. 어느 누구도 그 원인을 설명하지 못했어요, 정비소 엔지니어조차도요. 그 상태로는 언제라도 타이어가 터질 수 있고 때에 따라 생명에 위협이 되는 심각한 상황이었다는 것만 분명했습니다.

프랑크의 짓이었을까요? 그는 아직도 날 해치고 싶어 할까요? 불쾌한 감정이 좀처럼 사라지지 않았어요. 처음에는 너무 힘들고 예전처럼 무기력하기만 했습니다. 그렇지만 친한 친구들, 주치의 그리고 나 자신과의 대화를 통해 결국 나아가야 할 길을 찾았어요. 모두가 말했어요.

"넌 이제 정말 끝내야만 해. 이제 정말 놓아버려. 지금까지 겪은 쓰디쓴 경험을 전부 보내버려."

그 조언을 마음에 담았고 실제로도 그렇게 했습니다.

그 뒤로 이 년을 혼자서 지냈어요. 더 이상 혼자 있고 싶지 않다는 마음이 들 때까지요. 그사이에 스쳐 간 남자들이 있었지만, 프랑크와 같은 성향이라고 판단하면 단호히 끊어냈어요. 앞으로 그런 부류에게는 그 어떤 기회도 주지 않을 거예요.

이제 고통받고 그 고통을 합리화하는 관계는 사양합니다. 그러기엔 나 자신이 너무 소중하니까요. 아픈 사랑에서 벗어나는 과정을 통해 결국 인생의 주인은 나고 그렇기에 아무리 힘들어도 내 길을 스스로 걸어야 한다는 걸 깨달았습니다. 그리고 나 자신을 사

랑하고 새로운 관계를 받아들일 정도로 강해졌지요. 결국 나를 존
중해주는 사람을 만났고, 지금은 그와 알콩달콩 잘 지내고 있습니
다. 예전에는 이런 관계가 가능하다는 것 자체를 몰랐지만 지금은
사랑하는 사람과 함께 조화로운 삶을 살고 있어요. 백 퍼센트 신뢰
하는 누군가와 함께한다는 것이 무슨 의미인지 비로소 깨달았습니
다. 그리고 괴로웠던 지난날의 기억을 몽땅 불태워버리고 그 재를
강물에 흘려보냈어요.

"힘들고 불안했던 마음이여, 이제는 영원히 안녕!"

그러고 나니까 기분이 한결 좋았습니다. 아니 후련했어요.

"그가 그렇게까지 최악이냐는 질문에 당신은 '그렇다'고 대답할 수도 있다. 그러나 그와의 관계가 마지막까지 최악이었다면 그건 당신이 그런 관계를 빨리 끝내지 않았기 때문이다."

2부

더는
사랑한다는
말을
믿지 않겠다

··· 상처뿐인 관계를 끝낼 용기 ···

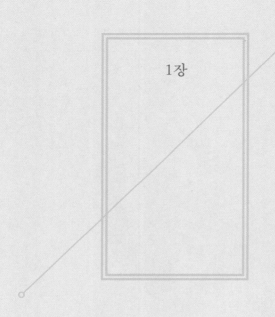

1장

상처를
허락하는 관계란

그가 그렇게까지 최악일까?

◇◇◇◇◇◇◇◇◇◇◇◇◇◇◇◇◇◇◇◇◇◇◇◇◇◇◇◇◇◇◇◇◇◇◇

"그가 그렇게까지 최악일까? 내가 그를 나쁜 사람으로 만든 건 아닐까?"

많은 사람이 스스로 이런 질문을 하며 연인이 아닌 자신에게 문제가 있는 건 아닌지 의심하곤 한다. 하지만 보통 어느 한 사람에게만 문제가 있는 경우는 거의 없다. 한 사람이 주로 희생하고 다른 한 사람은 이득을 얻는 불공평한 관계라도 서로 밀접하게 영향을 주고받는다. 예를 들어 불안정한 자존감을 바탕으로 이루어진 관계에서는 각종 문제가 난무하는데, 이때 두 사람 모두 상대에게 집착하는 성향을 보인다.

소냐의 이야기에서 살펴보았듯이 나르시시즘은 관계에 좋지 않은 영향을 준다. 하지만 안정적인 자존감을 바탕으로 하는 건강한 나르시시즘도 있고 병적인 수준의 악성 나르시시즘도 있다. 나르시시즘이 표출되는 양상은 매우 다양하기 때문에 이를 구분할 필요가 있다.

악성 나르시시즘은 반사회적 행동과 고도의 공격성 그리고 의심과 편집증적인 행동을 동반한다. 악성 나르시시즘에 빠진 사람은 심보도 고약하고 시기 질투가 심하며 감정이입 능력이 심각할 정도로 결여되어 있다.[9] 그리고 앞서 언급했듯이 나르시시즘은 다양한 양상으로 표출된다.

건강한 나르시시스트라면 자존감에 상처 받는 일이 생겨도 지나치게 자기 비하를 하거나 자기 과시를 하지 않는다.[10] 그러나 병적인 나르시시스트라면 극단적인 감정 기복을 보인다. 악성 나르시시즘에 빠진 사람은 기분이 좋을 때면 손이 하늘 꼭대기까지 닿을 만큼 크게 만세 열창을 하다가도 사소한 일에 죽을 만큼 괴로워한다.

이런 유형은 뭔가를 부탁하는 대신 요구하고, 자기와 관련된 사람들에게 관용을 잘 보이지 않을뿐더러 유머 감각도 없다. 그리고 현실적이든 아니든 그저 자신이 원하는 세계를 구축한다. 이들은 상대를 대할 때에도 마음보다는 이성을 따른다. 따라서 상대의 감정을 공감하려고 애쓰기보다는 먼저 머리로 이해하고 생각하려든다. 당신의 배우자에게 이런 행동과 태도가 자주 엿보인다면 나르시시즘 문제가 심각한 것으로 판단할 수 있다.

오늘날 정신적 폭력 중 특히 가스라이팅(gaslighting)이라 불리는 매우 비열한 방식이 있다. 이 개념은 남편이 주도한 범죄를 은닉하기 위해 부인을 미치광이로 몰아가는 연극에서 유래됐다.

현실에서도 이런 식으로 은연중에 조종당하는 사람은 자신의 인지력을 의심하기 시작하고 자신에게 문제가 있다고 판단해 도무지 누구를 믿어야 할지 알 수 없는 상태에 처한다. 다른 사람들이 이런 상황을 바로잡으려고 시도하는 것조차 상대에게 저지당한다. 여성 스스로 상황을 제대로 판단하지 못해 타인에게 자신의 문제를 털어놓지 못하는 경우도 있다. 이런 정신적 폭력은 식별하기가 매우 어렵기 때문에 시간이 흐를수록 상황은 더욱더 심각해진다. 처음에는 그리 위험하지 않은 수준에서 시작하지만 끝내 명백한 폭력으로 이어진다.

"그런 일은 절대 일어나지 않아. 당신은 정말 제정신이 아니군." "당신이 너무 예민한 거야." "난 그런 말 한 적 없어." "전혀 그렇지 않았어." 이런 말을 자주 듣다 보면 자신의 판단을 믿을 수 없게 된다. 또한 분명 그날은 가능했던 일이 다른 날에는 말도 안 되는 것이 되어버리기 때문에 혼란스럽다. 의견을 내보지만 꾸준히 거부당하고, 비난받으며, 나중에는 약속조차 지키지 않는 상대방의 행동 때문에 혼란이 가중된다.

만약 당신이 다음과 같은 상황을 겪고 있다면 지금 도움을 청해야 할 때다.

- 매번 확신할 수 없어서 의심한다
- 내가 너무 예민한 거라고 생각하면서도 자주 혼란스럽다
- 간단한 결정도 쉽게 내리지 못한다
- 혼자서는 제대로 할 수 있는 것이 없다
- 항상 상대방에게 사과한다
- 삶이 즐겁지 않고 의욕도 없다
- 갖고 있던 능력이 점점 사라지는 것 같다

"그가 그렇게까지 최악일까?"라는 질문에 당신은 우선 "그렇다."라고 대답할 수 있다. 그러나 관계를 이런 상황까지 끌어온 건 당신이다. 파괴적인 관계를 방치하며, 단호하게 끝내지 못했기 때문이다.

소녀의 이야기를 통해 알 수 있듯이 이런 관계의 부정적인 면을 인식하더라도 의존적인 관계에서 벗어나는 건 쉽지 않다. 이런 관계에 익숙해진 여성은 관계를 끝낼 용기를 내는 데에도 긴 시간이 필요하다.

그렇기에 이제부터 나르시시스트를 알아보는 방법, 나르시시즘에 빠진 관계의 특징 그리고 그런 관계에서 벗어나는 방법을 소상히 설명할 것이다.

그들이 꿈꾸는 이상형

나만을 소중히 여기고, 내 눈만 봐도 내가 진정으로 원하는 걸 파악하며, 한결같은 마음으로 날 사랑하는 그런 연인을 꿈꾸지 않는 사람이 어디 있을까? 그저 사랑하기만 할 뿐 뭔가를 얻으려 하지 않는 그런 사람. 존재만으로도 나 자신을 훨씬 매력적이게 느끼게 해주며 내 가치를 높여주는 사람. 많은 사람이 이런 연인을 꿈꾸며 위대한 사랑을 기다린다. 그래서 사귀던 연인과 헤어지면 대다수가 다시 새로운 연인을 찾으려 한다. 그리고 이런 사람들의 기대를 자극하는 만남 주선 광고가 성행한다.

원래 사람은 혼자 살 수 없다. 각박한 세상에 혼자 고립된 채 살아야 한다면 우리는 분명 우울하고 불행해질 것이다. 그러나 앞서 말한 것과 같은 이상적인 사랑에는 실현할 수 없는 헛된 희망이 담겨 있다. 이를테면 여러 차례 연인에게 이별을 통보받은 경험이 있는 사람은 그 어떠한 문제라도 함께 풀어나가는 매우 친밀한 사랑을 꿈꾸게 된다. 그러다 새롭게 만난 다른 연인도 좋지 않은 결말을 맺으면 다시 크게 실망한다. 이때 서로 넘치도록 사랑만 하면 된다는 신념이 또다시 깨진다.

실제로 사랑하는 사람과의 관계에서는 많은 걸 고려해야 한다. 백마 탄 왕자님과 함께 편안하고 느긋하게 저녁노을을 바라보는 낭만적인 사랑과는 확실히 다르다. 동화가 끝나는 시점부터 일상의 문제가 나타난다.

나르시시스트는 둘만의 오붓한 생활을 꿈꾸며 이상향을 그린다. 두 사람이 함께 느끼고, 생각하고, 체험하며 항상 같은 걸 바라는 이상적인 생활. 하지만 실제로 사랑할 때 마주하는 현실은 소망과 상당히 다르다. 상대와 계속해서 주도권 다툼을 하고, 자신이 원하는 대로 상대방이 따라줘야만 관계를 지속한다. 아무리 사랑하는 사람이라도 제멋대로 행동하는 건 용납하지 않는다.

이런 사랑에서는 서로 다른 두 사람이 하나가 되어야 한다. 하나가 된다는 건 우유와 블랙커피를 섞어 카페라테를 완성하는 것이다. 이 과정을 거치면 결국 우유도 블랙커피도 남지 않는다. 나르시시즘에 빠진 관계에서는 상대방과 함께하려면 각자의 모습을 거의 남기지 않아야 한다. 하지만 두 사람이 서로에게 완전히 녹아드는 이런 관계는 사실상 불가능하다. 사람마다 각기 다른 성향을 갖고 있기 때문에, 항상 의견이 같고, 매번 사이가 좋을 수는 없다. 그렇기에 이런 관계는 둘 중 하나가 자기 생각과 감정 그리고 욕구를 전부 상대에게 맞출 때만 가능하다. 일반적으로 이런 관계에 적응하는 건 주로 여성이다. 소냐와 프랑크의 사례만 봐도 남성은 희생하지 않고, 무엇이든 끝까지 자신이 주도하려 한다.

사실 소냐는 자신의 삶을 묵묵히 헤쳐온 주체적인 여성이지만 연인 관계에서는 의존적인 성향을 드러낸다. 대부분 상대의 의견에 순응하며 희생하는 쪽을 택한다. 연애할 때만큼은 자기 자신을 버리는 것이다. 이렇듯 서로 다른 둘이 하나가 되는 과정에서는 항상 누군가가 희생해야 한다.

인격을 존중하는 관계에서 마찰은 불가피하다. 더 솔직하게 말하면 마냥 조화롭고 행복한 생활은 다름을 인정하지 않아서 갈등조차 없는 관계에서만 가능하다. 이런 점은 여러 문제의 씨앗이 된다. 사실 두 사람이 서로 융합하면 둘의 관계는 오히려 악화한다. 일반적으로 우리는 타인과 인연을 맺으면 그 사람에게 호기심을 느끼고 서로의 관심을 공유한다. 절대 개인 고유의 성향을 희생하면서까지 서로에게 맞춰야 하는 건 아니다. 서로에게 도움이 되고 활기 넘치는 관계는 각자의 다름을 인정하고 갈등을 두려워하지 않을 때 가능한 것이다. 그런 연인은 공통 관심사를 끊임없이 공유하고 비슷한 성향을 함께 찾는다. 다시 말해 굳이 무언가를 포기하지 않고 두 사람 사이에 생기는 긴장감을 그대로 받아들인다. 상대를 온전히 받아들이는 것이다.

진정한 사랑은 두 사람의 성향을 하나로 합치는 것이 아니다. 아무리 사랑에 빠졌어도 우린 때때로 숨 돌릴 여유가 있어야 하고, 각자 편하게 발을 뻗을 수 있는 공간도 필요하다. 사랑에서 공감은 매우 중요하지만 독립성도 빼놓을 수 없는 요소다. 독립성이 보장되지 않으면 한 사람이 다른 한 사람을 계속 책임져야만 한다.

두 사람 모두 자신과 상대의 가치를 존중하고 소중히 할 때 올바른 관계가 형성된다. 즉, 자신의 단점뿐만 아니라 장점을 스스로 인정하며 그것을 두 사람의 관계에 적극적으로 활용할 수 있을 정도로 안정적인 자존감과 자기 인식을 갖춰야만 한다. 자존감에 상처를 입은 채 자신의 가치를 상대에게서 찾으려 한다면, 그 관계는 계속 삐걱댈 수밖에 없다.

양육 과정의 문제

현대 심리학은 나르시시즘을 어린 시절에 받은 상처를 극복하려는 시도로 본다. 유년 시절 겪은 상처를 치유하는 과정에서 자기애적 성향이 커지기 때문이다. 상처받은 자존감은 무의식적으로 두 가지 방어 수단을 활용한다. 하나는 악습, 과보호, 수용이고 다른 하나는 애정과 공감의 부족 그리고 거부다. 여기서 알아두어야 할 건 아이를 소유물처럼 대하는 것만큼이나 방치하는 것도 아이의 자존감에 나쁜 영향을 미친다는 사실이다.[11]

부모에게 지나치게 종속되거나 방치된 아이는 주어진 역할에 순응하며 어른의 요구를 수용하거나 자신의 기대에 부합하지 않는 요구를 거부한다. 수용하든 거부하든 어른의 요구는 아이가 바라

는 것과는 다를 테니 분명 정신적으로 외로웠을 것이다. 이런 상황
은 모든 일을 있는 그대로 받아들이지 못하고 다르게 해석해야 한
다는 생각을 하게 한다. 이런 점으로 볼 때 나르시시즘은 상처 입
은 자존감을 살짝 가려주는 엉터리 해법에 불과하다.

방어 수단으로 거부를 사용하는 아이는 부모의 보살핌이 부족
한 경우이고, 방어 수단으로 과보호를 사용하는 아이는 버릇없이
자라 습관을 잘못 들인 경우다. 부모의 과보호 속에서 자란 사람은
작은 시련에도 크게 좌절한다.[12]

부모가 하늘같이 떠받들어 키운 아이가 어떻게 자존감에 상처
를 입는다는 걸까? 이런 아이는 특별한 형태의 사랑과 애정을 받으
며 자랐다. 매우 조심스럽게 다뤄진 셈이다. 이렇게 자란 아이는 독
립적인 삶을 배울 기회를 전부 잃는다. 이때 양육자는 아이에게 욕
구 불만이 생기지 않도록 아이의 행동을 전혀 제재하지 않는다. 만
약 제재하더라도 최소한으로만 한다.

이런 양육 과정의 가장 큰 문제는 양육자의 행동이 아이의 성
향을 고려한 것이 아니라는 데 있다. 오로지 양육자의 욕구에 맞춰
아이가 나아가야 할 방향을 모두 계획하고 통제하려 한다. 느리고,
서툴고, 무지한 아이를 위한 배려 따위는 없다. 이런 부모는 기다려
주지 않고 즉각적으로 아이의 일을 해결해준다. 때로는 아이를 위
해 대신 사회적인 투쟁을 해주기도 한다. 솔직히 이런 행동은 자신
들을 위한 일이다. 부모가 인내심이 없거나 자식이 실패하는 모습

을 도저히 참을 수 없기 때문이다. 자식이 항상 행복해야 하고, 매번 성공해야 하며 아무런 문제 없이 살기만을 바란다면 그건 부모가 나르시시즘에 빠진 것이다. 자식을 신뢰하지 못하는 사람은 아이가 일을 스스로 해내도록 기다려주지 않는다. 이렇게 자란 아이에게 남는 건 열등감뿐이다.

아이의 버릇을 망쳐놓는 또 다른 사례는 부모의 자기애적 결핍을 해소해줄 아이의 재능에 과도하게 후원하는 경우다. 자식이 내가 예전에 이루지 못한 성공을 꼭 해내야만 한다고 철석같이 믿는 엄마들이 있다. 이런 유형의 양육자는 과거에 상처 입었던 본인의 자존감을 높이고 주변에 자랑하기 위해 자식을 장신구처럼 키운다. 아이가 정말로 그런 삶을 원하는지는 전혀 생각하지 않고 말이다.

앞서 언급한 두 가지 부모 유형은 자신의 열등감을 없애기 위해 아이를 이용한다. 자식이 자신보다 더 성공할 수 있을 거라고 생각하기 때문이다. 이런 부모에게서 자란 아이는 과대망상을 품게 될 가능성이 있다. 이때 아무런 제약도 제재도 없는 상황이 이어지면 결국 아이는 건강한 정체성을 확립하지 못한다. 과대망상 뒤에는 자신의 강점과 능력을 강화할 마음이 조금도 없고 어찌해야 할지 몰라 허둥대는 무능력한 아이의 모습이 숨어 있다.

반대로 매정하거나 엄격한 교육을 추구하며 아이에게 소홀하면 아이는 소심하게 자란다. 그리고 소심한 아이에게는 원망하는 마음이 생기고, 일상적으로 고독을 느낀다. 또한 아이는 가족끼리 유대감이 약하거나, 오랜 시간 떨어져 있거나, 폭력을 당하거나, 재해를 겪거나, 전쟁을 경험하는 등 다양한 이유로 성장할 때 부정적인 영향을 받는다. 이런 환경에서 자란 아이는 부정적인 감정을 자의식에서 분리하는 걸 본보기로 보여줄 사람이 없었기 때문에 트라우마를 쉽게 극복하지 못한다. 그 결과 나르시시즘을 통해 살아남으려는 의식 체계가 구축된다.

이 체계는 생존을 위한 힘, 통제 그리고 성과를 바탕으로 삼는다. 그리고 크고 강력해 보이는 모습으로 거짓된 나를 구축한다. 이로써 완벽주의, 성과지향주의 그리고 상징적인 신분이 아이의 부족한 자존감을 메꾼다. 멋진 남편, 아내가 자존감을 채워주는 존재가 되기도 한다.

지금 이대로 난 괜찮은 걸까?

과보호하거나 방치하는 양육 태도로 상처 입는 건 비단 자존감뿐만이 아니다. 이런 양육 태도에서 아이는 자아가 제대로 성장하지 못하고, 공감 능력도 떨어진다. 덴마크의 가족 심리 치료사 예스퍼 율(Jesper Juul)은 아이의 조부모가 세상을 떠났을 때 부모는 슬퍼하면서도 이 모습을 아들과 딸에게는 보여주지 않으려 하는 현상에 대해 이렇게 설명한다.

부모가 아이에게 일부러 부정적인 감정을 숨기면, 아이는 타인은 물론 자기 자신에 대해서도 제대로 알지 못한다. 부정적인 감정을 경험해보지 못한 아이는 슬픔 혹은 좌절이 정확히 어떤 의미인지 느끼지 못하기 때문에 공감할 수도 없다. 공감 능력이 부족할 뿐만 아니라 자신을 제대로 파악하지 못하는 것이 나르시시즘의 특성이다. 나르시시즘에 빠진 사람들은 자아 성찰을 가능케 하는 자아가 제대로 형성되지 않아서 늘 자신을 제대로 알지 못한다.

'나는 누구인가? 그리고 난 괜찮은가?'

그래서 늘 이런 질문을 곱씹으며 평생 답을 찾으려 애쓴다. 자신의 감정이 모호하고 매번 확신할 수 없기 때문에 공허한 마음을 타인의 반응으로 채우려 한다. 그렇기에 타인의 관심과 평가가 자신의 가치를 판단하는 기준이 돼버린다.

이런 사람은 자기 내면에 나침반이 없기 때문에 확신을 얻지 못하면 매번 불안해한다. 자신의 가치를 스스로 정하지 못하기 때문에 타인이 보내는 박수갈채의 강도 혹은 사랑 표현에 매달리는 것이다. 따라서 주변의 애정이 사라지면 이들은 쉽게 상처받는다. 주변에서 더 이상 관심을 주지 않으면 무언가가 잘못되었다고 판단하며 자신의 존재 자체가 거부당한 것처럼 느껴 우울해한다.

이런 마음가짐은 자존감을 더욱더 불안정한 상태로 이끈다. 그래서 이들은 이런 상황이 오면 상대를 욕하고 연락을 끊는 등 공격적인 성향을 보인다. 혹은 자기연민에 빠져 허우적거리면서 세상 모든 일이 덧없다고 생각하고 심지어 자살을 떠올리는 경우도 있다.

이렇게 병적으로 반응하는 건 과거에 거부당했다고 느낀 일과 비슷한 행동을 상대방이 자신에게 했을 때다. 이들은 혼자서는 확신하지 못하고 불안함을 느끼기 때문에 자신의 가치와 소중함을 피부로 느끼기 위해서 시종일관 타인의 애정과 관심에 집중한다. 그렇다 보니 배우자가 자신이 있는 자리에서 문자를 읽기만 해도 일종의 거부를 당한 것처럼 반응한다.

그들은 배우자가 나 아닌 다른 대상에 관심을 두는 것에 엄청난 모욕감을 느낀다. 이런 행동은 그들이 꿈꾸는 사랑에 금이 가게 만드는 나쁜 행동이다. 또한 이런 상대의 행동이 자신에게 상처를 주는 것이며 함께하기로 한 믿음을 배신했다는 걸 상대가 깨달아야 한다고 생각한다. 이들은 자신이 사랑받을만한 가치가 없어진 건 아닌지, 상대에게 부족한 건 아닌지 두려워하며 심적 고통을 겪는다. 이런 불안감은 상대가 다시 사랑을 고백하고 해명해야만 잠재울 수 있다. 그리고 이런 심리적인 악순환은 반복된다.

관계의 딜레마

둘 사이에 나르시시즘이 난무하면 관계는 불안정해지고 진심으로 마음과 마음이 통하기 어려워진다. 그렇기에 두 사람은 딜레마에 빠진다.[13] 여기서 딜레마란 조금도 마음을 끌지 못하는 두 대안 사이에서 양자택일해야 하는 상황을 말한다. 상대와 완전히 하나가 되려면 좀 더 깊숙이 다가가야 하는데 이들은 타인과 가까워지는 걸 두려워한다. 가까이 다가서면 상대에게 얽히고 마는 건 아닌지 걱정한다. 그 무엇을 선택하든 이들은 전혀 행복하지 않다. 이런 갈등은 과거의 경험에서 비롯된다.

나르시시즘에 빠진 사람에게 사랑이란 어린 시절의 경험처럼 강요당하는 것이고 또 타인의 기대에 부응하는 것이다. 그래서 이들은 그때처럼 또다시 상대에게 복종해야 할까 봐 두려워한다. 여기에 자기 상실에 대한 두려움도 고개를 든다. 하지만 상대를 거부하고 선을 그으며 거리를 두는 선택을 해도 행여 상대에게 더 이상 사랑받지 못하고 눈 밖에 날까 봐 전전긍긍한다.

불확실한 결합과 상처 입은 자존감 사이에서 오가는 이들의 행동이야말로 진정한 딜레마다. 그리고 바로 이것이 이들이 가치가 없어진 관계를 끝까지 지속하는 근본적인 이유이기도 하다. 이들은 상대의 비난이든 보호든 사랑 때문에 무언가를 잃고 상실감을 겪는 것을 몹시 두려워한다.

　이들은 상대를 잃는 것을 두려워한 나머지 더욱 나르시시즘에 빠지고, 결국 본인들이 원했던 것과는 정반대의 상황에 부닥치고 만다. 억지로 가까워지려 애쓸수록 상대는 그 관계에서 뒷걸음치기 마련이어서 결국 외로운 감정은 더 커지게 된다.

심리적 상하 관계

　자기애가 난무하는 관계에서는 두 사람이 눈높이를 맞출 수 없으며 엄연한 상하 관계가 존재한다. 일반적으로 이런 관계에서는 남자가 주도권을 쥐고 우월한 입장에서 상대의 위에 서려고 한다. 상담 과정에서 여성에게 둘 관계를 조각상으로 표현하라고 요청하면 대개 남성이 중심에 있거나 여성이 남성 앞에 무릎을 꿇고 있다고 대답했다.

　이런 남성의 모습 뒤에는 파트너인 여성을 독차지하고 싶은 마음이 숨어 있다. 여성을 자신이 원하는 모습으로 바꾸고 조종하려는 것이다. 이로써 여성은 남성이 꿈꾸는 우월한 자아의 실사판이 된다. 그렇게 어떨 때는 세상에서 가장 아름다운 여인으로 표현

되었다가도 필요에 따라 또 어떨 때는 어리석고, 무능력한 사람으로 전락한다.

　여성은 남성의 기분이 좋을 때면 앞서 평가 절하된 자신의 가치를 재평가받는 혜택을 누리기도 한다. 또는 프랑크와 소냐의 사례에서처럼 다른 사람 앞에서만 칭찬받게 될 수도 있다. 만약 여성이 자신을 시시때때로 평가하는 남성에게서 헤어나지 못한다면 상대의 기분에 따라 어느 날은 사랑받는 기분이었다가 또 다른 날은 주체할 수 없을 정도로 끔찍한 감정에 휩쓸릴 것이다.

　이렇게 심리적으로 온탕과 냉탕을 번갈아 가면 시간이 흐를수록 자기 자신을 잃어버린다. 그러다 보니 결국 스스로가 소중하고 사랑받을 가치가 있는 사람이라는 확신을 얻기 위해 남성에게 더 잘하려 애쓰며 상대의 반응에만 집중하는 경향이 점점 강해진다.

눈에서 콩깍지가 벗겨지면

　나르시시스트들은 자신이 바라는 이상형을 바탕으로 상대에게 이런저런 것을 요구한다. 이 요구는 안정감을 얻고 자존감을 높이는 수단이 된다. 상대는 나르시시스트의 엄청난 기대 심리를 충족해야만 비로소 그들의 이상형이 될 수 있다. 나르시시스트의 이상형이 되는 순간 상대는 본모습보다 훨씬 추켜세워지고 자기 자신이 아닌 다른 누군가가 되어버린다. 하지만 아무리 꿈꾸던 이상형이라도 그것만으로는 만족하지 못하는 것이 사람의 본성이다. 따라서 어느 시점이 오면 눈에 씐 콩깍지는 벗겨진다. 그 후에도 서로가 바라는 적절한 짝이 되려면 연인의 욕구를 계속해서 충족해줘야 한다. 그러지 못하면 다른 연인으로 교체될 수밖에 없다.

자기 가치를 높이는 수단으로 악용되는 순간, 연인 관계는 파괴적인 관계가 되어버린다. 자기 자신을 위해 상대를 이용한다는 것은 이런 뜻이다.

'당신은 나 자신이 소중한 사람이라는 걸 느끼기 위해, 나의 자기애적 욕구를 충족시키기 위해 존재한다.'

이는 상대에게 역할을 부여하는 것으로, 상대는 나를 위해 뭔가를 해주어야 가치가 있는 것으로 도구화된다. 이런 상황에서 상대의 존엄성은 구석에 내팽개쳐질 뿐이다. 그러다 상대가 자기에게 주어진 역할을 제대로 수행하지 못한다면 그는 더 이상 존재 가치가 없는 것이다. 그 순간 사랑은 식어버리고 때로는 둘 사이의 관계마저 끝나버린다.

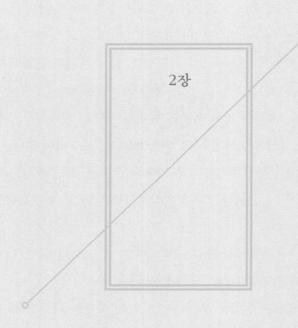

2장

그는
나르시시스트일까?

위험한 관계를 알리는 신호탄

아무리 완벽한 사람이라도 항상 사랑받고 칭찬받을 수는 없다. 때로는 무시당하고 비난받고 거부당한다. 바로 이때 우리는 그런 말들에 휘둘리지 말고 스스로 중심을 잘 잡아야 한다. 중심을 잡는 방법은 여러 가지가 있다. 그중 효과가 입증된 방법은 마음을 차분하게 가라앉히고, 자신의 장점을 긍정적으로 바라보며 스스로를 북돋아주는 것이다. 그렇게 함으로써 우리는 다시 세상을 꿋꿋이 살아갈 용기를 얻을 수 있다.

이렇게 하지 못하는 사람은 외부의 평가에 의존해 자신의 가치를 정하려고 한다. 낮은 자존감과 애정 결핍이 이런 행동을 이끈다. 타인의 반응을 중요하게 생각하며 관심받기를 원하는 사람 중에서도 자신의 가치와 면목을 제대로 파악하고 있는 사람들이 있다. 그들은 나르시시스트와 달리 타인의 표현과 평가에 지나치게 의존하지 않는다. 그렇다면 나르시시스트는 어떤 행동을 하는 걸까? 지금부터 나는 나르시시스트가 주로 하는 행동을 알려주려고 한다. 이를 통해 당신의 연인 또는 당신이 나르시시즘에 빠지지는 않았는지 확인할 수 있을 것이다.

상대가 항상 내 말에 동의하기를 바란다

만약 배우자가 매번 당신의 동의를 바란다면 그의 나르시시즘적 성향을 의심해볼 수 있다. 그들은 다른 사람의 성공이나 약점을 지나치게 강조한다. 게다가 중요한 인사들과 함께한 식사 자리를 과시하고, 자신이 어떻게 지금 위치까지 오게 되었는지 떠벌리기를 좋아한다. 그리고 그가 얘기할 때마다 당신이 동의하거나 수긍하기를 원한다. 물론 자기가 얻은 성공에 기뻐하며 성공담을 얘기하는 사람은 많다. 하지만 나르시시스트는 본인의 일을 과시하면서도 상대의 얘기를 듣는 건 거북해하거나 불편해한다. 어쩌면 당신도 나르시시즘에 빠진 상대를 위해 항상 그가 원하는 정답을 찾고 그가 실망할 수 있는 상황을 피하려고 애썼을 수 있다. 이런 관계에서는 나르시시스트를 즐겁게 하는 일이 항상 우선이며, 진정한 감정을 나누지 못하므로 즐거운 감정을 공유하는 일도 극히 드물다.

서로 감정을 공유하면서 소통하고 함께 나눠야 긍정적인 관계를 맺을 수 있다. 그러나 나르시시스트는 그저 상대가 자신에게 우레와 같은 함성을 외치고 손뼉을 쳐주는 관객이 되기를 바란다. 상대가 기뻐하는지 아닌지는 여기서 그렇게 중요한 요소가 아니다. 그 순간 상대는 이용당하고 있다는 느낌, 혹은 자신이 전혀 중요하지 않은 사람 같다는 심경에 빠져 있을지도 모르는데 말이다.

언제나 자신이 옳다고 믿는다

나르시시스트를 알아볼 수 있는 또 다른 큰 특징은 비판을 대하는 자세다. 나르시시즘에 빠진 사람은 항상 이 정도로는 충분하지 못하다는 생각 때문에 두렵다. 그렇기에 타인의 평가를 전부 비판으로 치부하고 자기반성은 조금도 하지 않는다.

타인의 평가를 전부 비판으로 받아들이는 성향이 짙어지면 자존감은 큰 상처를 입는다. 만약 상대방이 비판이라도 하면 나르시시스트는 상대방이 완전히 잘못했다며 비난을 퍼붓는다. 아무것도 모른다고 정색하기도 한다. 이런 상황이 닥치면 그는 유창한 말솜씨를 뽐내며 당신을 제압하고 아무런 이의도 제기하지 못하도록 몰아간다. 모든 게 그가 생각하는 이상적인 방식으로 진행된다. 실제로 그 방식이 완벽하지 않더라도 말이다. 당신이 조금이라도 이의를 제기하면 굉장한 논리로 무장하여 무섭게 반박할 것이다. 하지만 얘기를 끝까지 이어나가다 보면 결국 그는 앞뒤가 맞지 않는 말을 하고 있을 것이다.

단순히 주도권을 쥐기 위해 이런 독선적인 태도를 유지하는 건 아니다. 그보다는 자신의 존재 가치를 느끼기 위함이다. 이들은 나와 다른 생각은 곧 나에 대한 공격이므로 어떤 수단을 써서라도 막아야만 한다고 믿는다. 이때 연인이라면 하나가 되어 한목소리를 내야 한다는 소망이 살포시 고개를 든다. 그래서 서로 의견이 상반되면 상대가 제대로 알지 못하거나 틀린 것으로 간주한다.

나르시시스트는 항상 자기 위주로 타인과 대화한다. 대화의 주제와 방향을 본인이 결정하여 아예 논쟁을 피하려 한다. 그래서 나르시시즘에 빠진 사람은 절대 좋은 토론 대상이 되지 못한다.

자기중심적으로 생각한다

나르시시즘에 빠진 사람은 항상 자신의 욕구와 관심사만 생각하며 모든 일에서 자신이 최우선이다. 그러다 보니 상대를 챙기는 경우도 극히 드물다. 이런 사람에게 '우리'를 위한다는 개념은 애초에 존재하지 않는다. 하지만 상대에게 애정이 넘쳐흐르고 감정이입을 하는 연애 초반에는 자기중심적인 태도가 잘 드러나지 않는다. 그러다 당신을 정복했다고 확신이 든 순간부터 자기중심적인 성향을 여과 없이 드러낸다.

그때부터 당신은 그의 관심사를 충족해주기 위한 조력자로, 언제나 그의 말을 귀담아 들어주는 상담사로, 기분이 울적할 때 위로와 위안을 주는 사람으로서 행동하도록 강요받는다. 무엇보다 그에게 항상 확신을 주고 경탄하는 사람이 되어주어야 한다. 나르시시즘에 빠진 연인 관계가 아니더라도 함께하면서 서로에게 영향을 주는 관계에서는 얼마든지 이런 행동이 나타날 수 있다. 반대로 나르시시즘에 빠진 사람은 상대의 이야기를 귀담아듣고 위로하거나 적극적으로 지지해주지 않는다. 당신의 관심사, 감정, 심리 상태에 대한 관심이 극히 드물다. 중요한 건 그의 감정이입 능력은 바로 당신에게만 발휘되지 않는다는 것이다.

설사 그가 당신의 앞길을 평탄하게 만들어줄 조력자이자 후원자가 될 조건을 충분히 갖추고 있다 해도 그는 그 역할을 제대로 수행하지 않을 것이다. 그의 눈에는 당신이 제대로 들어오지 않기 때문이다. 또한 두 사람 모두 서로를 생각하는 마음이 있더라도 그가 당신을 생각하는 것보다 당신이 그를 생각하는 비중이 더 크다.

예컨대 업무와 관련된 약속이 있어 배우자가 아이를 돌봐야 하는 상황일 때도 남편은 아내와 한 약속을 제대로 지키지 않는 경우가 허다하다. 당신이 상대의 의견을 들으려 할 때도 돌아오는 건 잔소리나 아는 체하려 애쓰는 모습뿐이다. 그렇다 보니 당신은 일이 잘못될 것 같은 상황에서도 도움을 청하지 못하고 혼자서 끙끙댈 수밖에 없다.

어느 정도 선을 지키는 이기적인 사고는 좋은 점이 있으니 분명 건강한 것이다. 자기 자신을 챙기고 욕구를 충족하려는 것이 사람의 본성이기 때문이다. 그러나 모든 사람이 나 하나만을 위해 존재해야 하며 다른 건 조금도 중요하지 않다고 여기는 사람은 자기밖에 모르는 안하무인이다.

이런 태도는 상대가 부정적인 감정을 느끼게 하고 두 사람 관계에 걸림돌이 된다. 공허하고 무시당하는 기분만 안겨주는 사람과는 무언가를 하고 싶은 마음이 사라지기 마련이다. 자기중심적인 태도는 어떤 방식으로 표출되든 둘을 결속하는 역할을 하지 못한다.

지나치게 질투한다

나르시시즘에 빠진 관계에서 질투는 필수 요소다. 두 사람 모두 자신이 갖고 싶었던 걸 상대가 먼저 갖는다면 진심으로 기뻐하지 못한다. 만약 아내가 아이 때문에 커리어를 포기했다면 배우자가 직장에서 일궈낸 성공을 질투한다. 반면 남편은 전업주부인 배우자가 자신보다 훨씬 여유롭게 자유 시간을 즐긴다고 생각한다. 두 사람 모두 나보다 상대가 훨씬 더 잘 지낸다고 생각하며 자신만 손해 보는 건 아닌지 두려워한다.

반대로 여성이 직장에서 능력을 인정받고 배우자보다 수입이 많아도 남편은 이를 문제로 생각한다. 아내의 일을 마치 외도 상대자인 것처럼 여기며 질투한다. 그렇게 생긴 질투와 시기는 남편의 자존감에 악영향을 미치기 때문에 결국 격렬한 언쟁이 일어나기도 한다. 더 많은 걸(수입, 이목) 얻는 사람이 더 가치 있다고 여기기에 둘 사이에서 누가 더 우위에 있는지 주도권을 두고 서로 경쟁하기도 한다. 이런 상황에서는 결코 서로를 존중하는 관계가 형성될 수 없다. 나르시시즘에 빠진 남편은 경쟁 심리와 시기심에 사로잡혀 아내를 질책한다.

"왜 이렇게 회사에 오래 있어? 네가 없어서 내가 독수공방했잖아!"

이런 남편의 태도에 압박을 느낀 아내는 어떻게든 일찍 집에 오려고 눈치를 보며 최대한 서두르지만 돌아오는 건 또 다른 비난뿐이다. 이런 상황이라면 어떻게 행동해도 남편을 만족시키기는 어렵다.

어떤 행동을 하든 질책한다

나르시시스트는 상대가 뭘 하든 항상 잘못된 행동이라고 질책한다. 남편은 아내가 늦게 와도 비난하고, 제시간에 집에 와도 평소에는 왜 일찍 오지 않냐며 기분 나빠한다. 하지만 아내가 계속해서 집에 일찍 들어온다고 해도 남편은 아내를 깎아내릴 만한 다른 트

집거리를 찾아 이렇게 말할 것이다.

"당신, 정말 집안일은 아무것도 하지 않을 거야? 갈수록 게을러지기만 하네."

이런 비난은 상대를 매우 불안하게 하며, 상대는 당황하다가 결국 병든다. 이런 상황이 닥친다면 옳고 그른 기준을 판단하기가 힘들다.

시기하고 통제한다

나르시시즘에 빠진 사람은 상대에게 영향력을 행사하고 싶어 하며, 상대가 독립적인 사람이 되는 걸 방지하기 위해 가능한 한 통제하려 한다. 상대가 자신에게 의존할수록 자신이 상대에게 미치는 영향력이 강해지기 때문이다. 그 결과 상대는 나르시시스트를 쉽게 떠나지 못하고 그의 기대치에 부응하려고 더 노력한다. 그러니 이런 부류가 상대의 모든 것을 부정적으로 평가하는 건 그리 놀라운 일이 아니다. 부정적인 평가의 대상은 다른 이성에게만 국한되지 않는다. 가족의 일원, 동성 친구, 취미 생활 등에도 극단적인 반응을 보인다.

나르시시스트의 11가지 유형

사람의 유형은 이론처럼 딱 떨어지지 않기 때문에 분류하기 쉽지 않다. 그렇지만 이 시점에서 독자를 위해 나르시시스트를 알아볼 수 있는 실마리를 제공하겠다. 나르시시즘에 빠진 사람의 유형은 다양하다. 하지만 오랫동안 둘 사이의 관계를 유지하려고 희생해온 상대의 가치를 직접적이든, 무의식적이든 깎아내리는 태도를 공통적으로 갖추고 있다. 물론 여기서 언급하는 내용이 모든 사람에게 꼭 들어맞는 건 아니므로 참고만 하는 게 좋겠다.

성공한 사람

성공과 나르시시즘은 밀접한 관계가 있다. 성공을 맛보면 한편으로는 자존감이 높아지지만 다른 한편으로는 자기 과시적 성향이 더 커지기 때문이다. '크게 생각하면 크게 된다'는 말처럼 사회에서 성공하면 주변의 선망, 사회적 위치, 돈과 권력을 얻는다. 그리고 이 모든 혜택은 이런 능력자를 더 화려하게 장식해줄 그의 연인에게도 적용된다.

이를테면 그의 커리어를 뒷받침해주기 위해 많은 것을 포기해야 하는 것은 아닌가? 그는 일하고 회의하느라 긴 시간을 집 밖에서 보내야 하므로 함께 참석해야 하는 초대 모임을 잊어버리거나 함께 가기로 약속한 오페라 관람도 갑자기 취소할 수 있다. 그에게 는 무엇보다 일이 우선이다. 물론 그런 그의 노력과 그가 벌어들이 는 수입 덕택에 안락한 생활을 누린 것도 사실이기에 당신은 불평 도 쉽게 하지 못한다. 게다가 이런 태도가 지속하면 관계도 위태로 워진다는 걸 너무 늦게 깨닫는다. 결혼한 사이라면 이혼을 고민하 거나 관계가 서로 서먹해지는 단계까지 이르거나 아이에게 식이장 애가 생긴 후에나 아차! 하고 깨닫는 식이다.

유혹하는 사람

외모에서 풍기는 매력뿐만 아니라 일에서의 성공도 상대에게 는 거부하기 힘든 유혹으로 다가온다. 유부남이면서도 너무나 아 무렇지도 않게 다른 여성과 성관계를 갖는 권력자의 사례만 봐도 알 수 있다. 그들의 행동은 업무 스트레스와 집에서 느끼는 압박감 에서 잠시 벗어나 휴식을 취하게 해주는 일탈이다. 이런 유형은 대 체로 장시간 집을 비우는 경우가 많아 육체적으로나 심적으로나 상대를 제대로 만족시키기가 힘들다. 그렇다 보니 돌아오는 건 연 인이나 아내의 비난뿐이다.

반면 내연 관계의 애인이나 그저 하룻밤을 같이 보내는 사람 은 그에게 아무것도 요구하지 않을뿐더러 그 순간만큼은 어깨에

진 모든 짐을 잠시 내려놓아도 될 것 같은 기분을 선사한다. 또한 그 순간만큼은 이 사람이 오롯이 자신만을 위해 존재하는 것처럼 느껴진다. 상대는 이런 유형의 사람이 자신을 이용하고 있다는 걸 조금도 인지하지 못한다. 이들은 부부 생활은 물론 때로는 커리어가 완전히 붕괴할 위험이 있음에도 이런 성적 일탈을 감행한다.

어디서나 주목받는 사람

이런 유형은 사회에서 원래 모습보다 훨씬 더 유쾌하게 행동한다. 또한 사회에서 만난 지인들이나 모임 전체를 관리하고 운영할 수 있는 능력을 갖췄다. 타고난 익살꾼이나 엔터테이너 기질을 유감없이 발휘하며 어렸을 때부터 주위의 주목을 받는 역할을 해 왔다. 주로 쇼 비즈니스 분야에서 찾을 수 있는 창의력이 풍부한 사람 중에 이런 유형이 많다.

이런 사람은 마치 자신이 무대에서 뭔가를 표현하며 퍼포먼스나 연기를 하는 배우처럼 타인의 기분을 속속들이 알뜰하게 챙기려 애쓴다. 그러나 그 이면에는 이러한 행동으로 덮으려 하는 깊은 슬픔이 숨어 있다. 이런 사람에게 가장 중요한 것은 타인의 눈에 띄어서 자기 의사를 제대로 전달하는 것이다. 그렇기에 이런 사람과 부부의 연을 맺고 있다면 당신은 항상 그의 옆을 지키면서 그에게 귀 기울이고 진심으로 대하는 사람일 수도 있다.

그러나 이런 유형은 집에 있는 걸 사회에 있을 때만큼 즐거워하지 않는다. 이럴 때마다 당신은 그의 기분 전환을 위해 전전긍긍할 것이다.

후원해주는 사람

후견인 혹은 후원자 유형의 나르시시스트도 있다. 이런 유형은 상대에 대한 자신의 우월한 입지를 더욱더 견고히 하려고 도움을 악용한다. 이를테면 이런 사람이 당신에게 다시 일할 기회의 문을 열어주면 분명 당신은 엄청난 고마움을 느끼는 동시에 이런 적극적인 그의 후원에 의존하게 된다.

후원자 유형은 이런 방식으로 자신에게 진 마음의 빚 때문에 절대 그를 먼저 떠날 수 없는 추종자를 얻는다. 후원자 유형은 상대 앞에서 아는 척하며 과시하는 경향이 있으며 상대가 져야 할 책임마저 자신이 떠안으려 한다. 이런 행동은 상대에게 베푸는 모든 것이 자신의 이기심 때문이며 상대를 조금도 배려하지 않는다는 증거다.

처음에는 이런 상황에 처해 있어도 이용당한 걸 인지하지 못할 수도 있다. 하지만 시간이 흐르면서 가슴이 답답해지고 그 대가로 져야 할 의무가 힘든 압박으로 다가오게 될 것이다. 이런 유형의 사람에게서 이미 많은 걸 얻었다면 그에게서 어떻게 자유로워질 수 있을까?

　고마움을 모르는 배은망덕한 사람이 될 순 없기에 이런 관계에서 빠져나오려면 도움을 준 그에게 보답해야 하는 윤리적 의무가 있다. 분쟁을 막으려면 그래야만 한다. 정말 껄끄럽고 불편한 상황이 아닐 수 없다.

착취하는 사람

　후원자 유형과 정반대인 착취자 유형은 상대에게 주는 건 아무것도 없으면서 오로지 자기 이득만 챙긴다. 착취는 정신적인 것뿐만 아니라 물질적인 측면에서도 일어난다. 이런 유형과의 관계에서 당신은 정서적인 측면으로 그의 버팀목이 되고, 더불어 그의 욕구를 충족시키는 역할을 맡는다. 당신의 방식이 아닌 그가 원하는 방식대로 이뤄져야 하며 그 과정에서 손해 보는 상황이 일어나기도 한다. 물질적인 착취의 경우 당신이 상대의 빚을 대신 갚고, 월세나 생활비를 대며, 입을 것과 먹을 것까지 전부 대신 구매한다. 이런 유형이 배우자가 되면 갈수록 요구가 심해진다.

　혼인을 빙자한 사기꾼들이 상대를 착취하거나 상속받으려 할 때 주로 다음과 같은 전략을 활용한다. 상대의 마음을 찢어놓는 말과 위대한 사랑을 약속하는 사탕발림으로 자신에게 돈을 건네는 여성을 조종하는 식이다.

아무것도 가진 것이 없는 사람

가진 것이 아무것도 없는 사람은 엄마 품에서처럼 보호받고 싶어 하는 욕구가 있기 때문에 기본적으로 상대를 착취하려는 성향이 있다. 그렇기에 이런 사람을 만난다면 당신이 그의 욕구를 채워줄 수 있는지 고민해보라. 이런 관계의 끝에는 당신이 그의 정서적 행복까지 보장해야 하며 그에게 이용당할 위험이 도사리고 있다. 차라리 도와주고 싶은 마음이 들어도 그런 욕구를 잠시 억누르고 그를 다 큰 한 명의 성인처럼 대하며 책임감을 가지라고 격려하는 편이 훨씬 낫다.

겉보기만 그럴듯한 사람

겉보기만 그럴듯한 유형은 실제 모습보다 훨씬 더 그럴 듯하게 과시하는 걸 좋아하는 나르시시스트다. 이 유형은 약속한 걸 지키는 경우가 드물다. 언제나 호언장담하지만 절대 행동으로 이어지지 않는다. 항상 타인 앞에서 뭔가를 연기하며 진실을 은폐한다. 거짓말을 한다든가, 그럴 수밖에 없었던 상황적 핑계를 늘어놓으며 자신을 훨씬 더 좋은 사람으로 연출한다.

이런 유형은 엄청난 설득 기술을 지니고 있으며 스스로에 대한 확신과 성공을 향한 강한 의지가 확고해서 주변 사람들까지 그에게 빠져들게 된다. 이들은 필요할 때마다 대충 말로 얼버무리고

"나르시시스트 중에는 일부러 상대가 좋아할 만한 행동을 하는 유형도 있다. 이들은 상대방의 눈에 들어 자기 의견을 관철하기 위해 마치 배우처럼 연기한다."

자기가 좋게 생각하는 사람은 과할 정도로 칭찬한다. 또 이들은 마음에 드는 대상을 소명이나 꿈 같은 것으로 표현하며 이를 유일한 목표로 삼고 앞으로 나아가려 한다.

이런 과장된 성향을 지닌 유형의 특징을 잘 파악해놓는다면 이런 사람을 만났을 때 침착하게 대처하면서 좀 더 객관적으로 판단할 수 있을 것이다. 그러지 않고 이런 유형을 진심으로 받아들인다면 종국에는 실망만 남을 것이다. 겉보기만 그럴듯한 이런 유형은 과시욕에 스스로 현혹되어 현실을 제대로 직시하지 못하고 소외된 사람이다. 이런 사람은 실패할 때에도 당신을 속이며 자기 탓이 아니라 정황 혹은 주변의 다른 어리석은 사람들 때문이라고 설득할 것이다.

충동적이고 불안정한 사람

충동적이고 불안정한 사람은 결과를 조금도 고려하지 않고 그 순간의 기분에 따라 충동적으로 행동한다. 시시때때로 하늘 꼭대기까지 닿을 만큼 환호했다가도 죽을 만큼 우울해하는 변덕을 부린다. 공격적인 성향이 있고 감정 기복이 극도로 심할 뿐만 아니라 타협의 여지가 조금도 없는 흑백논리에 빠져 있다. 이들의 행동은 예측하기 힘들기 때문에 항상 상대를 당황케 한다. 사소한 일이 큰 사건의 도화선이 되기 때문에 항상 지뢰밭을 걷는 것만 같다. 아무리 조심해도 당신은 안전하지 않다. 남편을 이해하려고 노력하고 미리 마음의 준비를 단단히 한다 해도 이런 관계에서는 안정을 찾기 어렵다.

순응하는 사람

이 유형은 상대의 마음에 드는 일은 뭐든지 한다. 좋게 보면 순응하는 태도는 상대의 비판을 피하고 의견 충돌을 예방하며 서로 잘 지낼 수 있는 방법의 하나다. 배우자로서 이런 사람을 만난다면 처음에는 둘 사이의 관계가 딱히 어렵다거나 복잡해 보이지는 않지만, 언제나 자기 의사는 조금도 표현하지 않는 것 때문에 답답할 것이다. 이런 유형은 자기 의사를 밝히고 상대와 갈등 상황에 놓일 용기가 빠져 있다. 그런 그에게 당신이 원하는 걸 묻는다면 아마 돌아오는 대답은 '글쎄, 잘 모르겠어.' 일 것이고 또 그렇게 결정은 당신의 몫이 된다. 이런 유형은 의도적인 것은 아닐 테지만 그 책임마저도 살포시 당신에게 미룬다.

까다로운 사람

까다로운 사람은 절대 만족하지 않는다. 모든 것이 부족하다고 생각하며 훌륭한 커리어에도 불만이 가득하다. 그가 보기에 상사는 너무 해이하고, 동료들은 너무 냉정하다. 이런 유형에게 맞추는 건 불가능하다. 요구하는 것도 참 많은 이런 까다로운 유형은 주변 사람들의 부족한 부분에도 만족하는 법을 먼저 배워야 한다.

"나도 내가 다른 모습이면 좋았겠지만 지금 이런 모습인 걸 어쩌겠어."

이런 유형은 삶을 조금 더 수월하게 해주는 방법을 접하는 기회조차 스스로 차단한다.

폭력적인 사람

주먹을 휘두르는 유형은 매우 파괴적인 공격성을 보이므로 애초에 이런 사람은 피하고 보는 게 상책이다. 당신이 두려워하는 순간 이 사람은 그런 감정을 감지하고 그것으로 당신을 지배하려 한다. 평소에 당신이 자립적이고, 생기 넘치는 강한 사람이라면 그는 그런 모습을 자신에 대한 위협으로 받아들인다. 평소에는 제아무리 친절하고 따뜻한 사람이라도 이런 유형은 배우자로서 절대 부적절하다.

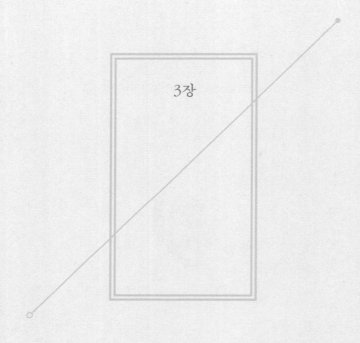

3장

두려움 없이 관계에서 벗어나는 법

우리 사이 이대로 괜찮을까?

앞서 나르시시스트 유형을 살펴보았지만, 정작 자신이 나르시시즘 관계를 맺고 있는지 모르는 사람이 많다. 알고 있더라도 관계에서 빠져나오지 못하고 괴로워하는 경우도 있다. 그렇기에 이제부터는 나르시시스트에게 빠져드는 사람은 누구인지, 상처만 주는 관계를 맺고 있다면 빠져나올 방법은 무엇인지 살펴볼 것이다.

나르시시즘 관계에 빠진 사람들의 10가지 생각

1. 꿈에 그리던 사람이야

첫 만남부터 믿기 힘들 정도로 전부 다 아름답게만 보인다면 그 관계는 위험하다. 꿈에 그리던 상대는 사실 자신이 꿈꾸며 바라는 모습을 토대로 만들어진 매우 평범한 사람이다.

2. 무엇보다 속궁합이 좋아

나르시시즘에 빠진 관계에서는 유독 성적 측면을 강조하거나 아예 섹스와 사랑을 혼동하기도 한다. 그는 어떻게든 상대를 정복하려고 하고 결국 잠자리를 갖는다. 상대는 그런 그의 태도를 애정과 사랑의 증표로 간주한다.

3. 예전에 깨달았어야 했는데

경고 신호는 연인 관계가 시작되자마자 발동한다. 그렇지만 처음에는 누구도 그걸 제대로 보려고 하지 않는다. 사소한 사건만으로도 감정이 격해지고 자제력을 상실하는 사람은 누가 조금만 잘못해도 지나칠 정도로 예민해지고 목소리가 높아지며 때로는 손찌검을 한다. 이것은 훗날 더 심각한 폭력으로 이어질 수 있다.

4. 왜 항상 내 잘못이라고 할까?

나르시시스트는 자기가 한 잘못을 절대로 인정하지 않을뿐더러 그것을 상대에게 떠넘기기까지 한다. "당신 잘못이야."란 말을 몇 번 입 밖에 내뱉기 시작하면 어느 순간 습관처럼 말한다.

5. 나는 그의 전 애인과는 달라

나르시시스트는 지금까지 이용하기만 했던 옛 애인에 대한 비난과 경멸을 서슴없이 표현한다. 그러곤 당신이 훨씬 낫다는 부적절한 찬미와 칭찬을 한다.

6. 항상 이 순위로 밀려난 기분이야

나르시시스트는 항상 중심에 서려 한다. 그런 그에게 그냥 하는 말이란 없다. 무엇이든 가르치려 든다. 그런 그에게 당신의 상태나 기분은 그의 관심사 밖이기 때문에 절대 묻지 않는다.

7. 더 이상 내가 아닌 것 같아

나르시시즘에 물든 관계는 항상 특정 방식에 맞춰 행동해야 한다. 따라서 자기의 본모습을 그대로 지키기가 힘들다. 그렇게 당신은 차츰 자신의 본모습에서 멀어지고 자신이 원하는 것이 무엇인지 그리고 무엇이 자신에게 이로운지조차 모르는 상태에 이른다.

8. 사랑하는데 왜 항상 공허할까?

유혹은 당신을 통제하고 의존하게 만들기 위해 강력한 힘을 발휘한다. 사랑은 마음을 가득 채우지만, 유혹은 순식간에 소멸한다.

9. 벽 보고 얘기하는 것 같아

나르시시스트는 자신의 말이 진리라고 생각한다. 이런 태도는 두 사람 사이의 대화를 차단한다.

10. 그는 변덕쟁이야

당신이 그가 원하는 대로 따른다면 그의 기분은 최고다. 그렇지 않은 상황은 그를 몹시 예민하게 만들고, 분노하게 한다.

나르시시즘 관계의 행동 방식

나르시시스트의 행동과 나르시시스트에게 빠진 여성이 대응하는 방식은 다음과 같다.[14]

나르시시스트의 행동	· 칭찬을 남발하며 올가미를 씌운다. · 공공연히 질투심을 드러낸다. · 사소한 것에 예민하게 반응한다. · 갈수록 여성을 통제하려 든다. · 비난과 질책이 쌓인다. · 여성의 행동을 그가 결정한다. · 여성에게 오는 연락과 활동을 통제한다. · 언어적, 물리적 위협을 가한다. · 쌀쌀맞고 비판적인 태도만 보인다. · 참을 수 없는 행동을 한다.

여성의 행동	· 사랑받는 기분에 빠진다. · 그것이 그가 자신을 사랑하는 증거라고 생각한다. · 그 모습을 보며 자책하고 그를 진정시키려 노력한다. · 그런 태도를 용납하고, 그것이 배려라고 믿는다. · 점점 주눅 든다. · 갈수록 그에게 순응하고 자신에 대해 생각하지 않는다. · 고립되고 점점 그에게 더 의존한다. · 두려움과 불안감이 커진다. 하지만 처음으로 의문이 떠오른다. · 한 발자국 뒤로 물러서고 그런 모습을 견디기 힘들어한다. · 도움을 청한다.

상처를 주고받는 관계에 빠지는 사람들

단순히 상대가 몹시 매력적이라는 이유만으로 나르시시즘에 도취된 사람과 사랑에 빠지는 실수는 누구라도 할 수 있다. 하지만 그런 사람들 전부가 그 관계를 소냐만큼 오래 지속하는 건 아니다. 그렇다면 소냐와 다른 선택을 하는 사람들의 차이는 무엇일까?

나르시시즘에 빠진 사람에게서 재빨리 시선을 거두는 사람도 초반에는 처음에 느낀 그 사람의 이상적인 면을 한껏 즐기지만, 지나칠 정도로 긍정적인 면만 이어지는 상황을 회의적인 시선으로 바라본다.

이런 사람들은 왕처럼 떠받들어지고 싶은 마음이 없다. 상대가 왕처럼 떠받들어준다면 그만큼 본인에게 기대하고, 그로 인한 압박이 존재한다. 그렇기에 항상 멋지고 특별해야 한다는 강박이 따른다. 이를 알고 있기에 나르시시즘에 빠진 사람에게 매력을 느끼더라도 신중하게 판단한다. 의심이 들면 무턱대고 사랑에 빠지기보다 약간의 거리를 두고 자신의 감정을 당겨 조절하며 그가 나에게 하는 칭찬을 액면 그대로 받아들이지 않는다. 또한 처음부터 성급히 미래를 계획하지도 않는다. 우선 시간을 두고 그 관계가 어떤 방향으로 발전하는지 지켜본다.

연인 관계는 사랑에 빠졌다는 감정만으로 형성되지 않는다. 그것보다 서로 함께하고 시간을 보내면서 그 관계가 유지되고 굳건해진다. 두 사람 모두에게 그런 마음가짐이 있어야 중심을 잃지 않고 상대에게 매몰되지 않는다. 자기중심을 잃지 않아야 상대가 하는 이상 행동을 관계 초반에 알아차릴 수 있다. 이런 유형의 사람은 원하는 대로 되지 않으면 자제력을 잃는 상대를 연인으로 받아들일 건지 스스로 판단할 수 있다.

직장에서 스트레스를 받았거나 다른 부담 때문일 거라고 이해하고 용서하는 대신 처음부터 그런 대우를 받고 싶지 않다고 확실하게 선을 긋는다. 또한 연인이 이해, 애정, 관심, 공감처럼 남녀 관계에서 기대하는 것들을 줄 수 있는 사람인지 시간을 두고 찬찬히 검증한다. 그 관계에서 지금 상대가 바라는 소망을 들어주고 양보하는 사람은 항상 나인가? 아니면 그도 그러한가? 만약 그가 나를 수용하고 배려와 공감을 보여준다면 그건 나의 행복을 바라기 때문인가? 아니면 그저 그 자신을 위해서인가? 바라던 소망이 좌절될 때 그는 화를 내는 사람인가? 아니면 서로 설명하며 대화로 풀어갈 수 있는 사람인가?

이런 점을 유심히 살펴보지 않거나 혹은 소녀처럼 아무 의심도 없이 따르기만 한다면 오랜 시간이 흐른 뒤에야 이런 질문에 긍정적인 대답을 할 수 없다는 걸 깨닫는다. 의심하지 않고 맹목적으로 따른 사람은 퍼주기만 하면서 상대의 행동을 묵인했으며 계속 그를 용서하고 이해하기만 한다. 나르시시스트에게서 재빠르게 벗어나는 사람과 달리 이들은 자신이 주체가 되어 연인에게 무언가를 요구하는 경우가 거의 없다.

상대의 착취를 허락하는 태도

아무리 상대가 나르시시즘에 빠졌더라도 아무에게나 자신의 행동을 관철하지는 않는다. 그들은 교묘하게도 자신의 마음대로 휘두를 수 있는 상대를 찾아내 공략한다. 지금부터는 상대의 나르시시즘적 행동을 허락하는 태도를 자세히 설명할 것이다. 다음의 예시에서 자신에게 해당하는 건 없는지 확인해보자.

자신을 경시한다

상대가 나르시시즘적 행동을 해도 상관없을 것 같다는 느낌을 주는 태도는 여러 가지가 있다. 그중 첫 번째로 소개할 태도는 자기 경시다. 자신을 경시하는 사람은 주로 이런 생각을 한다.

- 난 중요하지 않다
- 난 사랑받을 가치가 없다
- 나는 어리석고 내가 하는 건 전부 틀렸다

평소 스스로 현명하지 못하다고 생각하는 사람은 자신을 향한 상대의 비난을 어느 정도 수긍한다. 그리고 자신도 행동이 잘못됐다고 생각하기 때문에 화를 억누르지 못하고 폭발하는 상대의 만행을 용서한다. 마치 자신이 똑바로 행동했다면 그가 저렇게 괴로워할 일이 없었을 거라고 자책하는 것처럼 말이다.

이런 사람은 자신을 깎아내리며 다음에는 더 잘해야겠다고 다짐한다. 이렇게 극단적으로 순응하는 태도는 주로 타인이 나보다 더 중요하다는 사고방식에서 비롯된다. 상대의 마음에 들고 사랑받기 위해 무엇이든 감수하는 이들은 상대가 아주 약간의 애정만 주어도 만족한다.

자신을 부정한다

이런 사람은 나쁜 배우자, 부모 혹은 연인이 되지 않으려고 노력한다. 이 과정에서 자신을 부정하는 단계까지 자신을 몰아가며 희생한다. 이런 유형은 자신을 제외한 모두를 챙긴다.

무엇보다 게으르다는 비난과 질책을 가장 두려워하기 때문에 자신을 챙길 여유가 조금도 없다. 시간이 흘러도 스스로 무엇을 원하는지 깨닫지 못하거나 아예 이런 의문조차 갖지 않는다. 이런 절대적인 순응 뒤에는 거창한 환상을 이루는 데 막대한 책임이 있다는 생각이 깔려 있다.

- 난 사랑받을 수밖에 없을 정도로 모든 걸 완벽하게 해
- 그가 나 없으면 안 될 정도로 만들 수 있어
- 뭐든 다 잘하다 보면 이 관계는 좋아질 거야
- 그가 나에게 빠진다면 뭐든 다 할 거야

타인의 시선으로 자기 가치를 평가한다

모든 걸 완벽히 해내려는 목표 아래 지속적인 자기비판에 빠지는 사람은 오직 타인의 눈으로만 자신을 바라보며 자신을 깎아내린다.

"그가 날 어떻게 생각할까? 내가 그의 기대를 충족시키고 그의 곁에 서기에 충분한 사람이라고 느낄까?"

이는 끊임없는 자기통제로 이어진다. 이런 유형은 외모, 말, 행동, 표정, 제스처 그리고 욕구까지 모든 것을 상대의 잣대에 맞춰 평가한다. 스스로가 자기중심에 서지 못하기 때문에 연인이 꿈꾸는 이상형에 맞춘 평가에 매달린다.

상대에게 매달린다

원래 자신이 충분하지 못하다고 느끼는 사람은 상대에게 버림받을까 봐 두려워한다. 자기 확신이 부족하고 불안정한 사람이 연인의 애정을 받는 순간 앞으로 혼자 남겨지고, 이런 애정을 선사하는 사람을 다시는 만나지 못할까 봐 두려워 더욱더 그에게 매달린다. 그래도 이렇게라도 있는 것이 아무도 없는 것보다 낫다고 생각하기 때문이다. 하지만 이렇게 상대에게 매달리면 상대는 압박감을 느끼고, 원래 의도한 것과는 다르게 연인에게서 오히려 더 멀어진다. 그런 모습에 더 전전긍긍하고 심각하게 매달리는 태도는 두 사람 모두에게 악영향을 미친다.

전부 다 자기 잘못이라는 생각

죄책감에 쉽게 빠지는 사람은 원래 남에게 책임을 미루고 성가신 일 없이 자신만 빠져나오려는 나르시시스트들이 가장 쉽게 희생양으로 삼는 유형이다. 따라서 나르시시스트와 관계를 맺은 사람은 특히 그들의 관계가 망가진 것을 자기 탓으로 생각하며 모든 책임을 지려는 태도를 버려야 한다. 하지만 그 관계가 망가진 데는 솔직히 나르시시스트의 책임이 더 크다.

상대를 변화시키려 한다

대다수가 관계를 시작하는 초반에는 상대를 가르칠 수 있다고 생각하며 자신이 원하는 대로 그를 변화시키려 한다. 그 과정에서 당신만큼은 다른 사람들과 다르다고 강조하며 자신이 기대하는 바를 상대에게 강요한다. 초기에는 두 사람 모두 서로에게 극단적일 정도로 순종하고 순응하는 태도를 보이지만 그것 또한 그들의 본모습이 아니다.

두 사람 모두 상대가 맞춰주기를 바란다. 이런 부담감 자체가 사람과 사람 사이에서 느끼는 순수한 즐거움과 진심으로 친밀해질 수 있는 기회를 전부 앗아간다. 그러다 보면 두 사람 모두 자신의 상태와 욕구를 솔직하게 털어놓기 힘들게 되고 결국 서로를 있는 그대로 대하지 못한다.

두려움 없이 이별하는 법

만약 이 글을 읽고 자신이 나르시시즘에 빠진 관계를 맺고 있다고 깨달았다면, 이제는 이별을 준비할 차례다. 하지만 무작정 그와 헤어지려 한다면 폭력과 협박으로 실패할 확률이 높다. 지금부터는 두려움 없이 뒤틀린 관계에서 벗어나는 방법을 설명하겠다.

우선, 이별을 준비하기 전 지금 나의 재정 상태를 정비해야 한다. 돈을 모으고 직장을 찾거나 어떤 형태든 일시적인 금전 지원을 받는다. 돈 없이는 새 인생을 시작하기 힘들다. 당신의 연인이 개인 계좌에 손대지 않도록 주의하고, 최악의 경우 일시적으로 동결시켜 놓는다.

그런 뒤 다음 단계로 집을 구하고 이사를 계획한다. 이사 시기와 방법을 정할 때도 그가 없는 시기를 고려하여 최대한 신속히 진행하는 것이 최선이다. 혹시 아이들이 있다면 그 시간대에 아이들이 있는 장소, 아이들이 아버지에 의해 위험에 빠질 가능성(이를테면 납치처럼)이 있는지 고민한다. 아이의 행복이 위협받는다면 이를 도울 수 있는 아동복지국을, 실제 폭력에 노출된 경우라면 지체 말고 경찰을 찾는다. 또한 마음의 안정을 위해 이사하는 날에 친한 지인들 혹은 건장한 남성들을 섭외하는 것도 방법이다.

원치 않는 문자와 전화 테러를 피하고 싶다면 휴대폰 번호 변경은 필수다. 아무리 컴퓨터 화면 창을 닫고, 울리는 전화벨을 무시해도 그 사람은 계속 당신의 인생에 다시 끼어들려 하므로 그런 상황만큼은 꼭 저지해야 한다. 그대로 둔다면 당신은 점점 불안해지고 상황에 따라 두려움 혹은 분노를 느끼게 될 것이다. 어떤 방식으로든 상대와 접촉하는 순간 당신은 헤어진 그 사람에 대한 생각을 떠올릴 수밖에 없다. 그것만큼은 당신이 절대 바라지 않는 상황이기도 하지만 그에게서 완전히 벗어나는 이 과정이 더 힘들어지는 요인이다. 이런 상황이 가능한 건 여전히 모든 것이 부적절한 방식으로 서로 얽혀 있기 때문이다. 상황에 따라 헤어진 후 혹시 있을지 모르는 스토킹을 미리 방지하기 위해 주소마저 비밀에 붙여야 한다.

이런 괴롭힘에 시달리다 보면 자신이 그에게 이대로 꺾이는 건 아닌가 하는 압박을 느낄 위험이 매우 크다. 아직 당신은 오래 저항하고 버틸 정도로 강하지 않다. 당신은 이별이라는 큰 과제를 완수했지만, 그 과정에서 너무 많은 에너지를 소모했다는 걸 염두에 둬야 한다. 지난 몇 년 동안 쌓인 스트레스를 전부 털어내려면 마음의 안정을 찾을 시간이 필요하다.

길고 긴 시간 동안 당신의 내면은 항상 긴장 상태를 유지했다. 따라서 신체적 힘을 소모한 것 외에 어쩌면 심신상관의 증상마저 보이며 많이 쇠약해진 상태일 수도 있다. 그런 상태로 또 다른 공격에 맞서야 한다면 자신을 제대로 보호하기 힘들다. 직업 혹은 아이 때문에 지금 사는 지역을 떠나기 힘든 상황이라도 옛 연인이 거주하는 생활권에서 벗어나 조금 떨어지는 곳으로 옮기는 방안을 적극적으로 고려해봐야 한다.

가까이에 거주할 수밖에 없는 불가피한 상황이라면 그가 집에 찾아오지 못하도록 단단히 대비해야 한다. 이제 그곳은 그가 발붙일 수 없는 당신만의 공간이다. 그의 거처에 두고 온 물건을 빌미로 그와 연락을 주고받는 행동은 절대 금물이다. 불필요한 연락을 이어가다 보면 상대가 그것을 재결합의 신호로 해석할 수 있고, 협박을 위한 기회로 이용할 수도 있다.

상처받은 마음의 치료

착취당하는 종속관계에서 벗어나려면 마음을 단단히 먹어야 한다. 심리 치료를 통해 당신은 자신의 의미를 찾는 법과 더불어 관계의 근본적인 문제가 꼭 당신에게만 있는 것이 아니라 그중 상당수가 당신 연인의 행동에 있다는 걸 깨달을 수 있다. 이런 맥락을 제대로 납득하는 순간 당신은 자신을 괴롭히던 죄책감에서 해방된다. 전문 심리 치료를 받는 과정에서 이런 해로운 관계를 오랫동안 견딜 수 있는 근본적인 원인이었던 트라우마와 대인 관계 장애를 치료할 기회가 생긴다. 그것을 계기로 삼아 자신도 모르게 내면에 잠재해 있던 나르시시즘을 자주성과 높은 자존감으로 대체할 수 있다.

지난 수년간 비난에 익숙해진 사람은 상대가 자신에게 지우는 짐과 그 여파를 제대로 깨닫지 못한다. 그러므로 그 잘못이 비단 자기에게만 있는 건 아니라는 사실을 쉽게 받아들이지 못한다. 따라서 이런 깨달음을 얻으려면 당사자의 힘만으로는 역부족이다. 파괴적인 관계의 여파로 자신에 대한 확신이 무너진 그에게 새로운 접근이 낯설기만 할 테니 말이다.

"그녀는 못됐고, 아무짝에도 쓸모가 없고, 사악하고, 그에게 대한 처신도 올바르지 않았고, 그를 혼자 방치하고, 그보다 일을 더 중요하게 생각하고, 이성에게 미쳤고, 이기적이고, 문제가 아주 많은 사람이야."

나르시시스트가 하는 이런 비난은 일반적으로 조금의 근거도 없는 허무맹랑한 모함이다.

"도대체 또 뭘 한 거야? 날 좀 생각해줄 수는 없어? 당신은 항상 아무래도 상관없어? 당신은 모든 걸 망쳐버리지. 당신이랑 정말 못 살겠어."

이런 비난을 날마다 몇 차례씩 듣던 사람은 어느 순간부터 정말 자기가 부족한 사람이라고 생각하게 된다. 이런 감정에 빠진 여성은 전보다 더 순종적인 태도를 보이고 뭐든지 더 잘하려고 노력한다. 실제로 이런 비난을 들어본 적이 있다면 당신이 반성하고 책임져야 하는 부분은 바로 이런 악의적인 말을 곧바로 튕겨내지 못하고 그대로 '삼켰다는' 것이다. 그렇지만 그만큼 당신이 실질적인 잘못과 아무 근거 없는 비방을 제대로 구분하지 못할 정도로 그 사람에게 사로잡혀 있었던 것이므로 외부의 도움이 필요하다.

이런 상황에서는 친구들의 조언에 기대는 것만으로는 충분하지 않을뿐더러 우정에도 금이 가기 쉽다. 이럴 때 전문 상담사의 든든한 지원을 받는다면 자신의 모습을 제대로 비춰보고, 상대에게 의존하던 모습을 파악할 수 있을 것이다. 그렇지만 막연히 순응하거나 반항하는 태도만으로는 그 상태에서 벗어나지 못할 뿐만 아니라 자신의 솔직한 감정과 욕구도 확실히 깨닫지 못한다.

우선 본인이 원하는 것과 원하지 않는 것을 깨닫고 나면 연인과의 관계에서도 자신의 견해를 훨씬 명확하게 구축하고 관철하는 것이 가능해진다. 그로써 더 많은 힘이 생긴 당신은 이런 방식을 발판으로 삼아 피해자인 것처럼 행동하는 태도와 그 관계에서 탈출할 수 있다.

연인과 헤어지는 것이 종종 뭔가 나쁜 짓을 하는 것만 같고,

그를 버리는 것만 같은 죄책감에 사로잡히는 여성이 있다. 전문 상담사와 대화하면 이런 죄책감이 과도하고 불필요한 감정이라는 걸 깨닫게 된다. 자의식을 가지고 주도적으로 행동하는 건 올바른 선택이다. 그러나 쉽게 자책하는 사람은 연인과 헤어진 후 삶을 스스로 헤쳐나가려면 다른 사람의 응원이 필요하다. 누군가가 호감을 갖고 다가와 함께 앞날을 걱정해주는 것만으로도 자존감은 높아진다. 비록 그가 직접적인 지원을 하지 않더라도 괜찮다.

법적 조치

법적 조치란 이별을 준비하는 과정에서 꼭 짚고 넘어가야 할 구체적인 지원과 절차를 말한다. 이를테면 아이들을 위한 부양비와 자녀 양육권 같은 사항을 논의한다. 변호인을 통해 취할 수 있는 정보를 정확히 습득할수록 보다 효과적인 대처가 가능하다. 또한 상대에게 요구할 수 있는 것과 적용 가능한 법적 제재에 대해 파악할 수 있다. 이런 정보는 어찌해야 할 바를 모르고 발만 동동 구르는 피해자 신분에서 당신을 구해줄 것이다.

스토킹에 대한 조치

헤어진 후에도 이어지는 괴롭힘에 대항하려면 우선 명확한 선

"쉽게 자책하는 사람은 다른 사람의 응원이 필요하다. 누군가가 호감을 느끼고 다가와 함께 앞날을 걱정해주는 것만으로도 그들의 자존감은 높아진다."

을 그어야 한다. 선물도 단호하게 거절하고, 위협에도 굴하지 않도록 대비한다. 그의 앞에서 꽃다발과 선물도 쓰레기통에 처박아버리고 이런 것들이 당신에게 아무 가치도 없음을 똑똑히 보여줘야 한다. 이때 그를 집에 들이거나 차 안에서 단둘이 만나는 건 절대 금물이다. 이런 행동 자체가 그에게는 다시 받아준다는 상징적인 의미로 해석될 수 있다.

그의 위협을 흘려듣지 말아야겠지만 그중 대다수가 실행으로 이어지지 못하는 허언에 불과하다는 걸 염두에 둬라. "당신을 가만히 두지 않겠어", "두고 보면 알 거야", "당신은 앞으로 살면서 웃는 날이 없을 거야" 등등 두려움을 자극하는 협박의 목적은 무엇보다 당신이 벗어나려 애쓰는 그 종속관계를 다시 복구하려는 속셈이다.

이럴 때 개의치 않는 독립적인 태도를 보이고 그와 거리를 둘수록 그는 당신을 되찾으려 거세게 발버둥 친다. 나르시시즘에 빠진 사람은 상대가 자신을 두고 떠나는 걸 결코 용납하지 못한다. 꼭 그래야 한다면 그가 당신을 떠나야지 당신이 자신을 떠나면 안 되는 것이다!

선동을 무시하라
그가 당신을 흔들며 선동하려 해도 *끄떡*하지 말고 끝까지 냉철한 태도를 유지하며 그의 노력을 수포로 만들라. 그런 태도가 당신을 보호하며 그의 행동을 무의미하게 만든다. 행여 그가 당신을 혹은 아직도 중요한 사람으로 대하는 것처럼 행동해도 바로잡으려는 시도조차 하지 마라. 그가 어떻게 생각하든 그냥 놔둬라. 굳이 그걸 해명할 필요가 없다. 그의 행동에 개입하고 적대심을 보이며 뭔가를 바로잡으려는 행동만으로도 당신은 그의 술수에 사로잡히는 것이다.

변화의 의미

행동과 태도가 달라지려면 먼저 감정의 변화가 있어야 한다. 자신이 꿈꿨던 환상의 나라를 포기하고 모든 인간관계를 반영한 현실을 수용하다 보면 차츰 그런 상태에 도달한다. 그러려면 우선 당신이 살고자 했던 방식이 현실적으로 불가능하며, 현실은 생각했던 것과 다르다는 걸 확실히 인정해야 한다. 이는 간단해 보여도 몹시 힘든 일이다. '꿈마저 사라지면 도대체 뭔가 남는데?'라는 의문이 들 수 있다.

당신은 연인이 충족해줘야 했던 내면의 공허함, 조건 없는 사랑을 바라는 욕구, 혼자 남는 두려움, 당신이 옳다고 편들어주고 애정을 퍼부어주는 사람이 없다는 현실을 마주해야 한다. 그렇지만 뒤집어보면 이는 스스로 결정하는 자유로운 삶을 의미하기에 결국 당신의 원래 모습을 되찾게 해준다.

이 과정을 다 겪고 나면 마음이 한결 가벼워질 것이다. 하지만 이런 감정은 그리 오래가지 않는다. 얼마 지나지 않아 헤어진 그 사람을 그리워하는 마음이 강렬해지고, 그가 보여준 애정과 관심이 다시 떠오르기 때문이다. 힘들었던 기억은 전부 슬쩍 어딘가에 숨겨버리는 순간 위험한 그 사람을 인생에 다시 허락할 위기에 처한다는 걸 잊지 말자.

품격 있는 이별

심하게 기분이 상하고, 자아까지 상처 입은 심각한 상황에 이르지 않았다면 절대 상대를 무시하지 말자. 또한 옛 연인에게 앙갚음을 하려는 생각도 버리고 품격 있게 자존심을 지키며 깔끔하게 이별하자.

"우리는 서로 기대하고 갈망했던 것을 채워주지 못했어. 우리 둘 다 상대에게서 다른 사람만을 찾았고 원래 모습이 아닌 다른 누군가를 원했어. 유감스럽기도 하지만 그만큼 고통스러웠잖아. 이 고통을 당신은 덜어주지 못했고, 나 역시도 그랬지. 그렇지만 이제 난 당신이 힘들지 않도록 놓아주려 해. 그리고 뒤돌아서는 모습에 내 분노를 함께 담아 보내고 싶지 않아. 그리고 나 역시도 당신에게서 같은 걸 원해."

그러나 이런 품격 있는 이별이 가능하려면 이 관계에 놓인 두 사람 모두 상대에게 잘못을 미루는 대신 스스로 책임져야 할 부분을 수용하는 태도를 우선 갖춰야 한다.

자유로운 삶을 위한 6가지 태도

1. 나는 아무 감정이나 던져버려도 되는 쓰레기통이 아니다

나르시시스트는 스트레스를 받을 때 종종 부당하고 무뚝뚝하게 행동한다. 그렇지만 이런 좋지 못한 기분을 그대로 받아들이고 때로는 비난과 욕설까지 견뎌야 할 이유가 전혀 없다. 그런 사람이라면 애초에 빗장을 단단히 걸어라.

"그런 식으로 내게 말하지 말아요."

2. 나는 존중받아 마땅한 사람이다

약간의 애정만으로도 감지덕지하며 그 과정에서 겪는 모든 고통을 감내하지 마라. 당신은 그보다 훨씬 더 좋은 대접을 받아야 마땅하다. 당신을 충분히 이해하고, 합당한 대우를 해주는 사람을 찾아보라. 친구, 동료, 가족과 소원해지지 마라. 만약 벌써 그렇게 됐다면 다시 연락하며 관계를 되살려야 한다.

3. 무엇보다 내가 우선이다

모든 것의 척도는 연인이 아니라 당신의 내면에 있다. 행복해지기 위해 자신에게 이로운 것, 필요한 것이 무엇인지 정확히 아는 건 자신뿐이다. 그것을 나르시시즘에 빠진 연인에게서 얻을 수는 없다. 오히려 그는 훼방만 할 수도 있다. 그러니 마음에 귀를 기울이고 질문하라. 난 무엇을 원하는가? 난 무엇이 필요한가?

4. 실패한 관계는 빨리 인정하기

마음에 들지 않아도 끝이 있는 것이 밑도 끝도 없이 끔찍하기만 한 상황보다는 훨씬 낫다. 누군가와 이별하는 건 실패가 아니라 스스로 감당해야 할 자기 책임의 문제다. 나르시시즘 관계를 오래 붙들고 있을수록 상처만 생기고, 몸만 병든다.

5. 전문가에게는 연인의 속내까지 설명하기

나르시시즘 관계에 빠진 사람의 문제는 타인에게 받은 고통을 보여주고, 알려주려는 경향이 있다는 것이다. 그들의 이런 행동은 주로 마음에 상처를 낸 정신적 폭행이 눈에 보이지 않기 때문이다. 정신적 폭행을 당한 사람에게는 시퍼런 멍도, 몸에 상흔도 남지 않는다. 이런 유형의 폭행은 몸에 가시적인 흔적을 남기지 않지만 그만큼 큰 상처를 입힌다.

게다가 나르시시스트는 오히려 상처 입은 여성을 히스테리가 심한 여자로 둔갑시켜 세간의 웃음거리로 만든다. 물론 여성은 근거 없는 얘기라고 반박하겠지만 말이다. 이런 남성일수록 심리 상담사 혹은 상담 코치 앞에서 자신은 이성적이고 애정을 베푸는 사람이라는 인상을 주려고 노력한다. 그렇다면 쉽게 흥분하고, 괴로워하는 여성이 감정적으로 쏟아내는 말의 신빙성을 무엇으로 입증할 것인가?

당신 스스로 연인의 나르시시즘을 발견하고 그 상태를 알려야 한다. 그러면 전문 상담사도 당신의 연인이 드러내는 겉모습만으로 판단하지 않고 내면에 숨어 있는 그의 조종 기술을 깨달을 것이다. 장기적으로 보면 당신이 지금 견디고 있는 고통을 제대로 인정받을 수 있는 유일한 접근 방식이다.

6. 새 인생을 제대로 준비하기

의존성에서 벗어나려면 무엇보다 독립적인 태도를 고수해야 한다. 정서적인 측면이나 경제적인 측면에서도 그래야 한다. 정서적인 측면에서는 당신을 이해해주고, 후원해주고, 보호해주고, 비상금을 준비해주거나 일자리를 알아봐 주며 재정적인 도움을 주는 사람들과 마음을 주고받는 정서적 교류를 한다.

다음 단계는 새로 살 집을 구한다. 가능한 한 주변의 지인과 자주 만날 수 있는 장소가 좋다. 자식이 있다면 아이를 갑자기 친부에게 보내야 하는 상황이 생기지 않도록 적절한 대비를 해야 한다. 이때

법률 상담을 제대로 활용한다. 자식은 없지만, 현재 연인과 헤어지고 나서 괴롭힐까 봐 두렵다면 그가 찾기 힘든 조금 떨어진 곳으로 옮겨라. 휴대폰 번호도 바꾸고 절대 집 주소가 외부에 노출되지 않도록 주의하자.

Akhtar, Salman: Narzissmus und Liebesbeziehungen. In: Kernberg, Otto F./ Hartmann Hans-Peter: Narzissmus. Grundlagen, Störungsbilder, Therapie. Schattauer 2006

Asper, Karin: Verlassenheit und Selbstentfremdung. Neue Zugänge zum therapeutischen Verständnis. Walter 1987

Battegay, Raymond: Narzissmus und Objektbeziehungen. Huber 1979

Bierhoff, Hans-Werner / Herner, Michael Jürgen: Narzissmus – die Wiederkehr. Huber 2009

Buss, David: Wo warst Du? Der Sinn der Eifersucht. Rororo 2003

Grüttefien, Sven: Wie trenne ich mich von einem Narzissten? Books on Demand 2015

Grüttefien, Sven: Wie befreie ich mich von einem Narzissten? Books on Demand 2016

Haller, Reinhard: Die Narzissmusfalle. Ecowin 2013

Lehmann, Ischta: 11 Tipps / So entkommen Sie dem-Psychoterror der Narzissten. Veröffentlicht am 04.08.2015 www.welt.de/icon/article144772275/ So-entkommen-Siedem-Psychoterror-der-Narzissten.html

Krüger, Wolfgang: Aus Eifersucht kann Liebe werden: Die Heilung eines ungeliebten Gefühls. Herder 2013 Maaz, Hans-Joachim: Das falsche Leben: Ursachen und Folgen unserer normopathischen Gesellschaft. C. H. Beck 2017

Merzeder, Christine: Wie schleichendes Gift. Narzisstischen Missbrauch in Beziehungen überleben und heilen. Scorpio 2015

Raffaeli, Ruth Morgan: Wenn die Liebe zur Hölle wird. Eine zerstörerische Beziehung erkennen und ihr entkommen. Krüger 1999

Rößger, Danilo: Gebrauchsanweisung für ein Gefühl: Eifersucht. ZEIT Wissen Nr. 4/2016, 14. Juni 2016

Rosenberg, Ross: The human Magnet Syndrome. PESI Publishing and Media 2013

Stauss, Konrad: Bonding Psychotherapie. Kösel 2006

Stiemerling, Dietmar: Was die Liebe scheitern lässt. Die Psychologie der chronisch gestörten Zweierbeziehung. Pfeiffer/ Klett-Cotta 2002

Telfener, Umberta: Hilfe, ich liebe einen Narzissten. Goldmann Arkana 2009

Wardetzki, Bärbel: Weiblicher Narzissmus – Der Hunger nach Anerkennung. Kösel 1991, 2005

Wardetzki, Bärbel: Ohrfeige für die Seele. Wie wir mit Kränkung und Zurückweisung besser umgehen können. dtv 2004

Wardetzki, Bärbel: Mich kränkt so schnell keiner! Wie wir lernen, nicht alles persönlich zu nehmen. dtv 2005

Wardetzki, Bärbel: Eitle Liebe. Wie narzisstische Beziehungen scheitern oder gelingen können. Kösel 2010

Wardetzki, Bärbel: Nimm's bitte nicht persönlich. Der gelassene Umgang mit Kränkungen. Kösel 2012

Wardetzki, Bärbel: Blender im Job. dtv 2017

Wolf, Ernest S.: Theorie und Praxis der psychoanalytischen Selbstpsychologie. Suhrkamp 1998

출처

따귀 맞은 영혼   1. Stiermerling, p. 63.

비틀린 관계의 시작   2. Wardetzki, Eitle Liebe, p. 11.
                                     3. Akhtar, p. 627

그의 다른 얼굴   4. Krüfer, ZEIT Wissen, 4호/2016.
                                     5. Wolf, p. 253.

이별을 결심하다   6. 어느 한 동료와의 대화에서 참고.
                                     7. umgang-mit-narzissten.de

나르시시즘 관계에서 탈출하기   8. Stauss, p. 123.

상처를 허락하는 관계란   9. Haller, p. 103.
                                     10. Bierhoff/Herner, p. 94.
                                     11. Asper, p. 63.
                                     12. Batterhay, p. 42.
                                     13. Weiblicher Narzissmus, p. 177.

두려움 없이 관계에서 벗어나는 법   14. Raffaeli, p. 77.

옮긴이 한윤진

연세대학교 독어독문학과를 졸업했으며 독일 뷔르츠부르크대학에서 수학했다. 현재 번역 에이전시 엔터스코리아에서 출판 기획자 및 전문 번역가로 활동하고 있다. 옮긴 책으로는 『돌고래처럼 기뻐하고 보노보처럼 사랑하라』, 『내 행복에 꼭 타인의 희생이 필요할까』, 『결혼의 문화사』, 『당신의 생각을 의심하라』, 『부모면허증』, 『나는 왜 이런 게 궁금할까』 등이 있다.

본문 그림 ⓒ agoera

나를 아프게 하는 것들에 단호해지는 심리 수업

사랑한다고 상처를 허락하지 마라

초판 1쇄 인쇄 2019년 5월 20일
초판 1쇄 발행 2019년 5월 27일

지은이 배르벨 바르데츠키
옮긴이 한윤진
펴낸이 김선식

경영총괄 김은영
기획 임경진 **책임편집** 임소연 **크로스교정** 조세현 **디자인** 황정민 **책임마케터** 박태준
콘텐츠개발4팀장 윤성훈 **콘텐츠개발4팀** 황정민, 임경진, 김대한, 임소연
마케팅본부 이주화, 정명찬, 최혜령, 이고은, 이유진, 허윤선, 김은지, 박태준, 박지수, 배시영, 기명리
저작권팀 한승빈, 이시은
경영관리본부 허대우, 박상민, 윤이경, 김민아, 권송이, 김재경, 최완규, 손영은, 이우철, 이정현

펴낸곳 다산북스 **출판등록** 2005년 12월 23일 제313-2005-00277호
주소 경기도 파주시 회동길 357, 3층
전화 02-704-1724
팩스 02-703-2219 **이메일** dasanbooks@dasanbooks.com
홈페이지 www.dasanbooks.com **블로그** blog.naver.com/dasan_books
종이 · 인쇄 · 제본 상림문화인쇄

ISBN 979-11-306-2187-6 (03180)

• 책값은 뒤표지에 있습니다.
• 파본은 구입하신 서점에서 교환해드립니다.
• 이 책은 저작권법에 의하여 보호를 받는 저작물이므로 무단 전재와 복제를 금합니다.
• 이 도서의 국립중앙도서관 출판시도서목록(CIP)은 서지정보유통지원시스템 홈페이지(http://seoji.nl.go.kr)와
  국가자료공동목록시스템(http://www.nl.go.kr/kolisnet)에서 이용하실 수 있습니다. (CIP제어번호 : CIP2019017665)

다산북스(DASANBOOKS)는 독자 여러분의 책에 관한 아이디어와 원고 투고를 기쁜 마음으로 기다리고 있습니다.
책 출간을 원하는 아이디어가 있으신 분은 이메일 dasanbooks@dasanbooks.com 또는 다산북스 홈페이지 '투고원고'란으로
간단한 개요와 취지, 연락처 등을 보내주세요. 머뭇거리지 말고 문을 두드리세요.